Serge Lanoë

Dans le Souffle de l'Esprit

Serge Lanoë

Dans le Souffle de l'Esprit

Être intime avec Dieu – Cours de mystique chrétienne

Éditions Croix du Salut

Impressum / Mentions légales
Bibliografische Information der Deutschen Nationalbibliothek: Die Deutsche Nationalbibliothek verzeichnet diese Publikation in der Deutschen Nationalbibliografie; detaillierte bibliografische Daten sind im Internet über http://dnb.d-nb.de abrufbar.
Alle in diesem Buch genannten Marken und Produktnamen unterliegen warenzeichen-, marken- oder patentrechtlichem Schutz bzw. sind Warenzeichen oder eingetragene Warenzeichen der jeweiligen Inhaber. Die Wiedergabe von Marken, Produktnamen, Gebrauchsnamen, Handelsnamen, Warenbezeichnungen u.s.w. in diesem Werk berechtigt auch ohne besondere Kennzeichnung nicht zu der Annahme, dass solche Namen im Sinne der Warenzeichen- und Markenschutzgesetzgebung als frei zu betrachten wären und daher von jedermann benutzt werden dürften.

Information bibliographique publiée par la Deutsche Nationalbibliothek: La Deutsche Nationalbibliothek inscrit cette publication à la Deutsche Nationalbibliografie; des données bibliographiques détaillées sont disponibles sur internet à l'adresse http://dnb.d-nb.de.
Toutes marques et noms de produits mentionnés dans ce livre demeurent sous la protection des marques, des marques déposées et des brevets, et sont des marques ou des marques déposées de leurs détenteurs respectifs. L'utilisation des marques, noms de produits, noms communs, noms commerciaux, descriptions de produits, etc, même sans qu'ils soient mentionnés de façon particulière dans ce livre ne signifie en aucune façon que ces noms peuvent être utilisés sans restriction à l'égard de la législation pour la protection des marques et des marques déposées et pourraient donc être utilisés par quiconque.

Coverbild / Photo de couverture: www.ingimage.com

Verlag / Editeur:
Éditions Croix du Salut
ist ein Imprint der / est une marque déposée de
OmniScriptum GmbH & Co. KG
Heinrich-Böcking-Str. 6-8, 66121 Saarbrücken, Deutschland / Allemagne
Email: info@editions-croix.com

Herstellung: siehe letzte Seite /
Impression: voir la dernière page
ISBN: 978-3-8416-9841-4

Copyright / Droit d'auteur © 2014 OmniScriptum GmbH & Co. KG
Alle Rechte vorbehalten. / Tous droits réservés. Saarbrücken 2014

Centre de mystique chrétienne

http://www.cmchr.net

DANS LE SOUFFLE DE L'ESPRIT

Être intime avec Dieu – Cours de mystique chrétienne

3ème édition révisée

Serge Lanoë

Formuler pour notre temps les éléments de l'aventure avec Dieu, c'est entrer dans un chemin qui sait proposer un langage adapté aux hommes d'aujourd'hui. Il s'agit ici de souligner la constante nouveauté de l'aventure avec Dieu à la fois dans l'histoire des hommes et dans l'histoire personnelle de chacun.

Déjà, l'enseignement de Jésus était qualifié de neuf par ses contemporains. Jésus dit aussi que nous pouvons faire comme Lui et même plus que Lui. Cette perspective permet d'être à la fois humble et audacieux.

Ce qui est proposé ici, c'est une approche mystique du cheminement spirituel dans le cadre du christianisme, approche qui invite chacun à approfondir sa relation personnelle avec le Dieu révélé en Jésus-Christ.

Le mystique cherche simplement à aimer Dieu et les êtres humains du mieux qu'il peut avec le secours de la Grâce.

Une voie possible

De grands mystiques nous ont précédés sur ce chemin dont certains ont été déclarés saints ou docteurs. Ils ont à différentes époques balisé la voie mystique.

Pour eux, la relation personnelle avec Dieu débouche sur l'union à Dieu.

Des écueils

Le mystique peut expérimenter une grande liberté dans sa relation à Dieu tant corporelle qu'intellectuelle... qui peut le surprendre et parfois risquer de l'égarer.

Pour le chrétien, il est donc nécessaire lorsqu'il s'engage dans cette voie de contrôler son cheminement vers Dieu qui se révèle en le confrontant en permanence avec la foi chrétienne. Ceci peut se faire de diverses manières : par attachement à l'enseignement de l'Eglise, par recours à un directeur spirituel...

Église est prise ici dans un sens œcuménique qui recouvre ici les trois grands courants porteurs de la Tradition : le catholicisme, le protestantisme et l'orthodoxie.

Nous ne ferons, en l'occurrence, que suivre ici les pas des grands mystiques ; car ce qui les caractérisait entre autres choses, c'est l'obéissance à l'Eglise ; même si, dans certains cas, l'obéissance à Dieu qui se révèle a pu les faire s'opposer à certains de leurs supérieurs ou à certains représentants de l'Eglise.

Cependant, le christianisme a deux mille ans. Aujourd'hui, plus qu'autrefois, il a certainement besoin d'être "dépoussiéré" ou même "décapé". Pour nous, chrétiens, cela ne peut être réalisé qu'en restant vigilants et fermement accrochés à la Révélation de Dieu portée par notre Tradition et par l'Ecriture.

L'idée est la suivante :

" Dans le christianisme, Dieu est éminemment personnel. Quelque part, l'avenir du christianisme n'est-il donc pas de devenir une religion de plus en plus mystique qui s'inscrit dans le cadre de l'Eglise et de sa médiation ? ".

1 FAIRE LE POINT 11

1.1 RÉFLEXION PHILOSOPHIQUE 11

1.1.1 UN PROJET QUI PASSE PAR L'ÉCRITURE 11
1.1.2 RÉEL ET ÊTRE HUMAIN 12
1.1.3 DU LANGAGE 13
1.1.4 LE RÉEL FAIT DE NATURE ET ARTEFACTS 15
1.1.5 L'ÊTRE HUMAIN COMME « POINT DE VUE » 16
1.1.6 L'ÊTRE HUMAIN COMME « POINT D'ACTION » SUR LE REEL 16
1.1.7 LE VOIR, LES VOIRS 16
1.1.8 MODÈLES 17
1.1.9 CARTOGRAPHIER 18
1.1.10 UNE MÉTHODE 18
1.1.11 DEUX CONSTATS FONDAMENTAUX 21
1.1.12 ÊTRE UN ÊTRE HUMAIN 22
1.1.13 LE SAUT FONDAMENTAL 24
1.1.14 CE QUE DEVIENT NOTRE PROJET 24
1.1.15 QU'EST-CE-QUE LE RÉEL ? 25
1.1.16 QUELLE EST LA STRUCTURE DU RÉEL ? 25
1.1.17 COMMENT DOIT-ON VIVRE ? 27
1.1.18 ANNEXE : L'ÉVEIL 28

1.2 METANOÏA 30

1.2.1 L'ÉPOCHÈ 30
1.2.2 REMETTRE SA VIE À PLAT 30
1.2.3 DÉGAGER UN CONTEXTE 30

1.3 LE DÉBUT DU CHEMINEMENT 32
1.4 LA QUESTION DE DIEU 36
1.5 LA QUÊTE SPIRITUELLE 43
1.6 SPIRITUALITÉ 44

1.7	LA CONVERSION	55
2	**COURS DE MYSTIQUE CHRÉTIENNE**	**59**
2.1	FORMATION THÉOLOGIQUE SUCCINCTE	59
2.1.1	Une Présentation du Christianisme	59
2.1.2	Langage et Parole de Dieu	63
2.1.3	Les Commencements	65
2.1.4	La Trinité	67
2.1.5	Jésus-Christ, garant de l'homme	69
2.1.6	Bible et autres écrits	71
2.1.7	Lire la Bible	74
2.1.8	Une approche chrétienne de l'être humain	75
2.1.9	La Fin des Temps	80
2.1.10	La Présence de Dieu	82
2.1.11	L'unité avec Dieu et avec le monde	83
2.1.12	L'Amour envers Dieu	84
2.1.13	Être intime avec Dieu	85
2.2	COMMENÇANTS	86
2.2.1	Avec Jésus	86
2.2.2	Notre vie comme étant celle du Christ	87
2.2.3	Entrer dans le cheminement mystique	88
2.2.4	Cheminer dans la vie mystique	90
2.2.5	L'être humain, partenaire de Dieu	93
2.2.6	Les trois voies	94
2.2.7	La « méthode » d'Évagre le Pontique	95
2.3	VOIE PURGATIVE	97
2.3.1	Appel de Dieu et réponse	97
2.3.2	L'offrande	99
2.3.3	Une étoile triple pour nous guider	99
2.3.4	La prière (l'oraison)	101

- 2.3.5 Chacun de nous est un « autre » Christ 102
- 2.3.6 Quelques éléments du chemin (I) 103
- 2.3.7 Quelques éléments du chemin (II) 105
- 2.3.8 Quelques éléments du chemin (III) 107
- 2.3.9 Pauvreté, Chasteté, Obéissance 108
- 2.3.10 L'inscription du cheminement dans la durée 110
- 2.3.11 L'expérience de vie 113
- 2.3.12 La nuit des sens 115
- 2.3.13 Vers une oraison plus contemplative 117
- 2.3.14 La filialité 118

2.4 VOIE ILLUMINATIVE 120

- 2.4.1 La Rédemption 120
- 2.4.2 L'humilité 121
- 2.4.3 De l'Oraison 122
- 2.4.4 La Passivité 124
- 2.4.5 La mission de vie 126
- 2.4.6 Le sacrifice 128
- 2.4.7 La souffrance 129
- 2.4.8 Les voies vers Dieu sont multiples 130
- 2.4.9 La Voie de Marie 130
- 2.4.10 La Voie de saint Joseph 133
- 2.4.11 Le Mystère de la Sainte Famille 134
- 2.4.12 Le service 135
- 2.4.13 La nuit de l'esprit 136
- 2.4.14 L'Aube 138
- 2.4.15 Les fiançailles spirituelles 138
- 2.4.16 L'Interlude 141

2.5 L'UNION AVEC DIEU PAR AMOUR 142

- 2.5.1 Le mariage spirituel 142

- 2.5.1.1 Abandon 143
- 2.5.1.2 Du mariage spirituel 143
- 2.5.1.3 L'Union transformante 149
- 2.5.1.4 De l'Union transformante 149
- 2.5.1.5 Des écrits sur le sujet 153
- 2.5.1.6 Le Conundrum du Mariage spirituel 157
- 2.5.2 Les « flamboiements de l'âme » 158
  - 2.5.2.1 Les flamboiements de Jean de la Croix 158
  - 2.5.2.2 Les débuts du flamboiement 159
  - 2.5.2.3 Intensification de la Participation à la Vie Trinitaire 160
  - 2.5.2.4 Comment y arrive-t-on ? 160
  - 2.5.2.5 La Spiration du Fils et de l'Epouse 162
- 2.5.3 La Vie de l'Épouse 164
  - 2.5.3.1 L'Union 164
  - 2.5.3.2 La Présence 164
  - 2.5.3.3 L'Absence 166
  - 2.5.3.4 L'Union des Volontés 167
  - 2.5.3.5 Porte-moi comme un sceau 167
  - 2.5.3.6 La Grande Ténèbre 167
  - 2.5.3.7 Les Opérations Trinitaires 168
  - 2.5.3.8 La Participation à la Vie Trinitaire 169
  - 2.5.3.9 La Non-Séparation 170
  - 2.5.3.10 L'Epouse est transformée 170
  - 2.5.3.11 L'Épouse s'affirme 174
  - 2.5.3.12 Les Montagnes de Baume 174
- 2.5.4 De la Voie unitive 177
  - 2.5.4.1 L'Union indistincte 177
  - 2.5.4.2 La Fruition 177
  - 2.5.4.3 Unification 177
  - 2.5.4.4 Nature de la Contemplation 178
  - 2.5.4.5 La Descente de la montagne 178

2.5.4.6	L'Action	178
2.5.4.7	Accès au no-self	179
2.5.4.8	Le Credo	179

2.5.5 La Divinisation 181

2.5.5.1	Le Christ, clef de la Participation de la Nature divine	181
2.5.5.2	L'inhabitation de Dieu	182
2.5.5.3	Un horizon infini	182

2.5.6 La Vie divine 183

2.5.6.1	Le Seuil	183
2.5.6.2	Immersion dans l'Essence divine et Participation de la Nature divine	183
2.5.6.3	L'Union sans différence	185
2.5.6.4	La Paix, la Joie	185
2.5.6.5	La mort	185

3 SECOND COURS DE MYSTIQUE CHRÉTIENNE 187

3.1 VIVRE ! 187

3.1.1	Le chemin spirituel	187
3.1.2	Le péché et la Rédemption	188
3.1.3	La Conversion - L'Église	188
3.1.4	Nos relations	189
3.1.5	Vivre une vie ajustée à Dieu	190
3.1.6	Une Vie éternelle déjà commencée	192
3.1.7	Du cheminement spirituel	192
3.1.8	Du désespoir spirituel	193
3.1.9	Le moment présent	193
3.1.10	Le contact avec l'Absolu	194

3.2 LA VIE HUMANO-DIVINE 196

3.2.1	La vie	196
3.2.2	Un appel	196
3.2.3	La Providence	197

3.2.4 Un nouveau regard 197

3.2.5 La co-création 198

3.2.6 La vie quotidienne, sacrement de la Vie Trinitaire 198

3.2.7 Introduction à la Vie Humano-Divine 199

3.2.8 La joie 201

3.2.9 La filialité 202

3.2.10 Les sacrements 202

3.2.11 La Descente Hypostatique de l'Esprit 202

3.2.12 Des sens qui deviennent spirituels 203

3.2.13 La conscience advaïtique (non-duelle) 206

3.3 **APPROCHES DE LA TRINITÉ** **208**

3.3.1 Le Dieu Trinitaire en lui-même 208

3.3.2 Génération du Fils et Procession de l'Esprit 209

3.3.3 La vision de saint Thomas d'Aquin 210

3.4 **LE PARTAGE DE LA VIE TRINITAIRE** **211**

3.4.1 Se disposer à Dieu par amour 211

3.4.2 La Foi 212

3.4.3 Le partage de la Vie Trinitaire (I) 212

3.4.4 Le partage de la Vie Trinitaire (II) 214

3.4.5 La Grande Ténèbre 216

3.4.6 Trinité de nuit, Trinité de jour 219

3.5 **LA VIE DIVINE** **225**

3.5.1 La simplicité 225

3.5.2 Incarner la Vie divine 226

3.5.3 La Bullitio 226

3.5.4 La Lumière Inaccessible 227

4 **LIVRES SUR LA MYSTIQUE (OU LA SPIRITUALITÉ)** **229**

5 **BIBLIOGRAPHIE COMPLÉMENTAIRE** **241**

1 FAIRE LE POINT

La quête spirituelle est un moment important dans la vie humaine. C'est là que l'on est chercheur. Attachons-nous à cet aspect et pour ceux qui ont trouvé, nous les invitons pour un moment à rentrer à nouveau dans la peau du chercheur.

1.1 RÉFLEXION PHILOSOPHIQUE

1.1.1 UN PROJET QUI PASSE PAR L'ÉCRITURE

Un travail de philosophie se concrétise le plus souvent dans un écrit : notre projet est ici de parler avec justesse du réel et de l'être humain.

Puisque nous avons un projet d'écriture, nous allons avant tout développement nous intéresser à l'écrit en tant qu'il permet d'exprimer la pensée.

Un écrit peut relever de différents types :

- philosophie ;
- art dont la littérature et la poésie ;
- avoir pour objet la connaissance ;
- …

Il est important ici de noter que, dans un écrit, le discours aurait pu être « autre » et autrement organisé. En fait, écrire correspond à un projet pour lequel on va faire le choix d'un langage particulier et d'un type d'écriture.

Ici, le langage nous précède : le commencement de l'Evangile de saint Jean (« Ἐν ἀρχῇ ἦν ὁ λόγος »)[1] pointe vers cet aspect.

> *Comme un écrit est basé sur le langage, les philosophies du langage dont la philosophie analytique et l'herméneutique, en particulier, présentent tout leur intérêt pour analyser tout écrit et cet écrit-même.*

ÉCRIRE

Réfléchissons sur l'acte d'écrire : lorsque l'être humain décide de s'exprimer avec le langage, c'est cette expression elle-même qui devient, pour l'autre, un moyen d'accès privilégié au projet de l'auteur.

---

1 « *Au commencement était la Parole* ».

LIRE

Lire, en revanche, est déchiffrer un écrit.

Le langage employé résonne, pour chacun, de façon multiple en fonction de son histoire personnelle. Chaque mot, chaque phrase prend de la saveur dans un ensemble plus vaste qui est la conscience du lecteur.

Notre écrit n'y fait pas exception.

1.1.2 RÉEL ET ÊTRE HUMAIN

(sens intuitif) : réel est pris ici dans un sens intuitif.

Ludwig Wittgenstein [1889-1951] disait : Le réel est tout ce qui arrive.

Ici, le terme de réel pourrait être remplacé par monde ou encore d'autres termes au choix du lecteur...

Tout ce que nous percevons du réel, tout ce que nous connaissons du réel se forme, dans le maintenant, par l'intermédiaire de contenus dans notre conscience d'être humain.

(constat) : Le réel apparaît dans la conscience de l'être humain dans le maintenant.

La question du réel s'est ainsi déplacée. Ce que nous rencontrons d'abord, c'est la place du « point de vue » humain dans l'accès au réel. La subjectivité est donc en première place : en tant qu'être humain, chacun de nous ne peut connaître le réel qu'en tant que conscience et par rapport à sa propre conscience.

Un contenu de conscience est un apparaître dans la conscience et consiste en :

- perceptions :
- sensations ;
- sentiments ;
- émotions ;
- pensées :
- pensée discursive [verbale] ;
- pensée non-verbale [dont les images mentales] ;
- pensée intuitive ;
- mémoire ;
- souvenirs ;
- conscience « sans contenu » : vide de la conscience, perception « immédiate » du réel... ;
- ...

La phénoménologie (du grec : phainómenon, ce qui apparaît ; et lógos, étude) est ici un courant philosophique fondamental, car il se concentre sur l'étude de l'expérience et des contenus de conscience. Edmund Husserl est considéré comme le fondateur de ce courant.

(constat phénoménologique) : L'être humain est inséré dans un réel qui le précède. Il est câblé au réel par son corps et le corps lui-même est vu... au travers de la conscience.

Avec sa conscience et son expérience du réel, chaque être humain établit une sorte de carte de reconnaissance et de lecture du réel.

Généralement, une partie de la carte d'un être humain peut être lue par d'autres êtres humains et réciproquement. Les cartes peuvent être rapprochées et corrélées, c'est ce qui fonde la communication entre les êtres humains. L'intersubjectivité humaine (la communication et la comparaison des « cartes ») nous amène à inférer que le réel est partagé par les êtres humains : c'est la réalité « indépendante ».

VACUITÉ DU « MOI »

Le fait que nous ne soyons pas nos contenus de conscience pointe vers un Vide en nous, vers la Vacuité du « Moi »[2].

1.1.3 DU LANGAGE

Le langage a surgi et surgit encore de l'être humain qui est inséré dans le réel. Le réel et l'être humain donnent ensemble forme au langage.

Si on récuse le réel, le langage fonctionne en circuit fermé. Le discours ne produit que des effets de langage : c'est la position des sophistes. Mais il faut alors rendre compte du fait que le langage lui-même a ses règles. Car il y a des assemblages de mots qui sont permis pour produire un discours et d'autres non : la grammaire régit, en particulier, cet état de fait et un discours doit tenir compte des contraintes de la langue (en particulier, de la contrainte sémantique) et du réel.

Comme aujourd'hui le langage et un de ses dérivés, le langage des sciences, permet de modéliser le « réel », de l'expliquer, de le comprendre voire de l'utiliser, la position qui consiste à récuser le réel n'apparaît pas tenable. Il y a beaucoup de signes qui indiquent le contraire.

Dans ce cadre, le langage n'est pas un système clos sur lui-même ; il renvoie bien à un au-delà de lui-même ce qui permet de fonder une notion intuitive de réel.

---

2 nous retrouvons ici la position de HUME ainsi que des philosophies orientales.

En fait, récuser le réel risque d'être une fausse voie ou à tout le moins une voie extrêmement difficile à penser (on peut penser ici à la voie du non-être que récusait Parménide).

DES LANGAGES DIVERS

L'être humain a à sa disposition une multiplicité de langages, dont le langage naturel, qui lui sont légués dans le cadre de l'expérience humaine. Chacun de ses langages permet une approche du réel.

Dans un premier temps, il doit s'approprier ces langages : ceci se fait par l'apprentissage de ces langages. D'une certaine façon, le langage est un filtre par lequel l'être humain rend compte du réel : le langage propose une voie d'approche du réel qui « moule » la vision du réel.

Notre investigation du réel passe dans cet essai par le langage naturel. C'est le chemin du dire et du redire.

Abordé « en situation », c'est-à-dire en relation avec l'être humain et le réel, le langage peut être un chemin de vérité.

De la même façon que la physique explore le réel au moyen des accélérateurs de particules, de même il faut casser le langage. Casser le langage, pour voir ce que les mots et les phrases recèlent, c'est alors faire rayonner la vérité.

Sur ce chemin, François Varillon nous met sur la voie :

« *N'allez pas dire que je suis un intellectuel ; autrement, j'aurais vite fait de vous montrer que c'est vous qui l'êtes. Car celui qui est intellectuel au mauvais sens du mot est celui qui utilise des mots usés jusqu'à la corde sans les casser. Il faut casser les mots, comme on casse une tirelire ou un œuf de Pâques pour voir ce qu'il y a dedans. Je vous oblige à casser les mots, c'est indispensable.* »

Cette démarche conduit, en particulier, à casser le langage… au moyen d'une expression qui utilise le langage.

LE LANGAGE NATUREL

Le langage s'est construit au cours de l'histoire humaine. Chaque individu se l'approprie : le langage est ainsi appris et aussi « reconstruit » au niveau individuel[3].

Vouloir retrouver les étapes de cette construction n'est pas une tâche aisée, surtout quand elles se perdent dans les brumes du temps historique et personnel.

---

[3] les perceptions de l'être humain jouent ici un rôle majeur.

Dans un dictionnaire, les mots sont définis les uns par les autres. Ils font partie d'un code commun à tous. Chaque mot est défini par un ou des discours.

Un symbole (qui peut être, en particulier, un mot ou une image) est immergé dans la conscience. Il a un champ plus vaste, qui n'est jamais défini avec précision, ni pleinement expliqué. Personne d'ailleurs ne peut espérer le faire. Lorsque l'esprit entreprend l'exploration d'un symbole, il est amené à des idées qui se situent au-delà de ce que notre raison peut saisir.

Nous définirons de façon générale comme symbole toute représentation claire arrivée à la conscience humaine. Un symbole « vibre » dans l'intériorité humaine ; il apparaît que, dans cette vibration, les symboles s'enchevêtrent entre eux. De ce fait, le sens d'un symbole reste toujours ouvert. Ce sens est plus ou moins flou, voire fluctuant. Dans l'intériorité humaine, les symboles ne sont donc jamais totalement disjoints et irréductibles l'un à l'autre : ils sont intriqués. La conscience abrite un système de symboles en forte interaction et en interrelations qui impacte la vision que l'être humain peut avoir du réel.

Un changement de symbolique (c'est-à-dire d'organisation d'un ensemble de symboles dans la conscience) et la vision du réel change (on peut penser en particulier ici à la symbolique d'une tradition humaine). Il semble donc qu'il y ait un lien immédiat entre vision du réel, symbole et symbolique.

Livrer la conscience, c'est raconter ses symboles : c'est organiser les mots en phrases. La narration, c'est-à-dire le discours, construit le sens, mais sert aussi à préciser ou à affirmer un sens préexistant ou relatif à une l'expérience. Là, il importe de vouloir parler juste.

LA PUISSANCE DU LANGAGE

Le langage est ici notre compagnon. Le langage a ses limites, mais il a aussi une puissance singulière. Il permet de « fabriquer » un « univers » qui naît dans la sphère du langage. Certains discours seront plus ou moins vrais et d'autres illusoires. Il est essentiel d'avoir conscience de ce point quand on veut affirmer un discours sur le réel. Car naturellement, un tel discours ne veut pas être illusoire.

Cette réflexion sur le discours est bien pertinente. Car l'être humain est souvent à cheval entre le réel et l'illusion. Il arrive même qu'il prenne l'un pour l'autre.

1.1.4   LE RÉEL FAIT DE NATURE ET ARTEFACTS

Si le réel est d'abord classiquement « ce qui arrive », la façon humaine de *voir* le réel est de dire que le réel est fait de Nature (SCHELLING) et aussi « organisé » humainement (ceci est lié à l'activité humaine et à ses artefacts qui sont les créations de l'être humain).

1.1.5 L'ÊTRE HUMAIN COMME « POINT DE VUE »

(constat phénoménologique) : L'être humain a une « vision locale » du réel, il est un « point de vue ».

Le « point de vue » qu'est l'être humain fonde la notion de personne (humaine).

1.1.6 L'ÊTRE HUMAIN COMME « POINT D'ACTION » SUR LE REEL

Chaque être humain est un « point de vue », mais il est aussi un « point d'action » sur le réel : il peut impacter le réel, par exemple, au moyen de son corps, mais aussi du travail, de la technologie et de l'agir-ensemble avec d'autres êtres humains : ici, les valeurs, l'éthique, la morale, le politique... prennent toute leur importance.

Voir l'être humain comme un « point d'action » sur le réel peut être à l'origine en philosophie des notions de liberté humaine ou de volonté humaine.

1.1.7 LE VOIR, LES VOIRS

L'être humain est un « point de vue », mais il peut considérer le réel sous différents angles. Nous appellerons Voir, un point de vue que l'être humain a sur le réel et qui fait intervenir ses contenus de conscience.

L'être humain peut acquérir de nouveaux Voirs et un même Voir peut changer au cours de la vie.

L'être humain dispose d'une multiplicité de Voirs, dont le Voir conventionnel mais aussi des Voirs portés par des traditions, des religions, des spiritualités et des cultures qui lui sont léguées dans le cadre de l'expérience humaine. Chacun de ses Voirs permet une approche spécifique du réel.

L'être humain peut s'approprier certains de ces Voirs, essentiellement par l'expérience de ces Voirs. Mais l'étude des Voirs peut aussi être fructueuse.

LE VOIR CONVENTIONNEL

Le Voir conventionnel s'est construit au cours de l'histoire humaine. Chaque individu se l'approprie et le fait sien : chaque culture humaine est ainsi « instanciée » au niveau individuel.

Vouloir retrouver les étapes de cette construction n'est pas une tâche aisée, surtout quand elles se perdent dans les brumes du temps historique et personnel.

Naturellement, le Voir conventionnel peut avoir besoin d'être purifié : nous pensons ici aux distorsions introduites par la construction de chacun.

LE VOIR SCIENTIFIQUE

Le Voir scientifique nous donne une vision du monde qui est celle des sciences…

LE VOIR PHILOSOPHIQUE

Le Voir philosophique, c'est l'exercice de la pensée philosophique. C'est le Voir que nous utilisons ici.

Le lecteur peut maintenant, s'il le désire, relire tout le discours que nous avons tenu jusqu'à maintenant (ou que nous tiendrons par la suite) avec son « Voir » (ou ses Voirs).

1.1.8 MODÈLES

Construire un modèle se faire, le plus souvent, par investigation du réel : la raison humaine est ici d'un grand secours.

Les modèles usuels sont ceux qui s'expriment dans un langage. Un modèle dans sa version la plus simple peut être rendu par un mot du langage : un mot correspond, en général, à un aspect persistant du réel.

Un modèle peut aussi découler d'intuitions et d'inspirations. Il peut aussi consister à faire « fonctionner » un langage[4]. Cela peut amener aux limites du langage et permettre de franchir ces limites en devenant alors créateur.

Un modèle doit être cohérent pour la raison. Mais, l'essentiel est de confronter le modèle au réel. Cela peut se faire par l'expérimentation, par la justesse de ses prédictions ou par son évidence... On s'attachera à voir lorsque le réel résiste ou s'en écarte.

Ce qui doit être recherché, c'est qu'un modèle « colle » au plus près du réel…

Une carte n'est pas le territoire[5] : un modèle est donc toujours interprétatif (et toujours en chantier) : en fait, les lois des modèles scientifiques ne sont pas si sûrement établies que celà[6] : nous retrouvons ici la position de HUME.

---

4 Ce peut être le langage mathématique (cf. ici la position de PYTHAGORE d'un réel mathématisable et les travaux de COPERNIC, GALILEE et NEWTON).

5 en effet, une carte du réel n'est pas le réel !

6 il peut y avoir ici un effet d'échelle lié à la matière : dans un gramme de matière, il y a assez d'atomes pour faire intervenir dans son comportement la loi statistique des grands nombres… alors que la loi pourrait être violée si elle ne

Un modèle peut être reçu dans une communauté humaine, mais il est d'abord conscientisé par un être humain particulier. Un modèle colore le regard que l'on a sur le réel.

Notre conscience et les modèles construits au cours de l'histoire humaine nous donnent une connaissance (de plus ou moins bonne qualité) à propos du réel.

1.1.9 CARTOGRAPHIER

Cartographier, c'est produire des modèles (ou cartes) du réel (ou de « parties » du réel) à partir d'un Voir[7]. L'être humain occupe ici la place centrale : c'est en effet lui qui est confronté au réel et qui en rend compte.

L'être humain peut ainsi disposer pour lui-même de plusieurs modèles et les valider pour lui-même. D'une certaine façon, le choix d'un modèle suppose une croyance en ce modèle et un modèle s'affermit d'autant plus qu'il rencontre le vécu et l'expérience.

Etre attentif à cartographier avec justesse le réel peut ainsi permettre une meilleure compréhension entre êtres humains et aussi de soi-même et du réel.

Ici l'auteur exprime sa propre carte du réel, il espère qu'elle recoupera celle du lecteur ou qu'elle permettra de l'enrichir. Son but est d'une certaine façon de jeter les bases d'une carte ou de morceaux de cartes du réel.

1.1.10 UNE MÉTHODE

La cartographie du réel proposée ici se base sur l'expérience du réel.

DÉMULTIPLER L'EXPÉRIENCE

Il est intéressant de « démultiplier » notre expérience.

On peut ainsi décider d'interroger l'histoire humaine et alors bénéficier de tout un ensemble de témoignages de personnes qui nous ont précédés ou qui sont nos contemporains. Il serait absurde de faire table rase des traditions humaines et du savoir humain. Cela permet de ne pas se limiter à sa propre expérience d'autant

---

s'appliquait qu'à un seul atome (cf. le monde quantique de la physique des particules).

7 La cartographie crée des modèles à partir des contenus de conscience : ceci permet d'honorer à la fois la position des empiristes comme LOCKE, BERKELEY, HUME et des rationalistes comme DESCARTES et LEIBNITZ, car les perceptions et la pensée (cf. KANT) font partie des contenus de conscience. Naturellement, cela ne dispense pas de considérer les aspects suivants : illusion possible de la perception, mensonge lié au langage, fausseté d'un modèle...

que l'on n'a pas tout à réinventer et que la vie humaine est courte. Cela va influencer évidemment notre prise de conscience et toute notre relation au réel.

Alors, il est possible de se laisser interpeller et d'enrichir ainsi sa propre compréhension. C'est ici qu'il est toujours intéressant de « critiquer » sa propre compréhension. C'est une marche en tension qui doit être rapportée à sa propre expérience.

Là est un aspect crucial de cette approche : peut-on faire confiance à ce qui est rapporté par des êtres humains ? Il faut ici évaluer (en étant critique, en faisant fonctionner sa raison et son jugement) et, le cas échéant, faire confiance.

Évaluer et faire confiance

Dans l'expérience démultipliée, on peut poser un acte de confiance : je fais confiance à d'autres êtres humains quant à ce qui m'importe, parfois le plus, dans ma vie. Cet acte de confiance n'est pas anodin. Faire confiance me décentre de moi-même, je reçois aussi d'autres ce qui est au cœur de ma vie. Ce décentrement m'évite de m'enfermer dans ma propre vie.

DES ATTITUDES FONDAMENTALES

Être a l'écoute du réel

Pour cartographier le réel, nous préconisons une attitude fondamentale qui est celle de l'écoute du réel. Il faut laisser le réel venir à nous dans le maintenant et être attentifs. Car avant de parler, il faut avoir écouté.

Constater

L'être humain peut décider de se servir du réel comme un vaste champ d'expérience. Cela inclut aussi sa propre conscience, son corps qui vit.

Le constat fait appel à l'expérience, il permet de mettre des mots sur l'expérience. Lorsqu'un être humain entre en communication avec d'autres êtres humains, il peut s'apercevoir à cette occasion qu'au moyen du langage, en particulier, il peut avoir un consensus avec d'autres au sujet du réel. Il peut même décider de se servir de l'expérience des autres.

Le réel est observable à différentes échelles (par exemple, l'astronomie qui traite du monde des grands espaces… ou celui de la physique des particules).

Les possibilités humaines peuvent être aussi démultipliées : ainsi avec des appareils (microscope, télescope…) ou le calcul mathématique, par exemple. Ce peut être aussi le cas avec le silence intérieur dans la conscience qui fait émerger la conscience profonde.

Peut alors s'engager un dialogue[8] avec le réel, y compris les autres êtres humains pour :

- être a l'écoute du réel ;
- entrer en relation avec le réel ;

- communiquer ;
- questionner ;
- faire des hypothèses ;
- vérifier ;
- décoder et expérimenter les « grands textes de l'Humanité » ;
- agir ;
- donner des réponses ;
- affirmer ;
- utiliser sa raison ;
- être critique…

Cette démarche de cartographie qui vise à l'établissement d'un modèle (ou carte) du réel et qui fait appel à l'expérience, possède une tonalité scientifique.

S'inscrire dans le maintenant

Dans son expérience du monde, l'être humain peut privilégier le maintenant. Non comme un instant qui s'écoule, coincé entre un passé et un futur, mais comme une plénitude, celle du jaillissement de sa propre vie.

La vie s'éprouve dans le maintenant et se déploie dans une histoire. Le maintenant est le vrai lieu des perspectives, même le recul que l'on en a. Le maintenant est le lieu de la manifestation du réel. C'est dans le maintenant que s'expérimente et se vit le réel. Même si ce réel reste voilé et parfois incompréhensible.

Le maintenant change. Pour résoudre et investiguer les différentes questions que nous nous posons, nous avons l'état du maintenant avec les traces de son changement. Ces traces nous confrontent au problème des commencements qui, souvent comme le nôtre, se perdent dans les brumes du temps… Ici nous avons besoin du témoignage des autres sur comment le réel où nous sommes insérés a changé.

Chaque être humain participe à l'histoire du réel et lui imprime une direction qui, sans lui n'aurait pas été. En ce sens chaque être humain imprime une trace

---

8 on peut utiliser la méthode de SOCRATE de questions/réponses (cf., en particulier, la Somme théologique de SAINT THOMAS D'AQUIN basée sur la disputatio).

indélébile au réel, comme le fait également tout être. Utilisons donc le maintenant pour construire le réel et appuyons-nous sur ce réel qui change.

Dans notre quête, sachons peut-être que nous n'avons pas tout à construire et tout à trouver : il est important, tout en restant critique, de faire confiance aux autres et de nous appuyer sur le réel tel que nous le trouvons...

1.1.11 DEUX CONSTATS FONDAMENTAUX

UN CONSTAT SUR L'ÊTRE HUMAIN

Chaque être humain est « en situation » dans le réel ; c'est-à-dire qu'il est inséré dans le réel. Il est fondamentalement un être de relation avec le réel, un être non clos sur lui-même.

L'être humain ne connaît le réel que par la représentation qu'il en a dans sa conscience : en particulier, celle que lui propose le langage et les contenus de conscience. Le langage permet, quant à lui, une classification du réel et sa dénomination. Cette classification s'apprend et change tout au long de la vie humaine.

La conscience

La conscience surgit dans l'être humain et le réel est vu au travers de la conscience. La conscience humaine est donc comme un miroir dans lequel se reflète le réel et où surgissent des représentations du réel.

Nous voyons le réel d'une façon humaine. Il existe d'autres points de vue comme celui des animaux, des plantes, des particules...

Le réel n'est perçu par l'être humain que de façon « iconique » : c'est-à-dire au travers de l'image du réel qui se forme dans sa conscience et qu'il perçoit (en particulier, par l'intermédiaire de son cerveau).

UN CONSTAT SUR LE RÉEL

L'un des premiers constats d'une cartographie du réel est qu'il y a persistance d'objets.

Le second est que le réel est affecté d'un changement : « Πάντα ῥεῖ : Tout s'écoule » disait Héraclite.

La persistance

La persistance oriente de façon fondamentale la connaissance humaine. Car pour que l'être humain puisse prendre conscience de quelque chose au niveau de sa conscience, il est nécessaire qu'il y ait persistance dans la conscience.

La persistance amène à reconnaître l'existence du réel. Le réel est, en effet, peuplé de « structures persistantes » : êtres vivants, objets... Il obéit à des lois, des régularités (comme le lever du soleil, par exemple).

La persistance renvoie à la notion grecque de « cosmos » (monde ordonné) et donc d'un réel non chaotique mais qui est structuré par une loi.

Le langage naturel surgit de l'être humain du fait de son vécu du réel. Il n'est possible que parce que le réel présente de la persistance. En retour, le langage renforce la persistance du réel.

La persistance peut être à l'origine en philosophie d'une intuition de l'Etre en philosophie, des Idées comme chez PLATON ou des Archétypes chez SAINT AUGUSTIN.

Le changement

Le réel est affecté d'un changement. Les « structures persistantes » (objets, êtres humains, êtres vivants...) évoluent : elles sont même amenées à disparaître. La persistance renvoie fait constater que le réel est en évolution. Ici la persistance fait ressortir en creux le devenir.

Bien sûr tout dépend de l'échelle où l'on se place : la persistance dont nous parlons ici peut acquérir d'autres sens suivant l'échelle d'observation (siècle, millénaire... ou les temps très courts de la physique des particules).

Le changement est l'expression et l'essence même de la Vie.

Le changement peut être à l'origine en philosophie des notions de temporalité ou du réel comme processus.

1.1.12 ÊTRE UN ÊTRE HUMAIN

L'être humain, au cours des époques, est sorti des mythes pour rentrer dans l'histoire devenue maintenant planétaire et marquée par :

- o l'unité de l'humanité ;
- o les droits et les devoirs de l'être humain.

L'histoire de la planète et de l'humanité est nôtre, elle doit permettre à chacun de devenir un citoyen dans le monde (avec les particularités de son époque) et de ne pas avoir à abdiquer sa dignité.

Le développement de la conception de l'être humain dans l'histoire humaine donne maintenant une place primordiale à l'auto-détermination de l'être humain : la personne pouvant donner forme à sa vie et décider ce qu'elle veut en faire.

Cette conception centrée sur la personne constitue le fondement du rôle des cultures humaines, des systèmes politiques... qui doivent (ou devraient) avoir pour vocation d'aider les individus à se déterminer eux-mêmes.

Donc, d'une certaine façon, l'être humain s'accomplit quand il devient vraiment le propre créateur de sa réalité avec les contextes de vie et les contraintes de vie qu'il expérimente... C'est alors un saut quantique dans la vie de l'être humain où tout prend désormais une autre dimension.

L'être humain essaie de trouver des réponses aux grandes questions qu'il se pose. Il peut à cette occasion accepter l'effondrement de certitudes qu'il croyait solides (mais en fait arbitraires) : c'est s'ouvrir l'espace même de la liberté, c'est un véritable retournement de l'être.

L'être humain s'aperçoit alors qu'il est aussi plus qu'il ne peut savoir de lui :

- o il ne s'est pas créé lui-même ;
- o il se construit avec les autres.

Il peut décider de s'ouvrir au monde et de faire confiance à sa raison critique. Sa conscience lui permet aussi de refuser un arbitraire posé par lui-même ou par d'autres êtres humains. Car l'arbitraire ne doit pas être érigé en absolu : cela conduit à en faire un faux dieu et à devenir son esclave.

L'être humain doit aussi accepter de rencontrer des limitations ou une part d'inconnaissance - peut-être provisoires.

Pour la science elle-même, l'être humain et le monde restent, par exemple, des mystères, car elle ne sait pas expliquer de nombreux « sauts » (de la matière vers la vie, de la vie vers la conscience, de la conscience vers la pensée...).

Dans cette quête de sens, l'être humain n'est pas seul ; il a été précédé, il sera succédé. Il peut trouver avantage à se tourner vers le « Trésor » accumulé dans les cultures et l'histoire humaine : en particulier les religions, les traditions anciennes véhiculées par les écoles initiatiques, les philosophies...

UNIVERSAUX

Construction et développement de l'être humain

Chaque être humain se construit et se développe « ensemble » avec d'autres humains : une famille, un groupe, une culture, une civilisation...

Environnement de l'être humain

L'environnement de chaque être humain (sauf quand il est dans la « pure » nature) est (et a été) construit par les êtres humains. L'être humain est donc entouré d'*objets* et de *choses* qui ont une intentionnalité (routes, maisons, chaises...) : cette intentionnalité est plus ou moins précise (cas des ordinateurs, par exemple).

Relations et communication

L'être humain se construit et se développe aussi dans les relations avec les autres vivants et la communication qui a lieu. Les difficultés qui surgissent dans la vie viennent souvent d'une communication ambiguë, mal décodée ou dysfonctionnelle (liée souvent à la mémoire ou aux blessures émotionnelles).

1.1.13 LE SAUT FONDAMENTAL

Le développement de la conception de l'être humain dans l'histoire humaine donne maintenant une place primordiale à l'auto-détermination de l'être humain : la personne pouvant donner forme à sa vie et décider ce qu'elle veut en faire.

Cette conception centrée sur la personne constitue le fondement du rôle des cultures humaines, des systèmes politiques... qui doivent (ou devraient) avoir pour vocation d'aider les individus à se déterminer eux-mêmes.

Donc, d'une certaine façon, l'être humain s'accomplit quand il devient vraiment créateur de sa réalité avec les contextes de vie et les contraintes de vie qu'il expérimente... C'est alors un saut quantique dans la vie de l'être humain où tout prend désormais une autre dimension.

Le premier grand saut ?

Le premier grand saut dans sa vie, cela peut être de remettre sa vie à plat (dans son rapport à soi, aux autres, à Dieu, à l'argent...) et de décider d'aller désormais à l'essentiel. Dans le domaine spirituel ou religieux, on parle alors de metanoïa : c'est une « conversion » ou un changement de manière d'être et de vivre.

Naturellement, chacun peut refaire ce bilan plusieurs fois dans sa vie.

1.1.14 CE QUE DEVIENT NOTRE PROJET

Un projet possible peut être de « cartographier » le réel à partir des différents Voirs que l'on aura validés dans sa vie. Avec cette cartographie, nous serons peut-être en mesure de cerner les questions fondamentales de la vie et d'y apporter une réponse.

Ceci est l'Ingéniérie de l'être humain qui est encore appelée Ingéniérie humaine.

Les trois grandes questions qui surgissent ici et était déjà posées dès les origines de la philosophie en Grèce sont :

- qu'est ce que le réel ? (question inspirée des pré-socratiques)
- quelle est la structure du réel ? (question inspirée des pré-socratiques)
- comment doit-on vivre (d'après SOCRATE)[9].

Ici, il importe de vouloir vivre juste[10].

1.1.15 QU'EST-CE-QUE LE RÉEL ?

L'APPARAÎTRE

Ce qui est fondamental, c'est l'apparaître dans la conscience de l'être humain : cet apparaître renvoie à l'acte d'apparaître du réel (en un surgissement) dans la conscience.

(acte d'apparaître) : Le réel apparaît en tant que ce qui arrive dans ma conscience dans le maintenant.

(acte d'apparaître) : Un événement est une modalité de l'apparaître dans ma conscience dans le maintenant.

Ici, un objet, une sensation... sont un événement : en fait, un événement-objet, un événement-sensation[11]...

1.1.16 QUELLE EST LA STRUCTURE DU RÉEL ?

Etudier la structure du réel (et aussi de l'être humain) passe par l'étude de la Nature, la mathématisation du réel, la nature de l'Art, l'impact du travail et des technologies...

ÉVOLUTION ET HISTOIRE HUMAINE

Le réel est le lieu d'une évolution et d'une histoire des hommes : ceci est suggéré par les traces du changement du réel dans le maintenant.

Pour accéder à cette évolution et à cette histoire des hommes, nous pouvons utiliser les grands textes de l'humanité qui sont souvent mythiques[12] en ce qui concerne les commencements.

---

9 cela ouvre à l'éthique, à la morale, à la politique et à des pensées comme celle de KIERKEGAARD, par exemple.

10 ici, il n'y a pas de certitudes définitives mais des choix de vie, le plus souvent guidés par des valeurs

11 on continuera à appeler de façon pragmatique : objet, un événement-objet ; sensation, un événement-sensation... mais sans oublier que ce sont des surgissements dans le réel.

Nous pouvons aussi étudier les traces du passé dans le maintenant en utilisant une approche scientifique : c'est l'objet de ce qui suit.

- le cosmos a commencé et évolué (mais, l'être humain n'existait pas encore) : des modèles du réel issu de la physique nous donnent accès à ce commencement et à l'évolution qui a suivi ;

- la Terre s'est formé, a évolué et la Vie s'y est développée : c'est l'objet des sciences naturelles et des théories de l'Evolution des espèces (cf. DARWIN) ;

- l'histoire humaine a commencé avec les premiers écrits humains : elle est l'objet de diverses sciences[13].

LES SCIENCES

Les différentes sciences sont puissantes pour donner une idée de la structure du réel : à propos de la Nature, de l'organisation humaine du réel ; physique fondamentale, physique, sciences de l'homme dont la médecine et la psychologie...

LES GRANDS TEXTES DE L'HUMANITÉ

Les grands textes de l'humanité peuvent donner des réponses plus ou moins complètes à cette question : *« Quelle est la structure du réel ? »*.

Une façon de Voir est, par exemple, d'affirmer que l'on connaîtra la structure du réel une fois que l'on connaît la structure de la conscience humaine ou la structure de l'être humain...

INTERROGER LES « ÉVIDENCES »

Avec SAINT AUGUSTIN, nous pourrons interroger les « évidences » et, en particulier, les concepts de temps et d'espace : *« Quand on me demande pas ce qu'est le temps, je le sais. Mais si on me le demande et que j'essaye de l'expliquer, je ne le sais pas »*.

Le réel est perçu en tant qu'« image » ou représentation dans notre conscience : cette représentation nous est personnelle.

Nous pouvons certes reconstruire des concepts de temps et d'espace liés à cette représentation (concepts qui nous viennent de notre culture), mais nous pouvons aussi aborder cette représentation avec une approche différente : comme

---

12 le caractère mythique de certains textes n'enlève rien à leur valeur : ces textes ouvrent généralement à des intuitions et des métaphores fécondes.

13 anthropologie, ethnologie, histoire...

un maintenant animé d'un changement, cela sans nous référer à un cadre spatio-temporel (cela ne nous empêche pas, bien sûr, d'être pragmatique par rapport aux notions de « temps » et d'« espace »).

1.1.17 COMMENT DOIT-ON VIVRE ?

L'ART D'ÊTRE HUMAIN

Pour être sur la voie d'un être humain accompli, voici quelques pistes :

- o aimer inconditionnellement (chacun peut décider de le faire dès maintenant puisque c'est inconditionnel) ;
    - o s'aimer soi-même inconditionnellement ;
    - o aimer les autres inconditionnellement ;
    - o aimer le réel inconditionnellement ;

- o entrer dans les dynamiques de pardon si nécessaire ;

- o intégrer sa tête et son cœur ;
- o connaître ses fondamentaux (par exemple, ses valeurs) ;
- o décider de ses fondamentaux ;
- o les vivre sans compromission en toute intégrité ;

- o entrer dans les dynamiques de service des autres ;

- o *(avoir confiance)* : se laisser transformer par le réel.

L'ART DE VIVRE HUMAIN

Pour être sur la voie d'une vie humaine accomplie, voici quelques pistes :

- o aimer ;

- o vivre simplement ;
- o se désencombrer ;
- o aller à l'essentiel.

Il semble aussi fondamental d'utiliser les outils suivants :

- o la vraie Gnose (au sens de Connaissance véritable) et l'étude comme outils de son intelligence qui servent à élucider la vie, le réel et les faits ;

- o l'intégration toujours plus poussée de sa tête et de son cœur ;

- o la méditation pour « assouplir » sa conscience et fonder sa vie et son action ;

On peut aller plus loin :

- o en étant ouvert à ce qui se passe dans le réel ;
- o *(avoir confiance)* : en se laissant transformer par le réel ;

- o en entrant dans les Voies suivantes :
    - o le service envers les autres ;
    - o l'acceptation et la mise en œuvre de son (ou de ses) leadership(s) ;
    - o le don de soi ;

- o en approfondissant toujours son chemin (en particulier, par la conversion permanente (Épochè et metanoïa)).

L'Art de Vivre humain est un équilibre entre autonomie et communion (avec tout le réel).

1.1.18 ANNEXE : L'ÉVEIL

La notion d'Éveil évoque l'émergence d'une nouvelle conscience dans l'être humain.

L'Éveil est un événement extraordinaire et paradoxal qui permet de retrouver la personne ordinaire que nous sommes vraiment.

CE QU'EST L'ÉVEIL

Au fil de la vie, par le jeu combiné de ce qui se passe dans la vie [que les mystiques appellent la Grâce] et de nos efforts de pratique spirituelle, le sentiment d'être séparé du réel disparaît : c'est le vécu de la non-dualité. Dans la vie humaine, cette « initiation » est le plus beau don qui soit.

Or, nous rencontrons la réalité non-duelle seulement dans le maintenant, nous ne sommes vivants que dans le maintenant : retourner à « maintenant » est donc juste la « pédagogie » de l'Éveil.

Stephan Bodian et Jeff Foster qui nous ont précédés sur ce chemin nous invitent à faire l'expérience de ce qui se passe tout de suite, maintenant, que ce soit agréable ou pas, juste expérimenter ce qui arrive dans notre conscience et nos sens et de ne pas donner trop d'importance à nos pensées.

« *Donnez tout votre cœur et toute votre intelligence à ce qui se présente d'instant en instant.* » *(Jean Klein)*

Alors, sur notre chemin de vie, libéré de la peur, nous sommes de plus en plus libre pour :

- accueillir et vivre ce qui nous est donné de vivre ;
- donner forme à notre futur ;
- faire nos choix de vie qui nous aideront à devenir plus aimants et à nous engager pour la Vérité.

L'ÉVEIL EST-IL POUR TOUS ?

« Est-ce possible d'être en permanence dans cette conscience ? » : beaucoup d'êtres humains donnent une réponse positive à cette question.

En fait, il y a encore des moments où l'identification à l'identité (corps physique, émotions et mental) [c'est-à-dire le sentiment de séparation] surgit. Cependant, la connaissance intime et immédiate de la nature profonde de chacun comme la totalité de la réalité non-duelle (dont les mystiques disent qu'elle est Amour et Béatitude) est toujours sue là en trame de fond et l'identification est rapidement démasquée.

L'expérience d'Éveil est différente pour chaque personne. Certains s'éveillent seul, d'autres ont besoin de quelqu'un qui les accompagne. Certains s'y préparent pendant des années, d'autres se font surprendre alors qu'ils n'en avaient jamais entendu parler.

Et lorsque l'Eveil est survenu, il restera à l'être humain à l'intégrer dans et durant toute sa vie.

1.2 METANOÏA

Un grand saut dans sa vie, cela peut être de remettre sa vie à plat (dans son rapport à soi, aux autres, à Dieu, à l'argent...) et de décider d'aller désormais à l'essentiel. Dans le domaine spirituel ou religieux, on parle alors de metanoïa : c'est une « conversion » ou un changement de manière d'être et de vivre.

Naturellement, chacun peut refaire ce bilan plusieurs fois dans sa vie.

1.2.1 L'ÉPOCHÈ

Le philosophe Husserl introduit la notion d'Épochè, qu'il emprunte, en fait, à la tradition philosophique. Ce terme grec a été utilisé par les Sceptiques grecs dans le sens de « suspension du jugement ».

L'Épochè[14] consiste à « mettre entre parenthèses » tout acquis préalable (jugement, opinion, croyance, hypothèse...) dans son vécu de conscience quel qu'il soit ; révélant ainsi, par cette « approche » radicale, une qualité d'immédiateté et de fraîcheur dans le rapport au réel... puisque nombre de filtres s'interposant entre soi et le réel sont « théoriquement » levés.

Par l'exercice de l'Épochè, il s'agit de la vue indépendamment de ce que l'on voit, de l'ouïe indépendamment de ce qu'elle perçoit. Donc, du fait de voir en tant que tel, capacité à, ouverture, intentionnalité, éveil de l'esprit au Mystère du réel...

1.2.2 REMETTRE SA VIE À PLAT

Pour remettre sa vie à plat, un moment d'Épochè est fondamental. Ici, pour la première fois, peut-être, je vois tout comme si c'était nouveau : les êtres, les choses... Par exemple, je vois une tasse, mais je m'aperçois que je ne sais pas, en réalité, ce qu'est une « tasse ».

Alors, je peux rassembler tout mon « savoir », toute mon « expérience », toute l'expérience humaine que je connais pour en faire le tri et engager une cartographie du réel...

La reconnaissance et le choix de ses fondamentaux de vie est, ici, essentiel... et il faut prendre la décision de les vivre avec intégrité.

1.2.3 DÉGAGER UN CONTEXTE

Plus qu'une somme de connaissances, l'étape qui suit est de dégager pour soi un Contexte qui est son contexte de vie (et donc d'insertion dans le réel) :

• personnel ;

---

14 l'Épochè semble être plus féconde que le doute cartésien introduit par DESCARTES.

- familial ;
- sociétal ;
- culturel ;
- civilisationnel
- histoire de l'humanité ;
- histoire du cosmos
- Nature ;
- intentionnalité des artefacts humains ;
- prises de conscience qui ont permis un autre accès au réel…

Une bonne méthode pour définir un contexte est de varier les angles d'approche, de procéder par recoupement, d'être critique… pour être le plus précis et le plus juste possibles et tendre ainsi vers une forme de Vérité et d'universalité…

Naturellement, cette démarche et cette compréhension du contexte ne sont pas figées… Elles continueront à évoluer tout au long de la vie.

1.3 LE DÉBUT DU CHEMINEMENT

La vie de l'être humain, à tous les niveaux, passe par des besoins. Ils marquent radicalement la dépendance de l'homme, sa finitude et ses limites.

Les besoins de l'être humain sont divers (cf. Maslow), par exemple :

- besoin de survivre :
- toit, nourriture ;
- besoin de se situer :
- sécurité (matérielle, psychologique, économique) ;
- besoin de communiquer :
- être inséré et écouté ;
- besoin de se réaliser :
- être utile, reconnu et aimé ;
- vivre sa différence ;
- besoin d'être :
- être libre, espérer, chercher un sens ;
- créer du gratuit.

Les besoins de l'être humain s'expriment parfois dans une demande qui ne sait pas toujours ce qu'elle demande et qui alors doit être décodée.

Si ses besoins véritables sont entendus et comblés, la personne humaine peut véritablement s'épanouir.

DES BESOINS SPIRITUELS

Chaque homme a aussi des besoins qui tiennent à son identité la plus profonde.

Ces besoins 'spirituels' (sans qu'ils soient obligatoirement religieux) sont, dans ce cadre, une quête de sens toujours inachevée, celle de soi, celle de l'autre... et qui produit du sens.

On peut avancer que les besoins spirituels conscients donnent un éclairage nouveau à tous les autres (et, même, peuvent leur donner un fondement) : ils ne sont donc pas superflus.

LA PRISE DE CONSCIENCE DES BESOINS SPIRITUELS

La vie et ses difficultés, la maladie, la souffrance, la mort... peuvent ensemble ou séparément conduire à la prise de conscience de besoins spirituels : remise en question de soi-même, recherche du sens de la vie et de sa vie, des valeurs, d'une finalité...

L'important est atteint quand on comprend qu'il ne s'agit pas, dans la vie, de donner des explications ou des interprétations. Il faut vivre et montrer à soi, ainsi qu'à l'autre, qu'on existe et qu'on peut s'assumer comme personnes.

La vie et ses difficultés

La vie et ses difficultés (dont la mort) révèlent le caractère inachevé, dispersé et insuffisamment habité de la vie. Je peux à cette occasion évacuer tout ce qui m'encombre (ressentiment, possession...), me détacher et, s'il le faut, renoncer. Je peux aussi décider de reconnaître mes erreurs et essayer de me libérer de mon passé quand il m'oppresse. Mais se libérer, ce n'est pas seulement choisir, c'est aussi accepter lorsqu'on ne peut pas choisir ; c'est encore découvrir sa profonde liberté intérieure.

La maladie

La maladie met le corps en procès. A cette occasion, je peux m'apercevoir que je ne suis pas réduit à mon corps : ma présence au monde est autre.

La parole

Une parole dense (non un vague discours) permet aux interlocuteurs d'exister et d'éprouver la présence de leurs êtres et une intimité : des lieux de parole sont donc importants.

La mort

Pour chacun, la mort est un passage obligé. Répond-elle à une insatisfaction liée à notre humanité présente ?

Il ne s'agit pas de bien mourir mais de bien 'vivre jusqu'au bout' pour :

- faire le point ;
- remettre de l'harmonie ;
- adopter une perspective plus universelle ;
- se réconcilier

tout en pouvant regretter de quitter le monde

Pour beaucoup, la mort est un passage ; un 'au-delà' existe. L'espérance fait partie de leur certitude (et n'est-elle pas un besoin spirituel essentiel ?). Dans ce cadre, lâcher prise sans se cramponner à la vie, c'est accepter de perdre ses repères et acquérir la certitude que cette perte ne supprimera pas la conscience qui est au-delà du temps et de l'espace.

LE BILAN

La question-clef est ici : qu'est-ce-que l'homme ? Pour y répondre, il est nécessaire de construire une histoire, la sienne, qui est aussi un récit de venue, d'insertion et de solidarité dans le monde, récit qui contrebalance la perte de la vision de l'immortalité terrestre.

Pour cette recherche, la sincérité personnelle est capitale. Elle fait entrevoir la nécessité d'un apprentissage, celui de l'acceptation de la vérité : il faut consentir au réel avec humilité et le rencontrer en étant responsable. Si l'on constate la vie ou la maladie comme un épisode insensé, 'impossible', il faudra affronter le naufrage, le non-sens, le drame, la désolation, la peur, l'affolement ou à l'inverse exprimer son espérance, sa foi et ses doutes.

Pour ce bilan, les croyants se mettent sous le regard de Dieu.

VIVRE

Le corps, la pensée, le fait d'être humain peuvent poser des questions à dominante existentielle : la vie est d'abord une expérience personnelle où incarnés dans le monde nous sommes en relation permanente avec lui et avec les autres.

L'homme existant dans le monde est dans l'étonnement et le doute ; il éprouve un sentiment de faiblesse et d'impuissance : car le monde présente un caractère fondamental, l'impermanence.

Un signe ne trompe pas : le monde ne peut contenter l'homme (sauf peut-être certaines relations avec les êtres). C'est dans ce cadre que l'homme peut vouloir être 'sauvé'.

La communication occupe certainement ici une place centrale, car l'homme a le désir d'une 'communication totale' pour :

- aller au fond des choses ;
- aimer ;
- trouver le repos.

Pourtant cette 'communication totale' n'est pas immédiate. Il y a moi, les autres, le monde et tout ce que je perçois : je ressens un fossé.

Cet fossé peut néanmoins être largement dépassée quand on prend conscience de l'autre et de son mystère ; il n'est plus alors question de l'enfermer, ni de le posséder mais de l'accueillir dans sa diversité et sa fraîcheur toujours nouvelle. Cette attitude débouche sur une disponibilité et un étonnement face à l'autre, face au monde que cet étonnement soit scientifique, poétique, mystique...

S'INTERROGER

L'homme, au cours des époques, est sorti des mythes pour rentrer dans l'histoire devenue maintenant planétaire et marquée par :

- l'unité de l'homme ;
- les droits et les devoirs de l'homme.

L'histoire est nôtre, elle doit permettre à chacun de devenir un citoyen dans le monde (avec les particularités de son époque) et de ne pas avoir à abdiquer sa dignité.

L'homme essaie de trouver des réponses aux grandes questions qu'il se pose. Il peut à cette occasion accepter l'effondrement de certitudes qu'il croyait solides (mais en fait arbitraires) : c'est s'ouvrir l'espace même de la liberté, c'est un véritable retournement de l'être.

L'homme s'aperçoit alors qu'il est aussi plus qu'il ne peut savoir de lui :

- il ne s'est pas créé lui-même ;
- il se construit avec les autres.

Il peut décider de s'ouvrir au monde et de faire confiance à sa raison critique. Sa conscience lui permet aussi de refuser un arbitraire posé par lui-même ou par d'autres hommes. Car l'arbitraire ne doit pas être érigé en absolu : cela conduit à en faire un faux dieu et à devenir son esclave.

Il doit aussi accepter de rencontrer des limitations ou une part d'inconnaissance - peut-être provisoires.

Pour la science elle-même, l'être humain et le monde restent, par exemple, des mystères, car elle ne sait pas expliquer de nombreux "sauts" (de la matière vers la vie, de la vie vers la conscience, de la conscience vers la pensée...).

CONCLUSION

Dans sa quête de sens, l'être humain n'est pas seul ; il a été précédé, il sera succédé.

Il peut trouver avantage à se tourner vers le "Trésor" accumulé dans les cultures et l'histoire humaine : en particulier les religions, les traditions anciennes véhiculées par les écoles initiatiques, les philosophies, les sciences...

Pourtant, sa quête risque d'être insatisfaisante si elle reste lointaine ou seulement intellectuelle ; pour l'approfondir, il faut qu'il décide d'engager plus avant une part de plus en plus importante de son être.

1.4 LA QUESTION DE DIEU

La question de Dieu est délicate ; c'est à chacun d'y apporter une réponse et personne ne peut le faire à sa place.

"Je vis", *"le monde existe"*, *"pourquoi quelque chose et non pas rien ?"*... : ce sont des faits, des questions qui peuvent poser la question de Dieu.

L'être humain face à la question de Dieu est seul. Personne d'autre que lui ne pourra décider d'engager sa liberté pour y répondre.

Cette question de Dieu, si l'être humain l'approfondit, dévoile en fait que la réflexion sur Dieu diffère de toutes les autres : il faut croire en Lui sans vraiment Le connaître (ce que l'on retrouve aussi, quelque part, dans l'amour humain) : c'est l'acte de foi.

Si "Dieu est", Il est un Mystère et Lui seul peut révéler Son mystère à l'être humain : car l'homme s'aperçoit qu'il ne peut Le percer par ses propres forces.

Si "Dieu est", Dieu doit se manifester à l'homme. L'homme qui s'engage dans la quête de Dieu doit donc être attentif de tout son être :

- à sa vie ;
- au réel ;
- à l'histoire qu'il se dispose à la rencontre de Dieu ou qu'il chemine avec Lui s'il L'a déjà rencontré.

remarque

La difficulté de la question "prouver ou non l'existence de Dieu" n'est pas tellement dans la question, que dans la définition même de Dieu.

"Mais pourquoi quelque chose et non pas rien" ?

Il faut se désencombrer pour toucher le cœur ; ne peut subsister, par exemple, que ceci :

- il y a un fondement ultime Dieu et "Dieu est". Cette parole est simple et contient une vérité inépuisable car Dieu n'est pas lié au monde quant à son être ;
- l'homme prend conscience de sa liberté (aussi par rapport au monde), il acquiert la certitude de Dieu : Dieu est présent à son existence et le fait exister.

Si "Dieu est", Dieu n'est pas un simple objet de connaissance, d'étude ou de savoir comme un autre : il faut aussi croire en Lui.

Si "Dieu est", Dieu doit se manifester à mon existence : Il veut que, dans ma liberté, je devienne moi-même et je dois prendre position par rapport à Lui :

- tu ne Le représenteras pas (pour ne pas te faire une idole) ;
- tu n'auras pas d'autre Dieu (tu te rendrais faussement esclave sinon) ;
- par delà les droits donnés par Dieu, j'accepte des devoirs.

Alors Dieu est le fondement absolu et la source de tout ; la solitude de l'homme est fondamentalement brisée.

L'homme peut décider de se soumettre à Dieu avec reconnaissance et amour : c'est alors que l'homme devient totalement libre.

La libération fondamentale à laquelle Dieu invite chaque être humain est celle du souci de se libérer lui-même et de s'épuiser dans une quête où il essaierait de se présenter comme le réalisateur de sa propre identité.

AU CŒUR DU CHEMIN

Mais certains diront : *« Dieu existe-t-il ? Qu'est-ce-que Dieu ? »*. Sur ce chemin, pas de meilleur adage que *« Venez et voyez »*. Là, rien ne remplace l'expérience.

Si Dieu existe, il doit être identifiable dans l'histoire des hommes. Et de fait, il est repéré comme Dieu ou l'Absolu dans différentes religions, traditions ou spiritualités.

Une des constantes qui repère souvent Dieu, c'est qu'il est Amour. Amour, c'est-à-dire qu'il cherche constamment à entrer en relation, en particulier, avec chacun.

Dans cette optique, on peut concevoir que la recherche de Dieu soit relativement aisée, car nous sommes précédés par Dieu qui nous cherche le premier pour nous éveiller à la vraie vie.

« Goûtez et voyez comme est bon le Seigneur ».

La prise de conscience

Le temps de la vie humaine nous est donné pour faire la rencontre de Dieu et en vivre. Le moment important, c'est la prise de conscience de Dieu ou de l'Absolu : elle peut se faire plus ou moins tôt.

Mais on peut être relativement optimiste quant à l'issue, car Dieu lui-même est déjà à notre recherche : il frappe constamment à la porte de notre cœur. Ici, il est essentiel de développer l'accueil et l'écoute et, donc, de se désencombrer.

Chacun peut prendre ici un temps pour considérer le trésor de sa vie, des traditions humaines et de la tradition à laquelle il se rattache éventuellement.

Chacun peut s'arrêter de temps à autre dans sa vie pour renouveler cette prise de conscience.

LA RÉVÉLATION DE DIEU

Dieu est le Mystère ; l'homme ne peut L'atteindre, ni Le percer par ses propres forces. Pourtant, l'homme a un désir profond, inscrit en lui, qui l'attire vers Dieu. Dieu doit donc venir vers l'homme, se révéler à lui : d'où la nécessité de la Révélation.

Cette Révélation peut prendre deux formes (cf. le théologien allemand Karl RAHNER) :

- la Révélation dans l'histoire des hommes : faits « objectifs » qui permettent de fonder raisonnablement la foi ;
- la Révélation intérieure, c'est-à-dire dans l'histoire de chaque homme : faits « subjectifs » qui suscitent et nourrissent la foi.

LA RÉVÉLATION DANS L'HISTOIRE

La Révélation dans l'histoire (ou catégoriale) s'inscrit dans l'histoire des hommes ; elle est rapportée par des hommes :

- Moïse / Judaïsme ;
- Apôtres / Christianisme ;
- Mohammed / Islam ;
- Bouddha / Bouddhisme (même si cette religion ne professe pas de Dieu personnel) ;
- récits mythiques / Hindouïsme ;
- ...

C'est ici que se trouve un des aspects crucial de la foi : peut-on faire confiance à ce qui est rapporté par des hommes ?

Dans le cas du christianisme, nous pouvons faire infiniment confiance à un homme qui a vécu, Jésus-Christ, car Il est Dieu. C'est la spécificité du christianisme par rapport aux autres religions.

Nous chrétiens, nous disons que la Révélation est plus qu'un simple discours de Dieu ou sur Dieu et qu'elle atteint sa plénitude quand avec le Christ « *La Parole s'est faite chair* » et que Dieu s'est fait l'un de nous.

LA RÉVELATION INTÉRIEURE

La Révélation intérieure (ou transcendantale) est inscrite au cœur de chaque être par l'Esprit de Dieu qui est en lui. Chaque être humain est ainsi constamment en contact étroit avec Dieu dans sa vie ce qui donne de la valeur aux différentes traditions religieuses et à toute vie humaine.

La Révélation dans l'histoire des hommes et la Révélation intérieure, du fait des êtres humains qui en témoignent et la rapportent, sont étroitement liées.

LA RÉVÉLATION DANS LA BIBLE

Dieu et l'homme

Dès les origines, l'humanité est familière avec Dieu ; la relation est directe : Adam, Noé, Abraham, Jacob...

La première révélation historique dans la Bible a lieu avec Abraham, vers - 1700 de notre ère. Abraham se rend ensuite chez un prêtre, le roi Melkisédeq, qui sert déjà le vrai Dieu - ce qui indique que le culte du vrai Dieu est perpétuel et qu'il remonte déjà aux traditions immémoriales.

Dieu choisit avec Abraham et Moïse, un peuple, le peuple Juif, avec lequel il conclut une Alliance. Dieu y suscitera des prophètes qui porteront sa Parole. Jésus-Christ qui naîtra dans ce peuple qui adore Dieu en vérité, conclura dans Sa chair, Lui qui est vrai Dieu, vrai Homme, une Alliance nouvelle et définitive avec l'humanité.

Dieu dans la création

Dieu laisse voir ses perfections dans Sa Création. La Création est ainsi, pour l'homme, un marchepied vers Dieu... à condition de ne pas la substituer à Dieu et d'en faire une idole en la préférant dans certains de ses aspects visibles au Dieu Créateur (qui, Lui, est plus caché).

Dieu en Jésus-Christ

Jésus-Christ révèle pleinement Dieu comme Père. Jésus-Christ est le Fils. Jésus-Christ est Dieu, Image du Dieu invisible ; en Lui, nous contemplons Dieu, nous Le voyons.

Jésus-Christ est le Chemin, la Voie vers Dieu ; ressuscité d'entre les morts, Il peut donner toute sa mesure à l'Esprit-Saint, don de Dieu, qui nous habite. Par l'Esprit-Saint, avec l'Esprit-Saint qui habite en nous, nous devenons des fils de Dieu à l'image du Fils unique, Jésus-Christ ; en Jésus-Christ, nous allons vers le Père et nous entrons dans la Vie de Dieu qui est un échange d'amour, car « Dieu est Amour ».

LES RÉVÉLATIONS PRIVÉES

Une véritable révélation privée est une Révélation dans le cadre d'une religion donnée. Normalement, elle ne remet pas en cause cette religion... sauf à déboucher sur une nouvelle religion.

Dans le christianisme, la Révélation de Dieu (Dieu s'est fait homme en Jésus-Christ) est indépassable. Les révélations privées (par exemple, les apparitions) sont essentiellement un appel à la conversion, renforcent la foi ou éclairent certains aspects du Mystère de Dieu, mais elles ne remettent pas en cause la Révélation en Jésus-Christ qui, pour nous, est définitive : comme le dit St Jean de la Croix : « Car, en nous donnant comme il nous l'a donné, son Fils qui est son unique Parole - car il n'en a point d'autre - il nous a dit et révélé toutes choses en une fois par cette seule Parole et il n'a plus à parler » (Jean de la Croix, Montée du Carmel, II, 22).

ALLER A LA RENCONTRE DE DIEU

Pour aller à la rencontre de Dieu, il est important de se défaire de nos idoles si nous en avons et aussi de nos attachements.

Travail sur les idoles

Les idoles, ce ne sont plus des statues de divinités antiques, ni des animaux sacrés, ni des figures de chimères pour esprits enténébrés.

En effet, l'idolâtrie ne se réduit pas aux fausses représentations de Dieu. L'idolâtrie, c'est tout ce qui détourne de Dieu et lui fait concurrence. Ainsi, les convoitises déréglées rendent à des créatures, à l'argent, au pouvoir, au savoir, aux apparences… un culte qui n'est dû qu'à Dieu et s'en font comme des idoles, des absolus.

L'homme soumis à une de ces idoles s'éloigne de Dieu, il ne voit plus Dieu comme la priorité dans sa vie, mais l'idole, celle d'un temps de jouissance du moment.

Sachons briser les idoles qui encombrent notre cœur et sont une immense entrave dans notre élan vers Dieu.

Faire de Dieu une idole

Nous sommes aussi invités à briser les idoles dans lesquelles nous risquons d'enfermer Dieu. Il est indispensable de faire table rase des conceptions mercantiles de Dieu. Dieu n'est jamais à notre mesure : le dieu qui me donnerait bonne conscience ; le dieu auquel je veux bien consacrer un peu de mon temps, de mes activités afin d'obtenir sa bienveillance ; le dieu censé répondre à mes désirs, à mes besoins, qui évite le malheur, la solitude ; le dieu que ma bonne conduite achète...

Rester ouvert au mystère de Dieu

Il faut en fait « laisser la place » de Dieu vide, ne pas y mettre une autre idole, rester ouvert au mystère et à la transcendance d'un Dieu qu'on ne peut ni délimiter, ni enfermer : Il est le Tout-Autre.

Travail sur l'attachement

Sans être aussi grave que l'idolâtrie, l'attachement (aux choses, aux êtres, à nos idées, ...) est aussi un handicap pour aller en plénitude vers Dieu. Jean de la Croix écrit à cet égard : *« Un seul fil à la patte suffit à empêcher l'oiseau de voler »*.

Combattre l'attachement ne signifie pas rejeter ce qui est indispensable : se nourrir, avoir un toit et dormir. Il faut simplement s'éloigner du superficiel. Si vous êtes attachés, cela est au détriment de la vie avec Dieu.

Ouvrir son cœur à autre chose que ce qui nous occupe tout le temps, c'est faire un effort pour vaincre l'attachement à nos habitudes pour que Dieu nous visite, c'est lui faire une petite place. Il ne s'agit pas de fuir le monde, mais de comprendre l'illusion de posséder...

Une décision

L'essentiel, à ce niveau, c'est d'accueillir Dieu et de lui faire la place, même si nous ne le connaissons pas complètement. C'est une façon de lui dire oui. Et pourquoi attendre ? Comme le dit saint Jean de la Croix, un mystique du Carmel :

« Et toi, qu'attends-tu, puisque dès maintenant tu peux aimer Dieu dans ton cœur. »

Cette décision marque un tournant. Jusque-là, on cherchait Dieu. Ici, on fait confiance. Reste à entrer plus profondément dans le mystère : alors tout peut arriver.

ÊTRE UN VEILLEUR

Etre un veilleur, c'est se tenir prêt : car, si Dieu vient frapper à notre porte, serons-nous prêts à l'accueillir ?

Etre un veilleur, c'est être à l'affut des signes de Dieu dans la Création, attendre le moment où Dieu se dévoile et prendre alors la main qui est tendue.

CHOISIR UNE TRADITION

Il n'est ici pas question de faire table rase des traditions humaines et particulièrement de la tradition chrétienne.

Le choix d'une tradition peut se faire au cours de l'histoire personnelle. C'est un moment important dans la mesure où on peut bénéficier de tout un ensemble de témoignages de personnes qui sont des chercheurs d'Absolu et qui balisent le chemin. Cela permet de ne pas se limiter à sa propre expérience mais de la démultiplier d'autant que l'on a plus tout à réinventer et que la vie humaine est courte.

Ainsi :

- dans le christianisme, Dieu se révèle en se faisant homme ;

- dans le judaïsme, Dieu se révèle par l'intermédiaire de l'histoire d'un peuple particulier ;

- dans l'islam, Dieu se révèle dans un livre ;

- dans le bouddhisme et l'hindouïsme, l'Absolu se révèle au travers d'hommes qui sont des « voyants » du réel ;

- …

Y reconnaître l'Absolu

Le choix d'une tradition est important, car j'y reconnais l'Absolu qui s'y dévoile. Normalement, c'est dans ma propre tradition que l'Absolu se dévoile avec le plus de Vérité (autrement, j'en changerais). Cela influence évidemment ma prise de conscience et toute ma relation au réel.

Alors, ainsi établi dans une tradition (et même la « tradition » de ceux qui sont sans tradition), il est possible de se laisser interpeller par d'autres traditions et d'enrichir ainsi sa compréhension de sa propre tradition. C'est ici qu'il est toujours intéressant de « critiquer » sa propre tradition et de voir le rapport de cette tradition à l'Absolu qui s'y dévoile. C'est une marche en tension qui doit être rapportée à sa propre expérience.

Faire confiance

Le rattachement à une tradition est essentiellement un acte de confiance, je fais confiance à l'Absolu qui se dévoile dans cette tradition. Je fais donc confiance à d'autres hommes à l'origine de cette tradition quant à ce qui m'importe le plus dans ma vie : l'intimité avec l'Absolu. Cet acte de confiance n'est pas anodin, car il doit engager toute ma vie.

Faire confiance me décentre de moi-même, je reçois d'autres ce qui est au cœur de ma vie. Ce décentrement est fondamental dans la vie spirituelle, car il est important de soumettre sa vie spirituelle à d'autres pour éviter de s'y enfermer.

1.5 LA QUÊTE SPIRITUELLE

Si l'on veut avancer dans la connaissance, il faut faire table rase de nos connaissances. Faire table rase de nos connaissances, ce n'est pas jeter aux ornières tout notre savoir, mais c'est avant tout de pouvoir y jeter un œil critique et d'avoir la capacité d'analyse.

Ce démantèlement n'a pas pour but de détruire, mais de découvrir nettement l'évènement, permettant un renouvellement du regard et une revitalisation de l'esprit ainsi rendu à sa faculté de discernement.

On s'inscrit ici dans la tradition incontournable des penseurs critiques de la modernité dont les travaux de « déconstruction », selon le terme de Derrida. Cela permet de prendre le recul nécessaire pour comprendre l'époque contemporaine, non pas en mettant entre parenthèse jusqu'au reniement, à l'oubli ou à l'effacement, les héritages du passé, bien au contraire, en y revenant sans cesse et avec de plus en plus d'exigences.

Inspirons nous donc du philosophe Descartes qui a vécu au 17ème siècle : « au début de cette recherche spirituelle, faisons table rase, évaluons et construisons ».

Au cœur de cette démarche, nous préconisons la « cartographie ».

CARTOGRAPHIER

Chacun de nous est plongé dans le réel. Par son expérience du réel, chaque être humain établit une sorte de carte de reconnaissance et de lecture du réel. Généralement, une partie de sa carte peut être lue par d'autres êtres humains et réciproquement. Les cartes peuvent être rapprochées et corrélées, c'est ce qui fonde la communication.

Etre attentif à mieux cartographier le réel peut ainsi permettre une meilleure compréhension entre êtres humains et aussi de soi-même.

Le but de ce cours est d'une certaine façon de jeter les bases d'une carte ou de morceaux de cartes du réel.

Naturellement, ici, l'auteur du site exprime sa propre carte du réel, il espère qu'elle recoupera celle du lecteur ou qu'elle permettra de l'enrichir.

1.6 SPIRITUALITÉ

Nous explicitons ci-dessous des noyaux abstraits qui sont des discours sur le réel qui ont un caractère d'universalité et qui peuvent aider à baliser une quête personnelle.

Ces noyaux sont d'une portée générale tout en faisant explicitement référence à Dieu.

Noyau abstrait : la conscience

La perception que j'ai du réel vient de ma conscience.

Noyau abstrait : la vie humaine

Je me construis par interaction avec le réel et, en particulier, les autres êtres humains.

Noyau abstrait : l'ouverture au mystère du réel

Il est un temps pour chaque chose. L'un pour développer son individualité, sa volonté personnelle, l'autre pour les abandonner afin de s'ouvrir à une autre dimension du réel qui est un mystère.

Noyau abstrait : la rencontre de Dieu est ouverte à chacun

La durée de la vie humaine nous est donnée pour faire la rencontre de Dieu et en vivre. Le moment important, c'est la prise de conscience de Dieu (ou de l'Absolu) : elle peut se faire plus ou moins tôt.

Cela signifie que l'Esprit veut se révéler à tout le monde.

Noyau abstrait : Dieu est Amour

Mais certains diront : *« Dieu existe-t-il ? Qu'est-ce-que Dieu ? »*. Sur ce chemin, pas de meilleur adage que *« Venez et voyez »*. Là, rien ne remplace l'expérience.

Si Dieu existe, il doit être identifiable dans l'histoire personnelle de chacun et/ou dans l'histoire des hommes. De fait, il est repéré comme tel dans différentes religions, traditions ou spiritualités.

Une des constantes qui repère souvent Dieu, c'est qu'il est Amour. Amour, c'est-à-dire qu'il cherche constamment à entrer en relation positive, en particulier, avec chacun.

Dans cette optique, on peut concevoir que la recherche de Dieu soit relativement aisée, car nous sommes précédés par Dieu qui nous cherche le premier pour nous éveiller à la vraie vie.

Noyau abstrait : vers la rencontre de Dieu

Mais on peut être relativement optimiste quant à l'issue de la rencontre avec Dieu, car Dieu lui-même est déjà à notre recherche : il frappe constamment à la porte de notre cœur. Ici, il est essentiel de développer l'accueil et l'écoute et, donc, de se désencombrer.

Chacun peut prendre ici un temps pour considérer le trésor de sa vie, des traditions humaines et de la tradition à laquelle il se rattache éventuellement. Chacun peut aussi s'arrêter de temps à autre dans sa vie pour renouveler cette prise de conscience.

Noyau abstrait : l'homme ordinaire et l'Esprit

Nous voyons dans ce noyau abstrait intervenir dans la vie d'un homme ordinaire, dans un homme non préparé à cela, une force inhabituelle, une force dont il ne perçoit pas le caractère disons « surnaturel ». C'est le point de départ d'un chemin initiatique, un chemin que nous pouvons tous prendre, dans la mesure où nous répondons aux indications de l'Esprit.

Noyau abstrait : le moment présent

Le moment présent, c'est le lieu d'une vie qui peut être pleinement vécue.

Ce qui compte dans le présent, c'est qu'il est le moment privilégié de la rencontre de Dieu. Dieu se rencontre au présent et s'expérimente au présent : là est le secret de la vraie vie.

Le passé est fumée, l'avenir est fumée : ce qui compte, c'est le présent où la vie peut être vécue avec densité, intensité, fraîcheur et nouveauté : « Voici que je fais toutes choses nouvelles ». Il est ainsi possible de vivre dégagé du poids du passé et des incertitudes de l'avenir. Car souvent le présent n'est pas vécu pleinement soit que l'on ressasse le passé soit que l'on s'interroge sur l'avenir.

Dans le présent, on pose un regard direct sur les êtres et les choses. Ceci permet de contempler la Vérité de ce qui est et de voir couler la beauté par tous les pores du réel. C'est ce qui caractérise l'état d' « éveillé », d' « illuminé », d' « être réalisé ».

La sécurité

Vivre sa vie dans le moment présent, c'est abandonner définitivement la peur : c'est se sentir fondamentalement en sécurité.

C'est encore accueillir le don de Dieu qui nous libère : un moi qui cherche la sécurité ne la trouve jamais, un moi qui désire le contrôle ne l'atteint jamais.

L'image de la manne

L'image de la manne est importante pour nous aider à structurer notre vécu du moment présent. Nous ne sommes pas là pour faire des provisions : chaque grâce est nouvelle et il ne sert à rien de vouloir retenir les grâces passées.

La grâce comme la manne ne se conserve pas (Ex 16, 19-20), elle se vit donc dans le présent. Cela fonde notre considération du lâcher-prise et du non-attachement.

Noyau abstrait : la Présence de Dieu

La Présence de Dieu au réel est permanente. Pour en prendre conscience, il suffit de ralentir le tumulte de sa vie. Installée dans le moment présent, l'intériorité calmée laisse émerger la conscience « pure » et permet de prendre conscience que Dieu est à la fois présent à l'intérieur et à l'extérieur de nous-mêmes.

La Présence est continuellement là : il suffit de se rendre présent à la Présence qui imbibe tout comme une douce lumière.

Noyau abstrait : le silence

Faire silence dans nos vies est l'une des clés du chemin.

Souvent, notre bruit intérieur est plus insidieux que le bruit extérieur. De ce fait, nous ne posons pas librement les actes que nous effectuons. Nous n'avons pas pris le recul nécessaire et nous dérapons. Un temps de méditation est déjà un moyen d'entrer dans le silence. Mais il faut que ce silence envahisse toute notre vie.

Une des vertus de ce silence intérieur est de nous disposer à l'écoute de ce qui se passe et, en particulier, à l'écoute de Dieu pour ce qu'il veut dans nos vies. Le silence est la première nécessité de celui qui veut suivre un tel chemin.

Car Dieu parle sans arrêt, par des signes, des images, des sons, des situations, des regards, des sensations... Encore faut-il prendre le temps de l'écoute et de faire silence dans notre vie agitée, dispersée et bruyante à souhait.

Noyau abstrait : l'écoute

L'écoute est fondamentale. C'est parce que nous avons « écouté » au moins une fois que nous avons été capable de répondre à l'appel de Dieu.

Non seulement, nous pouvons écouter, mais Dieu nous écoute aussi constamment. Ceci fait de notre vie un véritable échange et une véritable relation : nous nous constituons ainsi en tant que personnes.

L'écoute nous met en contact avec la vérité de ce qui est et cette vérité nous rend libres. L'écoute permet ainsi de quitter le passé, les a priori de la mémoire pour entrer dans la nouveauté.

Dans l'écoute, nous nous connectons pleinement au moment présent et nous pouvons alors faire ce qui est juste à ce moment-là. Dans l'écoute, nous pouvons être créatifs et faire de notre vie un chef d'œuvre.

Noyau abstrait : la grâce

La grâce est un secours, un appui, une guidance qui nous est donnée par Dieu, dans le moment présent, pour accomplir notre vie.

Dans notre écoute et notre silence intérieurs, nous pouvons profiter pleinement de cette grâce donnée par Dieu pour réaliser ce pour quoi nous sommes là.

Noyau abstrait : l'assentiment

Reconnaître ou toucher Dieu, c'est un moment de grâce. L'essentiel, à ce niveau, c'est de l'accueillir et de lui faire la place. Il faut aussi prendre position : dire oui ou dire non.

L'assentiment est de dire oui à Dieu que l'on reconnaît alors, de prendre la main qui est tendue. Ce n'est pas si difficile, c'est même relativement naturel : car Dieu a un pouvoir de séduction et sait être irrésistible pour nous engager dans ce choix.

Et pourquoi attendre ? Comme le dit saint Jean de la Croix, un mystique du Carmel :

« Et toi, qu'attends-tu, puisque dès maintenant tu peux aimer Dieu dans ton cœur. »

C'est une façon de baisser la garde, de se rendre à Dieu : on ne se veut plus propriétaire de sa vie et de ses projets.

Ce oui marque la fin d'une recherche. Jusque-là, on cherchait l'eau. Ici, on est arrivé à l'océan. Reste à entrer plus profondément dans le mystère : alors tout peut changer.

Noyau abstrait : la réponse

Depuis notre naissance, Dieu nous appelle et Il nous appelle à vivre de Sa Vie. Nous sommes, en fait, constamment appelés par Dieu. Et Dieu ne se lasse pas de frapper à la porte de notre cœur.

Un moment important de notre vie est quand nous commençons à répondre pour la première fois à cet appel et, ensuite, à y répondre de plus en plus.

Votre réponse face à Dieu paraît évidente puisque vous avez décidé de vous intéresser à ce chemin.

Mais la réponse à l'appel de Dieu consiste essentiellement à décider de ne pas rompre notre relation avec Dieu par un acte de désamour envers Dieu et souvent envers les autres ou le monde.

Le cœur de la réponse est donc de décider de vivre une vie d'amour : ce qui est à la fois simple et exigeant. Car cet Amour est infusé dans nos vies par Dieu lui-même : il nous reste à l'accueillir.

Noyau abstrait : l'engagement

L'engagement est ici central. Il s'agit de se déterminer pour Dieu, il s'agit aussi à la fois d'une disposition du cœur et de la mise en pratique d'un enseignement. La plupart du temps, on se rattache à une communauté de personnes et on décide de structurer sa vie à partir d'éléments qui nous apparaissent fondamentaux.

Vivre pour le Dieu d'Amour, c'est donner de l'importance à la relation. C'est donc nouer une relation avec Lui, la nourrir et l'entretenir. Pour cela, il faut donner du temps à Dieu pour le rencontrer : la prière ou la méditation régulières sont ainsi le lieu d'un engagement certainement inestimable.

L'engagement, et ce n'est pas le moindre de ses avantages, permet de tenir lorsque les temps sont difficiles et que l'ombre a recouvert la lumière.

Noyau abstrait : la détermination

Notre intention fondamentale doit être de s'engager sur le chemin pointé par les noyaux abstraits et de vouloir ne pas dévier. Nous devons avoir cette intention à chaque moment de notre vie et surtout quand celle-ci devient plus difficile.

C'est ici qu'il faut faire preuve de détermination, de décider de vivre la vraie vie quoi qu'il en coûte, d'arriver au but qui est d' « être intime avec Dieu ». Dans ce cheminement, on n'est pas seul mais accompagné par Dieu lui-même.

Noyau abstrait : le combat

Si vous êtes entré sur le chemin décrit par les noyaux abstraits, vous pouvez remarquer, entre autres choses, un thème qui aura une grande importance dans votre développement futur : le thème du combat.

Celui qui a choisi de s'engager dans cette voie rencontre en effet, très vite, le combat. Contre qui combat-il ? Contre le Mal. Dans quel but ? Pour acquérir la Vertu qu'il possédera peu à peu à travers les différentes vertus, devenant ainsi plus fort, plus homme.

Saint Ignace de Loyola a très bien compris que ce combat, c'est la lutte entre l'orgueil et l'humilité.

En fait, cela ne dépend pas de nous d'avoir des mauvaises pensées, des tentations, mais ce qui dépend de nous, c'est de les laisser entrer dans notre âme et qu'elles y restent. Cela implique une ascèse où nous devons cultiver la vigilance et le discernement. Mais si nous tombons, nous devons nous relever aussitôt, ne pas nous enfermer dans une grande tristesse (qui ne sert, en réalité, qu'à couvrir notre fierté) et demander à nouveau le pardon le Dieu.

Noyau abstrait : le choix d'une tradition

Le choix d'une tradition (et même la « tradition » de ceux qui sont sans tradition) peut se faire au cours de l'histoire personnelle. C'est un moment important dans la mesure où on peut bénéficier de tout un ensemble de témoignages de personnes qui sont des voyants de l'Absolu et qui balisent le chemin.

Il serait donc absurde de faire table rase des traditions humaines. Cela permet de ne pas se limiter à sa propre expérience mais de la démultiplier d'autant que l'on a plus tout à réinventer et que la vie humaine est courte.

Noyau abstrait : tradition et Absolu

Le choix d'une tradition est important, car j'y reconnais l'Absolu qui s'y dévoile. Normalement, c'est dans ma propre tradition que l'Absolu se dévoile avec le plus de Vérité (autrement, j'en changerais). Cela influence évidemment ma prise de conscience et toute ma relation au réel.

Alors, ainsi établi dans une tradition (et même la « tradition » de ceux qui sont sans tradition), il est possible de se laisser interpeller par d'autres traditions et d'enrichir ainsi sa compréhension de sa propre tradition.

C'est ici qu'il est toujours intéressant de « critiquer » sa propre tradition et de voir le rapport de cette tradition à l'Absolu qui s'y dévoile. C'est une marche en tension qui doit être rapportée à sa propre expérience.

Noyau abstrait : la confiance en la tradition

Le rattachement à une tradition est essentiellement un acte de confiance, je fais confiance à l'Absolu qui se dévoile dans cette tradition. Je fais donc confiance (avec ma raison) à d'autres hommes à l'origine de cette tradition quant à ce qui m'importe le plus dans ma vie : l'intimité avec l'Absolu. Cet acte de confiance n'est pas anodin, car il doit engager toute ma vie.

Faire confiance me décentre de moi-même, je reçois d'autres ce qui est au cœur de ma vie. Ce décentrement est fondamental dans la vie humaine, car il est important de soumettre sa propre vie à d'autres pour éviter de s'y enfermer.

Noyau abstrait : la tradition comme grille de lecture de l'expérience

Pour progresser sur le chemin, les éléments précédents sont essentiels, mais ils ne suffisent pas.

En effet, le but de l'union à Dieu, c'est de donner sens à sa propre vie et au réel. En ce sens la compréhension de ce qui se passe dans notre vie est fondamental. La tradition choisie est ainsi ce moule où va s'interpréter l'expérience vécue.

L'Amour ne va pas sans connaissance de ce que l'on aime. La tradition choisie devient alors une grille de lecture et de saisie du réel qui va donner sa forme à la recherche elle-même dans la mesure où celle-ci s'accompagne d'une réflexion pour discerner le sens et donner sens.

La tradition choisie est ainsi un des prismes avec lequel on décode le réel et où l'on prend position. Elle colore l'expérience vécue elle-même et influe sur sa formulation. En ce sens la tradition permet d'avancer à pas de géant. Un des dangers, c'est de l'aborder de façon figée : elle devient alors un handicap.

Noyau abstrait : l'acceptation du réel

Dans le moment présent, Dieu fuse partout dans le réel. Il est ainsi possible d'avancer en toute confiance et de dire oui à la vie qui se déroule. Ainsi le fondement du réel, c'est la Bonté.

Accepter le réel, c'est laisser la Vérité se déployer : c'est ne plus vouloir tout contrôler. C'est accueillir humblement ce qui est et ce qui vient, même si l'on envisage de le canaliser et de l'orienter dans l'avenir.

L'acceptation du réel, c'est aussi s'accepter là où on en est du fait de son histoire personnelle, savoir que dans le présent nous sommes acceptés par Dieu tels que nous sommes ce qui nous permet à notre tour de nous accepter ici et maintenant.

Noyau abstrait : la Bonté du réel

Dans tout ce qui nous arrive, nous sommes accompagnés, soutenus et aimés.

Souvent la souffrance est de notre fait, car nous résistons au réel, nous n'acceptons pas le réel tel qu'il est. Certes, parfois, nous sommes frappés injustement par le mal : mais c'est encore une occasion de grandir, car au cœur de cette épreuve, nous avons la confiance qu'il y a toujours une porte de sortie.

Noyau abstrait : la Providence

Dieu aussi est attentif à ce qui se passe dans le monde. Ceci permet d'entrer dans la confiance et l'abandon puisque Dieu concourt au bien du monde et de tous ceux qui le cherchent.

Comme le dit sainte Thérèse de Lisieux : *« Tout est grâce »*. Ceci nous rend joyeux et nous évoluons en confiance, car nous savons que Dieu et Sa Providence sont toujours à nos côtés.

Noyau abstrait : le pardon

Cependant, nous le savons : même, avec les meilleures intentions, il nous arrive de refuser Dieu.

Le pardon reçu de Dieu (et toujours disponible) nous engage à entrer dans une dynamique de pardon vis-à-vis des autres. Ce pardon nous libère et purifie notre mémoire.

Noyau abstrait : effacer son histoire personnelle

Effacer son histoire personnelle, c'est se désencombrer du passé, purifier sa mémoire pour vivre pleinement la rencontre avec Dieu. Ce qui reste alors, ce sont les moments marquants de l'aventure avec Dieu qui fondent et refondent l'engagement envers Lui.

Noyau abstrait : le non-attachement

Etre non attaché, c'est être disponible à la nouveauté de ce qui vient. Cela permet d'être libre.

Il faut en effet ne pas se raidir ou se crisper sur ce que l'on possède : ses biens, sa vision du monde, ses expériences fortes, ses idées, ses points forts... Il est important de laisser venir et de voir les choses telles qu'elles sont, d'être ouvert à l'inconnu. Cela est difficile si l'on sait déjà (ou si l'on croit déjà savoir) ou si l'on veut contrôler le déroulement da sa vie.

Être non attaché permet d'avoir un regard désencombré et de plonger au cœur du réel.

Noyau abstrait : le non-jugement

Le jugement est la constante évaluation de ce qui se passe en choses justes ou fausses, bonnes ou mauvaises. Lorsqu'on est perpétuellement occupé à évaluer, classer, étiqueter ou analyser, on crée un grand nombre de turbulences dans son dialogue intérieur.

Le non-jugement crée le silence dans l'esprit. Cette ouverture donne accès à l'état de pure attention, de silence du mental et de calme intérieur. Elle rend disponible à ce qui arrive et ouvre à l'écoute pour pouvoir éventuellement prendre une décision.

Commencer sa journée dans cette intention est donc une bonne idée. Dès qu'on se surprend à juger, souvenons-nous de cet engagement. S'il paraît trop difficile d'observer cette règle toute la journée, on peut simplement se dire

« Pendant les deux prochaines heures, je cesserai de juger » ou « Pendant une heure, je ferai l'expérience du non-jugement ». Ensuite on peut allonger graduellement la durée de cet exercice.

Noyau abstrait : la patience

Nous voudrions souvent être arrivés au bout de notre cheminement. Mais nous ne devons pas oublier que notre transformation s'inscrit dans la durée. C'est là que la patience est essentielle : elle permet de continuer à cheminer dans l'inaccompli et l'imparfait. Nous ne nous étonnons pas alors de nos manquements.

La patience permet aussi d'accueillir une situation de vie qui nous apparaît difficile ou de « faire le gros dos ».

La patience est ainsi le moteur de l'Espérance et de l'humilité.

Prenons donc en compte, comme Dieu, la totalité du grand tableau cosmique.

Noyau abstrait : l'obéissance

Tout ce qui arrive est d'une certaine façon la Volonté de Dieu : soit que Dieu le veuille, soit qu'Il le permettre pour un plus grand bien (ainsi la Croix et toutes ses retombées de grâce).

Ce que dit Jésus peut nous orienter dans notre agir et notre façon d'être :

« Le Fils ne peut rien faire de lui-même, qu'il ne le voie faire au Père ; ce que fait celui-ci, le Fils le fait pareillement » (Jn 5, 19).

Ainsi, si nous voulons être des fils de Dieu, notre agir doit être le fait du Père. Ceci suppose donc pour nous une entrée dans l'obéissance comme ce fut le cas pour Jésus.

Par le silence et l'écoute, nous quittons notre volonté propre et notre simple agir humain pour nous couler dans l'agir de Dieu, lui-même, en nous. Cela suppose que nous ne sommes plus propriétaires de nos vies. Mais que nous épousons pleinement notre mission de vie : le plan que Dieu a sur nous de toute éternité.

Noyau abstrait : la gratuité

« *Que l'on ne demande plus à quoi sert Dieu…il ne sert à rien. Il n'est pas utile. Mais gardons-nous bien de perdre le sens de l'inutile et du gratuit (…) Le bonheur est ce qui ne s'achète pas et ne s'évalue pas, ce que l'on ne peut croiser sur des tableaux statistiques. Il est l'inattendu, l'incalculable, l'inespéré (…). Il s'insinue au cœur du temps perdu et de la gratuité. Il naît là où il y a place pour l'inutile et le superflu. Il est à l'image de Dieu* » (Charles Delhez, *Ce dieu inutile…*).

« *Ce n'est qu'à partir d'un Dieu dont on n'a pas besoin qu'un peut accéder à une adoration authentiquement gratuite* » (François Varillon).

« La prière et la foi sont des actes gratuits, c'est-à-dire inutiles et sans fonctions. La prière est un acte inutile, effectué sans attente de retour. La foi est le sens du gratuit : la foi est inutile et gratuite. Dieu est inutile. Voilà pourquoi il est essentiel. La prière est alors espace de gratuité » (Charles Delhez, Ce dieu inutile…)

La gratuité rapproche l'homme de son essence : « Plus une activité à un côté "inutile" plus elle est humaine. Plus elle se situe dans le registre du gratuit, plus elle touche à l'essentiel » (Charles Delhez, Ce dieu inutile…) :

l'homme reçoit l'amour de Dieu ;

- il n'est pas obligé de le lui rendre ;
- mais ne pas lui rendre est une méconnaissance préjudiciable.

Avec la gratuité, il faut savoir entrer d'un coup dans ce jeu proposé par Dieu avec la nouveauté absolue et splendide de la création. Penser la création comme jeu (François Euvé) permet de bien mettre en évidence des aspects de l'activité créatrice :

- la joie du créateur ;
- la gratuité de la création ;
- le rapport entre liberté et règle ;
- l'explicitation de la valeur de la création comme relation ;
- l'importance des notions d'imprévisibilité et de risque.

Le jeu et la gratuité expriment la liberté de celui qui vit dans l'amour en présence de Dieu, confiant comme un enfant, dans la joie d'une discipline éprouvée comme source de vie. Mais il s'agit bien d'un jeu sérieux, où on est sensible également à l'enjeu, au risque constant de notre échec.

Noyau abstrait : le discernement

Nous pouvons sentir ici que nous avons besoin de discernement dans notre vie.

Nous pouvons nous rappeler ici cette parole de Jésus :

« Venez à moi, vous tous qui peinez et ployez sous le fardeau, et moi je vous soulagerai. Chargez-vous de mon joug et mettez vous à mon école, car je suis doux et humble de cœur, et vous trouverez soulagement pour vos âmes. Oui mon joug est aisé et mon fardeau léger. » (Mt 11, 28-30).

Cette parole nous invite à nous mettre à l'école de Jésus qui dit aussi « Sans moi, vous ne pouvez rien faire ».

Il suffit, en fait, de vivre la filialité telle que nous la montre Jésus (comme Fils du Père) et Jésus a rendu cela possible.

C'est dans cette filialité que nous « voyons » Dieu et que nous nous unissons à Lui. Elle conduit ainsi à l'union avec Dieu par Amour.

1.7 LA CONVERSION

CONVERSION : UNE ÉTYMOLOGIE

Conversion est la traduction du mot grec metanoia qui signifie littéralement changement d'avis, changement de mentalité.

Le mot grec metanoia du Nouveau Testament vient lui-même de la Septante, qui traduit ainsi le verbe hébreu shoub, très fréquent dans l'Ancien Testament, et qui signifie revenir, retourner à, se détourner de son péché pour se tourner vers Dieu. Et ce verbe hébreu shoub donne le substantif teshouva, qui signifie retour, c'est-à-dire conversion, comme dans le latin convertere qui signifie changer, tourner.

Le mot français « repentir » est parfois utilisé pour traduire métanoia, mais c'est une traduction réductrice du sens. L'expression « conversion de l'esprit » transmet mieux la profondeur du sens spirituel qui est entendu lorsque les Pères des premiers siècles de l'Eglise nous parlent de la métanoia.

DES APPELS DE DIEU

Jésus prêchait la bonne nouvelle de Dieu. L'Évangile dit : *« Convertissez-vous et croyez à l'Evangile, à la bonne nouvelle. »*. La prédication de l'Evangile précède toujours l'exhortation à la conversion.

Tous les sermons du monde n'auront de sens et d'utilité qu'au moment où chacun entendra pour lui-même l'Evangile. Au moment où l'être humain aura le cœur touché par la bonne nouvelle de la venue du Dieu d'amour dans sa vie personnelle.

« Le temps est accompli et le royaume de Dieu est proche », nous dit l'Évangile. Et c'est après seulement qu'il nous appelle à la conversion.

Les appels de Dieu peuvent retentir dans notre vie et nous pouvons décider ou non de les saisir.

Ainsi, comme :

- rupture ;
- passage vers la Foi ;
- prise de conscience ;
- inscription dans un compagnonnage de « toujours » avec Dieu.

Rupture

Il y a des moments, bien que trop rares peut-être, où l'être humain comprend la nécessité d'une vraie conversion, le besoin de changer d'orientation et de recommencer sur des bases nouvelles. Ces moments, dans lesquels Dieu fait irruption dans notre histoire, nous rappellent non seulement que nous nous sommes écartés du divin mais surtout que le péché nous a fait perdre notre humanité.

Passage vers la Foi

La conversion peut être un passage de l'incroyance à la Foi ; mais ce passage doit s'effectuer en pleine liberté pour être authentique.

Se convertir, c'est préserver une certaine liberté personnelle de pensée, tout en adhérant avec lucidité et recul, voire scepticisme. En d'autres mots, la conversion n'est pas une abdication de la raison. C'est une affaire d'intelligence et aussi de cœur.

Les formes de conversion sont très variées. Celle de Saint Paul sur le chemin de Damas ou celle de Paul Claudel dans la cathédrale de Paris furent soudaines et brutales. Elles doivent tout, nous dit-on, à la grâce providentielle de Dieu.

Prise de conscience

Je ne peux me convertir, me tourner vers Dieu que si j'ai commencé à croire que je suis aimé et si je Lui fais confiance. Que si j'entends cette bonne nouvelle de la venue de Dieu, de son royaume d'amour parmi nous.

Il s'agit bien de moi. De ce moment où le temps de Dieu s'accomplit pour moi. Où je peux me tourner vers lui, dans un mouvement de conversion, d'espérance, de Foi, de décision, d'abandon à l'amour proposé, au pardon accordé.

Une nouvelle vie est alors devenue possible pour moi, puisque le temps ancien, le temps de la fatalité, le temps de l'impossible est révolu.

Oui, le Royaume de Dieu s'est approché de nous. Ce n'est pas nous qui avons commencé le temps de la conversion, c'est Dieu qui l'a commencé pour nous avec la venue de Jésus.

Inscription dans un compagnonnage de « toujours » avec Dieu

La Foi est un don destiné à se développer dans le cœur des baptisés.

L'adhésion à Jésus-Christ déclenche, en effet, un processus de conversion permanente qui dure toute la vie. La personne qui accède à la Foi est comme un nouveau-né qui, petit à petit, grandit et devient un adulte à constituer l'« Homme parfait », à réaliser la plénitude du Christ.

L'abandon à Jésus-Christ engendre chez les baptisés le désir de le mieux connaître et de s'identifier à Lui. La catéchèse les initie à la connaissance de la Foi et à l'apprentissage de la vie chrétienne, en favorisant un itinéraire spirituel qui entraîne « un changement progressif de la mentalité et des mœurs », fait de renoncements et de luttes, mais aussi de joies que Dieu donne sans mesure. Le disciple de Jésus-Christ est alors prêt pour une profession de Foi vivante, explicite et agissante.

Cette maturité initiale, source de la profession de Foi, n'est pas la dernière étape du processus permanent de conversion. Le baptême et la Foi baptismale sont le fondement d'un édifice spirituel destiné à grandir. Le baptisé, toujours animé par l'Esprit, nourri par les sacrements, par la prière et par la pratique de la charité et aidé par les multiples formes d'éducation permanente à la Foi, cherche à faire sien le désir du Christ : *« Soyez parfaits comme votre Père céleste est parfait » (Mt 5,48)* : c'est l'appel à la plénitude adressé à tout baptisé.

UNE CONVERSION PERMANENTE

Nous savons bien par expérience que le chemin spirituel passe par toute une série de conversions.

La vie chrétienne est donc un appel constant à la conversion, à se réaligner constamment sur Dieu, à entrer dans une dynamique de pardon. Car, il faut du temps pour déboulonner nos idoles, pour assouplir notre cœur, pour convertir notre regard, pour aimer sans mesure...

Le chemin de la conversion est loin d'être linéaire. Il y a bien des allers-retours en direction de la Foi dans une vie humaine. Il semble limité de voir dans un parcours de vie qui est riche une simple dichotomie avec un avant et un après la Foi. Dans tout ce parcours, au cœur même, il demeure une même personne, une personne retournée, révélée même, par la Foi mais partout la même personne...

2 COURS DE MYSTIQUE CHRÉTIENNE

Il s'agit ici de quitter le vieil homme.

Nous abordons ici une première approche du cheminement spirituel et mystique dans sa globalité :

- Un Désir : l'Union avec Dieu par Amour ;
- Une Réalité : par Don de Dieu, nous sommes déjà un « autre » Christ.

Ce parcours a besoin d'être mûri et d'être intégré dans la durée (compter environ 10 mois).

2.1 FORMATION THÉOLOGIQUE SUCCINCTE

2.1.1 Une Présentation du Christianisme

Dieu est tellement au-dessus de l'homme que ce dernier ne peut L'atteindre par ses seules forces. C'est pourquoi Dieu a fait le premier pas, Il descend vers chaque homme : Il nous a aimés le premier.

Dieu vient donc à la rencontre de l'homme dans l'histoire. Nous le reconnaissons à l'œuvre avec le peuple juif et les prophètes, puis il y a 2000 ans dans l'évènement Jésus-Christ.

Dieu fait alliance avec l'homme. Cette rencontre est présentée dans la Bible (Ancien Testament et Nouveau Testament dont les Evangiles) où Dieu nous parle.

Dieu a créé le monde librement et le maintient à flot constamment.

Dieu a fait l'homme à Son image.

Dieu n'a voulu ni la souffrance, ni la mort. C'est l'homme, au départ, qui s'est détourné de Dieu ; il a péché, a brisé la relation initiale d'intimité entre Dieu et lui et a ouvert un canal au mal dans le monde : on voit le déchaînement qui a suivi.

JÉSUS-CHRIST

A peine créé, l'homme a voulu prendre, et non accueillir, le don de Dieu et se coupant de sa source en Dieu, pour son malheur, a voulu se faire tout seul.

Mais Dieu ne reprend pas ce qu'Il a donné : la vie. Pour sauver l'humanité, Dieu se fait homme en Jésus-Christ ; en assumant la nature humaine, Dieu "s'est fait homme pour que l'homme devienne dieu" et Il restaure Son plan initial de création qui a fait de l'univers "une machine à faire des dieux". Par Son Incarnation, Il prouve à l'homme la réalité de ce qu'Il est, Amour.

Jésus-Christ nous révèle la véritable nature et l'intimité de Dieu : Dieu est Un, Vérité et Amour. Mais Amour, Dieu n'est ni solitaire, ni égoïste ; en Son sein, Dieu est Trinité, trois Personnes qui s'aiment infiniment : le Père de qui tout vient, le Fils qui reçoit et transmet tout dans l'Esprit Saint qui insuffle tout.

Jésus-Christ est vrai Dieu, vrai Homme. Il est né de la Vierge Marie, Il a souffert, Il est mort, crucifié, pour nous et pour ôter nos péchés et ainsi nous sauver. Il a vaincu la mort car Il est ressuscité auprès de Dieu et Il répand l'Esprit Saint qui nous renouvelle ainsi que le monde : ses apôtres et ses disciples l'ont attesté. Par Son Amour et la vie nouvelle qu'Il nous offre, Il nous permet et nous demande d'aimer Dieu, Son Père et nos frères, les hommes.

L'HOMME AVEC DIEU

Chaque homme, par l'Esprit Saint de Dieu qui habite en lui, est appelé par Dieu à devenir un fils adoptif dans Son Fils Jésus-Christ et à participer pleinement à la vie de Dieu qui est mouvement d'Amour dans la Vie trinitaire.

Nous ressusciterons tous au dernier jour, à la fin des temps : nous sommes faits pour être éternellement des êtres incarnés ; notre aventure terrestre a donc du prix à nos yeux et à ceux de Dieu. Après le jugement dernier, ceux qui auront reconnu la Vérité de Jésus-Christ vivront éternellement dans Son Royaume.

Pour l'homme, le salut (être pour toujours avec Dieu) ne s'acquiert pas à la force du poignet. Dieu est là le premier ; Il nous accepte simplement tels que nous sommes (même s'Il compte nous former) et nous offre Son Amour qui nous permet d'aimer à notre tour : *"Donne-moi ton cœur, aime-moi comme tu es. Si pour m'aimer tu attends d'être parfait, tu ne m'aimeras jamais. Aujourd'hui, je me tiens à la porte de ton cœur comme un mendiant, moi le Seigneur des Seigneurs"*.

"Dieu est Amour". Tout en Dieu nous est cadeau : la foi en Lui, la grâce (qui nous rend saints et nous libère), le salut... Mais l'homme qui est libre peut refuser, dans sa liberté et dans son péché et pour son malheur, l'appel et le don de Dieu.

ÊTRE CHRÉTIEN

Pratiquer sa religion pour le chrétien, c'est essentiellement aller, par amour, à la rencontre de Dieu et de ses frères et sœurs et mettre en pratique l'Evangile. Le chrétien est alors libéré de la Loi extérieure ; la Loi est inscrite dans son être et sa conscience. Sa vocation, comme Sainte Thérèse de Lisieux, c'est l'Amour.

Le chrétien vit dans la foi, l'espérance et la charité. Il a confiance, car il sait que, dans le présent, Dieu est en lui et partage sa vie ; il aime à se tourner vers Dieu dans la prière ; il se veut solidaire du monde et rejoint tous les hommes.

un catholique

LES ÉGLISES

Les membres des Eglises (entendues ici comme regroupant les chrétiens) ne se choisissent pas les uns les autres : ils se reçoivent de la main de Dieu dans leur diversité.

Dans la famille des croyants chrétiens, il y a trois grandes subdivisions : les catholiques, les protestants et aussi les orthodoxes.

Les catholiques

Dieu est venu dans le monde avec Jésus-Christ ; Il a fait corps avec lui. Après Sa Résurrection, Il est Présent dans l'Eglise catholique (où tous les catholiques sont en communion entre eux ainsi qu'avec le Pape et les Evêques) et ses sacrements dont :

le baptême et la confirmation qui nous font participer à la vie même de Dieu et où l'Esprit Saint qui nous habite nous envoie en mission ;

la réconciliation, où l'homme avoue devant Dieu ses fautes et où Dieu, dans la puissance de sa résurrection, remet le péché et relève le pécheur ;

l'Eucharistie, où le corps et le sang du Christ sont réellement présents devant nous. Dieu est ainsi là dans le monde, monde qu'Il avait trouvé très bon après l'avoir créé : ce sont les prémices de notre résurrection.

remarque

Dans la foi catholique, les dogmes de l'Ascension (de Jésus-Christ) et de l'Assomption (de Marie) révèlent que Dieu a élevé auprès de lui l'être humain homme (Son Fils Jésus-Christ) et femme (Sa Mère Marie qui n'a jamais péché et est aussi ressuscitée près de son Fils).

L'être humain est donc déjà totalement représenté près de Dieu, cela dans sa polarité-même (mâle et femelle). Ceci est une réalité d'ores et déjà pleinement émancipatrice pour la femme... et tout le genre humain.

Dieu dans sa bonté et dans Son plan sur l'être humain a vraiment fait de la femme l'égale de l'homme.

un catholique

Les orthodoxes

Le Dieu d'Israël se révèle au peuple hébreu et, par Son Fils Jésus-Christ, transmet au monde dans sa diversité Son message d'amour, Son Evangile.

Le Saint-Esprit fonde l'Eglise le jour de la Pentecôte qui clôt le temps ouvert par la Résurrection de Notre-Seigneur (appelé le Temps pascal).

L'enseignement de l'Eglise est apostolique (issu des Apôtres), patristique (des Saints-Pères, notamment des Conciles Œcuméniques), doctoral (des Saints-Docteurs) mais il se fait également par les Saints et les Bienheureux que la Communauté des croyants vénère et honore. L'enseignement de l'Eglise est aussi guidé par la Sainte-Tradition qui est véhiculée par un catéchisme de paroles (les Homélies), d'images (les Icônes saintes), de dévotions (les Pélérinages et jeûnes multiples) et de décisions toujours prises en commun et jamais imposées (ce sont les conciles généraux ou locaux, les synodes divers).

La spiritualité vivante s'exprime par les sacrements et par le mouvement hésychaste qui a rendu célèbre l'invocation du nom de Jésus : c'est la "Prière du Cœur". Elle consiste à répéter avec concentration cette formule parfaite qui résume tout le Credo : *"Seigneur Jésus-Christ, Fils de Dieu, Par la Prière de Ta Très Sainte Mère et de Tous les Saints, Aie pitié de moi, Pécheur".*

un orthodoxe

Les protestants

La Parole de Dieu dans la révélation biblique est la seule autorité pour la foi protestante. Elle est reçue et interprétée dans l'Eglise à la lumière du Saint-Esprit. Jésus-Christ est le seul Médiateur entre Dieu et les hommes. A la fois vrai Dieu et vrai Homme, Il est mort et ressuscité pour nous sauver.

La foi seule justifie devant Dieu. C'est par grâce que nous sommes sauvés et non par nos propres œuvres.

La foi grandit en nous et se fortifie par le Saint-Esprit, l'écoute de la Parole de Dieu, la prière et les sacrements : le baptême est le signe de la vie nouvelle donnée par Dieu en Jésus-Christ, la sainte Cène est le don renouvelé de la Présence réelle du Christ en nous.

Jésus-Christ appelle Son Eglise et nous appelle à témoigner dans ce monde de la Bonne Nouvelle destinée à tous en attendant Son retour et la venue du monde nouveau où règneront pour toujours la paix, la justice et l'amour. Dès maintenant, Il nous dit : *"aimez-vous les uns les autres comme je vous ai aimés".*

un protestant

DIEU DÉVOILE EN JÉSUS-CHRIST

Nous, chrétiens, croyons que Dieu s'est manifesté aux hommes dans l'histoire : au peuple juif, puis dans l'évènement Jésus-Christ, il y a 2000 ans. Cette rencontre est présentée dans la Bible.

Mais Dieu, dans le christianisme, n'est pas entré en contact avec l'homme de façon lointaine : Il s'est donné et dévoilé totalement en devenant l'un de nous, en Se faisant homme en Jésus-Christ : c'est l'Incarnation.

Dieu qui se manifeste lui-même dans l'histoire de l'humanité est une base solide de notre foi.

La Tradition

La Tradition des Eglises chrétiennes est issue des Apôtres qui ont connu Jésus-Christ et vécu avec Lui et aussi de Paul qui les a rejoints.

L'Église (entendue ici comme "communion" de l'ensemble des chrétiens par le don de l'Esprit du Christ) porte cette Tradition ; c'est dans et avec l'Eglise que l'on peut interpréter avec sûreté la Bible : d'où, l'importance de rester en communion avec l'Eglise.

La Bible

La Bible (Ancien et Nouveau Testament - dont les Evangiles qui présentent la vie de Jésus-Christ) raconte l'aventure de Dieu avec l'homme dans l'histoire ; elle a été écrite par des hommes de la Tradition primitive et sous l'inspiration de Dieu qui a affermi leur rédaction.

remarque

certains lisent la Bible en dehors de l'Eglise et des guides donnés par les successeurs de ceux qui ont connu Jésus-Christ. Cela peut les amener à dénaturer la révélation du Dieu véritable et par conséquent la compréhension de Dieu, de l'homme et du monde.

2.1.2 Langage et Parole de Dieu

Le langage est un moyen privilégié pour communiquer entre êtres humains. Il peut avoir diverses formes : une des caractéristiques de l'être humain est certainement le langage parlé qui influe grandement sur son rapport au monde et aux autres.

Pour rapporter une expérience de la réalité, le langage parlé apparaît assez incontournable : très souvent, en effet, l'expérience humaine est communiquée par ce moyen (et, en particulier, l'expérience mystique).

Quand l'homme, décide de transcrire son expérience dans le langage, cette expression elle-même devient pour l'autre un moyen d'accès privilégié à son expérience. Mais la communication d'une expérience n'est pas toujours aisée, car le langage employé peut résonner, pour chacun, de façon multiple en fonction de son histoire personnelle et du contexte.

Peut-on se donner comme objectif de bien transmettre une expérience dans ce qui est écrit ? Comment bien fonder alors ce qui est dit ? Cela est essentiel dans beaucoup de domaines et, en particulier, le domaine de la mystique.

Là, la foi chrétienne peut aider : car son Dieu se présente lui-même comme Parole. Et cette Parole n'est que Oui sans Non (2 Co 1, 17-20). Elle tranche comme un glaive acéré (Ep 6, 17 ; He 4, 12). Elle nous invite même à la prudence (Mt 5, 37 ; Jc 5, 12).

LA PAROLE DE DIEU

Dans la théologie juive de la création, la parole de Dieu occupe déjà une place essentielle. La parole dans la Bible reçue par les chrétiens comme parole de Vérité, cela est donc défendable ; comme d'ailleurs, pour d'autres traditions religieuses.

Mais dans le christianisme, le langage (qui est un des mystères incontournables de l'être humain) trouve un traitement original.

DIEU COMME PAROLE

La singularité du christianisme est que sa parole renvoie à un Dieu qui se révèle lui-même comme Parole (Jn 1). Dans la foi chrétienne, le langage s'inscrit au cœur même de Dieu : le Verbe qui est en Dieu est Dieu et Parole de Dieu.

Cette Parole n'est donc pas qu'une parole sur Dieu. C'est une Parole qui est Dieu ce qui nous touche profondément.

De ce fait, la parole qui recouvre le quotidien de l'être humain ne serait-elle pas la moins biaisée possible avec la foi chrétienne ? Elle pourrait alors redresser le langage souvent source d'incompréhensions, parfois même source de destruction pour l'humanité. Elle permettrait ainsi à tous les êtres humains de communiquer à nouveau ensemble le mieux possible par delà la diversité de leur culture.

UN ESPOIR FOU

Cela peut laisser rêver à une humanité où le langage de chacun dans toutes ses modalités serait marqué par une très grande transparence dans le respect de l'autre ! Et alors notre intériorité serait « débloquée » par l'Esprit de Dieu qui habite en nous...

Cet espoir n'est pas si fou ; car la Bible nous dit que le brouillage dans la communication entre les êtres humains n'a pas toujours existé (épisode de la Tour de Babel : Gn 11) et même a été dépassé lors de l'épisode de la Pentecôte.

UNE ATTENTION

Nous veillerons donc d'accorder un soin particulier au langage, dans le cheminement que veut proposer le cours. Car penser correctement, s'exprimer correctement sont certainement essentiels :

"Efforce-toi de te présenter à Dieu comme un homme éprouvé, un ouvrier qui n'a pas à rougir, qui dispense avec droiture la parole de vérité. Quant aux bavardages impies, évite-les" (2 Tm 2, 15-16).

Cette attention au langage devrait déboucher sur un rapport plus juste à soi, aux autres, au monde et à Dieu.

2.1.3 Les Commencements

Le commencement du monde se perd dans les brumes, comme tous les commencements... D'où la difficulté d'en parler et de l'aborder.

COMMENCEMENT ET DIEU

L'être humain n'a pas toujours été là et il fut un temps où le monde n'était pas. La Bible l'affirme, de nombreux mythes le disent, la science parle aussi d'un commencement de l'univers (cf. la théorie du Big-Bang). Comment accéder à cet avant l'humanité ?

À la recherche d'un commencement du monde, d'un commencement des commencements, d'une remontée ultime, le langage peine. Et comment nous orienter dans cette quête des commencements : car de cela, ni le monde, ni l'homme ne sont témoins... Il s'agit de traduire dans un langage humain ce qui était alors que l'homme n'était pas.

Une parole

Dieu s'est révélé dans l'histoire des hommes : ce commencement nous est donc connaissable par Lui ; car Dieu, Il était là, alors que ni l'être humain, ni le monde n'était.

Cette parole nous est donnée dans l'Écriture : les récits de commencement de la Bible sont donc irremplaçables pour nous. Et, en tant que Dieu et Homme, Jésus-Christ a, Lui aussi, une parole humaine sur le commencement absolu...

L'Église enseigne sur la base de l'Écriture la création du monde à partir de rien. Cela amène ainsi à distinguer la création qui est créée et Dieu qui est Incréé.

VISION DE L'INCREÉ ET DU CREÉ

L'Incréé

À l'origine était l'Incréé. Et l'Incréé était Dieu. L'Incréé était tout. Hors de Lui, rien. Et Dieu n'avait pas de frontière (sinon le néant aurait été extérieur à Dieu, Incréé aussi et donc Dieu).

Le créé

Quand il crée, Dieu se limite en se créant une frontière. C'est comme si Dieu se retirait ou se contractait : la création surgit de rien dans cet acte de Dieu, puisqu'il n'y avait rien hors de Dieu.

C'est par cette frontière créée, point de contact entre Dieu et sa création, que se fait l'union de la création à Dieu. Cette frontière, c'est l'humanité de Jésus qui englobe la création toute entière.

Il ne faut pas imaginer cette frontière comme quelque chose de simple : le contact entre Dieu et sa création relève plus d'une éponge représentant la création toute imbibée de Dieu et de sa grâce. Ainsi Dieu est-il à la fois transcendant et immanent à sa création.

LE DOGME DE LA CRÉATION

Une des originalités de la foi chrétienne est le dogme de la création... d'une création créée par Dieu à partir de rien. Ce dogme a posé et pose des questions aux différentes générations de chrétiens.

Une façon de se représenter le dogme de la Création, nous l'avons vu, est la suivante :

- o Dieu, l'incréé ;
- o la Création, le créé.

Pourtant le christianisme n'a pas une vision dualiste du créé et de l'Incréé. Il en annonce la synthèse : en Jésus-Christ, vrai Dieu, vrai Homme, se joignent l'Incréé (la divinité de Jésus-Christ) et le créé (l'humanité de Jésus-Christ).

Jésus-Christ est donc à cheval sur le créé et l'Incréé, un pont en quelque sorte. C'est ce pont qui nous permet de passer en Dieu.

Les deux étages de la Création sont étroitement imbriqués comme une éponge et son eau.

ÊTRE UNE PERSONNE

L'incréé et le créé ne sont donc pas séparés.

En ce sens, l'« invention géniale » du christianisme qui permet de dépasser l'opposition dualiste entre Dieu et sa Création, est la personne.

La notion de personne est très riche :

- o Dieu lui-même est trois personnes : Père, Fils et Saint Esprit ;

- o Jésus-Christ est une personne, vrai Dieu, vrai Homme ;

- o l'être humain est une personne sans être Dieu. Il peut être uni à Dieu dans une relation de personne à personne qui peut devenir aussi intime que possible.

C'est en la personne de Jésus-Christ que Dieu s'unit au créé. On est là dans la grande tradition mystique de l'union à Dieu : l'être humain devient participant à la vie de Dieu par l'intermédiaire du Christ qui est le seul Médiateur.

Ceci engage tous les chrétiens à être attentifs à ce qu'est une personne et plus particulièrement une personne humaine.

LES LIMITES DU LANGAGE

Le créé ne peut être incréé : nous ne serons donc jamais Dieu, mais nous pouvons être comme Dieu.

Mais cette tension entre le créé et l'incréé est pour nous « délicieuse » : c'est le moteur du désir, c'est le moteur de l'amour puisqu'il n'y aura jamais fusion.

DIEU COMME UN POINT

Quand Dieu se limite pour laisser place à la création, c'est comme si Dieu se contractait infiniment en un point lumineux...

Comment alors investiguer ce point, puisque, tel une étoile, un point résiste à toute tentative humaine de grossissement ? C'est en ce sens que tous les discours humains sur l'être de Dieu achoppent.

Dans l'histoire, Dieu va maintenant se révéler à l'homme et lui donner une loupe divine afin de permettre de scruter son intimité. Cette loupe divine, c'est son Fils : Jésus-Christ qui révèle la Trinité de Dieu : Père, Fils et Saint Esprit.

2.1.4 La Trinité

La Tradition chrétienne souligne bien la difficulté qu'il y a à exprimer le mystère du Dieu trinitaire.

Quelques symboles rendent compte de l'unité des trois Personnes en Dieu : le Trèfle, le Triangle...

En fait, pour tenter de mieux l'approcher, il faut toujours considérer le Père, le Fils et le Saint-Esprit ensemble et en relations.

Différentes approches symboliques et analogiques, avec leurs limites, sont praticables.

UN DIEU LUMIÈRE

Dieu est lumière.

Le Père est source de la lumière ; il engendre le Fils, la lumière. Le Saint-Esprit est les rayons qui unissent le Père et le Fils, car l'Esprit est le lien entre le Père et le Fils.

Ces rayons sont faits de lumière... Leur source est un feu, un feu de lumière, d'où divergent et reconvergent les rayons...

Dans la création, Dieu est une lumière cachée comme gardée dans les vases d'argile de la création... Cette lumière incréée s'est laissée contempler lors de la Transfiguration de Jésus. À tout homme, de la laisser resplendir.

UN DIEU AMOUR ET VIE

Dieu est amour. L'amour donne la Vie.

Le Père est source de Vie, le Fils est la Vie, l'Esprit-Saint, le souffle de Vie.

LE FILS COMME IMAGE DE DIEU

Le Père engendre le Fils éternellement : le Fils est l'Image du Père. Il est l'Intelligence de Dieu, la Pensée de Dieu.

Dieu est ainsi un miroir de lumière se reflétant lui-même et le Fils est resplendissant de Gloire. Comme le Père spire (souffle) l'Esprit au travers du Fils, cette Image est vivante et animée.

Avec un Dieu-Miroir, dans la contemplation, nous nous reflétons en Lui... Nous nous voyons en Lui. Nous nous voyons, nous-mêmes, en Dieu, en une image vivante (qui est Dieu lui-même). Dieu nous donne de rejoindre cette image, par grâce, comme si nous traversions le miroir.

Dieu nous contemple, de même, dans son Verbe. Ni le mal, ni le péché ne sont reflétés dans le miroir de Dieu... Quand nous péchons, c'est comme si nous disparaissions à Ses yeux... Il n'a alors de cesse que de nous chercher et de nous retrouver.

Le mal et le péché ne sont donc que mort puisqu'ils ne sont pas reflétés - et donc animés de la vie de Dieu.

Jésus-Christ, Image de Dieu

Jésus-Christ est Dieu, le Fils, l'Image de Dieu.

En Jésus-Christ, Dieu est Image de Dieu. De toute éternité, Dieu était tel qu'il pouvait se dévoiler entièrement à lui-même et à l'homme. En Jésus-Christ, donc, tout, absolument de Dieu est dévoilé.

L'ESPRIT-SAINT

Dieu a un Esprit.

L'Esprit lui-même est Seigneur, c'est-à-dire Dieu.

L'Esprit scrute tout jusqu'aux profondeurs de Dieu. Nul ne connaît ce qui est en Dieu sinon son Esprit et cet Esprit nous est donné par grâce : nous pouvons ainsi aussi connaître Dieu.

L'Esprit est Esprit de Vérité tout comme le Fils est la Vérité.

LA DEMEURE DE DIEU

Avant la création, Dieu est celui qui habite son lieu.

Ce lieu incréé est lui-même Dieu ; il est lumière, il est inaccessible car *"Dieu habite une lumière inaccessible"* (1 Ti 6, 16). Aucun homme ne peut y accéder sauf par le Fils. Nous y aurons accès et nous le verrons un jour.

La Personne de Jésus-Christ vrai Dieu, vrai Homme étend le lieu de Dieu qui englobe aussi la création nouvelle, lieu de l'homme. Le corps glorieux (ressuscité) du Christ appartient déjà à cette création nouvelle.

Dieu alors habitera avec les hommes et sur cette demeure commune - la création nouvelle et divinisée -, il répandra sa lumière et son Esprit.

2.1.5 Jésus-Christ, garant de l'homme

L'incarnation de Jésus-Christ montre que la création importe à Dieu, qu'elle n'est pas seulement un accident ou une illusion. Dans la création, de la Vérité de Dieu se révèle en permanence : elle est un livre où Dieu peut être lu.

LA PRESCIENCE DE DIEU

Dieu nous connaît de toute éternité. De toujours, il a choisi chacun de nous pour nous adopter comme des fils pour que nous soyons saints comme Son Fils, Jésus-Christ.

LA CRÉATION

Dieu a créé le monde et l'être humain librement. Avant de les créer, il se réservait de leur donner, par grâce, la possibilité d'être, un jour, comme Lui.

Le monde et l'être humain reçoivent l'existence de Dieu ; c'est-à-dire que Dieu fonde en permanence leur existence. Dieu a mis son Esprit au cœur du monde et de l'être humain. Dieu se trouve au cœur de l'existence de sa création, mais sans en faire partie.

Dieu a fait l'homme à son image. Liberté absolue, Dieu a donné à l'homme la liberté.

Lorsque l'être humain s'est séparé de Lui en péchant, Dieu est resté en contact avec lui. Dieu lui a conservé cette possibilité d'être à nouveau comme Lui car il détient de toute éternité une carte maîtresse en son Fils, Jésus-Christ.

Dès son Incarnation, le Verbe en Jésus-Christ fait corps avec la création : il sort dans le monde pour être livré au péché. Il va ôter le péché puisque l'être humain ne peut le faire tout seul.

LE VERBE, GARANT DE LA CRÉATION

Le Verbe est le garant de la réussite de la création. Pour sauver l'homme, Dieu a consenti à livrer son Fils en l'envoyant dans le monde. Le Fils a fait la volonté du Père : Jésus-Christ est venu dans le monde pour restaurer la relation rompue de l'homme avec son Dieu, donc pour sauver tous les hommes.

Le Christ rétablit la communion brisée entre Dieu et toute la création ; il pacifie la création par sa croix. Jésus-Christ est mort et Dieu l'a ressuscité en brisant la mort et donc notre mort.

Le Fils donne maintenant la vie éternelle à qui croit en Lui et Il ressuscitera les êtres humains au dernier jour.

LA VOLONTÉ DE DIEU

La volonté de Dieu, c'est que tout homme soit sauvé, vive et que nous soyons saints. Ainsi, Il a déjà ressuscité son Fils.

Pour que l'homme soit sauvé, Dieu est patient.

Mais le but ultime de l'être humain et de la création n'est en soi ni la vie éternelle, ni la connaissance : c'est d'aimer comme Dieu aime.

La connaissance de la vérité, le Christ en est dépositaire. Mais l'essentiel, c'est *« de connaître l'amour du Christ qui surpasse toute connaissance afin d'être comblés jusqu'à recevoir toute la plénitude de Dieu » (Ep 3, 9)* ; le reste, nous l'aurons par surcroît.

Alors tout sera révélé, rien ne restera caché et la création sera transformée et divinisée. Jésus-Christ récapitulera alors la création actuelle quand elle ne sera plus, remplacée à la fin des temps par la création nouvelle et divinisée : celle de la résurrection.

UNE ESPÉRANCE

Avec Dieu, nous espérons que tous les hommes seront sauvés. Nous avons cette espérance, car c'est la volonté de Dieu et qu'il n'a pas hésité à livrer pour cela son propre Fils.

Plus instamment, nous pouvons lui adresser ici la prière du « Notre Père » où nous Lui disons *« Que Ta volonté soit faite »*.

2.1.6 Bible et autres écrits

Pour le chrétien, la Bible (les Ecritures) est véritablement un lieu privilégié d'accès à Jésus-Christ, Révélateur ultime de Dieu.

LES ÉCRITURES

Jésus-Christ s'est incarné, il y a 2000 ans dans le peuple juif. Le Dieu de ce peuple est son Dieu, le Dieu véritable.

Nous pouvons donc faire confiance aux Ecritures Saintes juives de l'Ancien Testament.

D'autres écrits, le Nouveau Testament, ont été adopté par l'Eglise des premiers temps (du Ier et du IIème siècle) qui avait connu les Apôtres, comme conformes à la foi reçue des Apôtres, compagnons de vie de Jésus-Christ.

Tous les écrits de l'Ancien et du Nouveau Testament qui forment la Bible (les Ecritures Saintes appelées aussi l'Ecriture), sont donc sûrs car acceptés par l'Eglise et reçus dans la foi : c'est le canon des Ecritures.

Nous pouvons leur faire confiance et nous devons, en tant que chrétiens, nous y référer pour mieux comprendre ce que Dieu a voulu nous révéler, qui Il est, qui nous sommes et ce qu'Il veut pour nous.

Pour le chrétien, la Bible (les Ecritures) est véritablement un lieu privilégié d'accès à Jésus-Christ, Révélateur ultime de Dieu.

D'AUTRES ÉCRITS

En principe, nous n'avons pas à engager notre foi sur d'autres écrits que la Bible, aussi nobles soient-ils. A plus forte raison, s'ils sont incertains.

Cependant, nous devons croire l'Eglise quand elle affirme que certains autres textes formulent ou explicitent la foi de toujours : credos, dogmes œcuméniques [textes dogmatiques récents (pour l'Eglise catholique romaine)]... L'enseignement ordinaire de l'Eglise (ce que dit l'Eglise sans engager la foi) nous invite aussi à réfléchir et à être attentif.

Ce qui est "obligatoire" pour le chrétien et défini comme tel par son Eglise renvoie toujours au mystère de Dieu et de Jésus-Christ : il faut lui faire confiance, car comment, dans la foi, pourrait-elle induire en erreur sur une réalité aussi importante ?

Nous pouvons lire aussi avec beaucoup d'attention les textes des Pères de l'Eglise (auteurs chrétiens remarquables des débuts de l'Eglise qui ont vécu durant les premiers siècles - du Ier au VIIIe siècle), des saints (qui ont atteint durant leur vie une certaine familiarité avec Dieu)...

remarque 1

Les chrétiens catholiques ou orthodoxes se tourneront plus particulièrement vers les Docteurs de l'Eglise - déclarés tels par leur Eglise - dont les écrits témoignent d'une pureté dans la foi et dans la doctrine.

remarque 2

Les apocryphes sont des textes religieux juifs ou chrétiens non inclus dans le Canon. Ces textes n'ont pas été retenus par l'Eglise des premiers temps ou n'étaient pas connus d'elle (elle n'a donc pas pu les "confronter" à la foi reçue des Apôtres : les aurait-elle retenus ???). C'est le cas, par exemple, de l'"Evangile de Thomas" découvert en Egypte en 1945. Mais ils ne sont pas sans intérêt.

LE PATRIMOINE LITTÉRAIRE DE L'HUMANITÉ

Nous avons vu l'importance que revêtent pour la foi chrétienne, la Bible et les textes dans lesquels l'Eglise a engagé la foi (en particulier, les textes dogmatiques).

Nous avons aussi noté l'intérêt d'autres écrits d'auteurs chrétiens comme les Pères de l'Eglise et les saints.

Cependant, le patrimoine littéraire de l'humanité est bien plus vaste ; il serait plutôt mal avisé de négliger sa richesse.

C'est ainsi que l'on pourra s'ouvrir à :

- la philosophie ;
- la théologie ;
- la science ;
- la poésie...

Naturellement, cela n'empêche pas de rester critique et vigilant. Mais l'approfondissement de la foi peut aussi passer par ces autres textes qui aident souvent à renouveler la lecture et la compréhension de textes plus fondamentaux pour nous : car on n'a jamais fini de comprendre le Mystère de Dieu et de Sa volonté.

remarque

Dieu "transparaît" aussi dans les textes de sagesse ou d'autres traditions religieuses. On pourra les consulter et les méditer (d'autant plus qu'ils trouvent un écho dans notre propre Tradition chrétienne). Ces textes peuvent certainement nous aider à réfléchir sur notre foi, à enrichir notre propre Tradition et à nouer un dialogue avec les non-chrétiens.

DES GUIDES

Dans la quête de Dieu qui engage notre être, nous avons un rocher, Dieu Lui-même qui nous accompagne.

Confrontons-nous donc sans cesse aux guides qu'il nous a donnés dans les Ecritures et au travers des écrits de nos prédécesseurs en Eglise, sur ce chemin qui n'est pas sans embûches.

On peut en effet être égaré par l'imagination, un attachement non critique à des idées, à des systèmes philosophiques entre autres choses. Soyons au contraire à l'écoute, en position d'accueil.

Cela n'empêche pas de réfléchir et même d'être novateur à condition de s'ancrer à l'Ecriture ou de conserver un regard sur l'Ecriture ou d'autres écrits éclairants (des Pères, des saints...) - pour éviter, en cas de doute, toute dérive.

UN CHEMINEMENT

Cheminer avec Dieu suppose, pour le chrétien, une mise en conformité de son vécu avec l'Esprit du Christ par une intériorisation de l'Evangile et la nécessité pour lui de s'engager. Cela débouchera, vraisemblablement, sur un retour plus ou moins prononcé à la pratique religieuse : actes que l'on pose où l'on va vers le Seigneur, où l'on va Le rencontrer (Eucharistie, Sainte Cène...).

Dans ce cheminement, dans cette quête, il est essentiel d'avoir un lieu de parole où l'on peut s'exprimer et discerner. Cela peut prendre différentes formes : groupes chrétiens, recours à un directeur spirituel, à des prêtres, à des pasteurs, retour vers l'Eglise...

UNE MÉTHODE

Dans notre foi, nous partons des Ecritures Saintes où Dieu nous parle et nous tournons aussi vers les écrits de ceux qui s'en sont nourris. Nous pensons ainsi déblayer et affermir le terrain pour les questions fondamentales.

Cela ne nous empêche pas de faire appel, le moment venu, à d'autres voies dont la science et la philosophie ; même s'il faut convenir que ces dernières, malgré leur puissance, se trouvent limitées (en tant que "constructions humaines") quant il s'agit d'approcher la zone du Mystère ou de traiter des questions fondamentales comme Dieu ou l'homme, par exemple.

LE GUIDE

Mais pour le chrétien, le vrai Guide, le vrai Maître, c'est notre Seigneur Jésus-Christ, c'est Dieu Lui-même. D'où l'importance à accorder

- au moment et au lieu présent où nous sommes en relation avec Lui ;
- à la prière où l'on « brûle du temps » pour Lui en tête-à-tête avec Lui ;

- à l'habitation de Son Esprit au cœur de notre être.

2.1.7 Lire la Bible

Ce qui est dit ici de la lecture de la Bible peut être appliqué certainement à d'autres ouvrages. Cependant, nous gardons à l'esprit que la Bible, pour nous, est inspirée par Dieu, comme chemin privilégié d'accès à Jésus-Christ.

Voici quelques guides de lecture :

- faire comme si la Bible et, en particulier les Evangiles, avaient été écrits pour nous personnellement (puisque Dieu désire nous rencontrer personnellement) ;
- prier l'Esprit Saint de nous éclairer dans notre lecture ;
- pour la lecture méditée, faire une lecture lente et priante en se mettant en position d'écoute et d'accueil ;
- lire la Bible en groupe, ensemble, l'écouter aussi dans la liturgie. Cheminer avec les commentaires d'un frère ou d'une sœur qui m'ouvrent sur sa compréhension et enrichissent la mienne ;
- quand on réfléchit, faire une lecture la plus globale possible (ne pas extraire « abusivement » un verset) mais tenir compte d'autres versets ou d'autres passages pour compléter, éclairer ou moduler ce qu'on lit :
  - pour être "efficace", on peut recourir à des tables de concordance qui donnent tous les versets contenant un mot donné ou se rapportant à un thème donné.
  - dans la même optique, des Synopses existent qui mettent en parallèle des textes bibliques qui se correspondent : les Synopses des Evangiles, par exemple.
  - on choisira aussi de préférence une bible de "travail" proposant des introductions, des notes et des renvois entre versets qui s'avèrent très éclairants.
- éviter la tentation de la lecture « fondamentaliste » qui privilégie la lettre à l'esprit. Car il ne faut pas oublier que la Bible a été écrite par des hommes dans des contextes, des cultures et des époques précis :
  - avec une lecture fondamentaliste, on risque de rester en surface et de ne pas atteindre un sens bien plus profond de l'Ecriture ;

- o si l'on désire faire une étude plus fine, plus "scientifique", on pourra se tourner vers l'exégèse.

- utiliser la Bible comme un livre de cheminement pour sa vie ; car la Bible apprend beaucoup sur Dieu, sur l'homme et sur celui qui est notre vrai modèle, Jésus-Christ ;

- lire la Bible gratuitement, pour s'émerveiller ;

- disposer, si possible, de plusieurs traductions ; ceci permet d'éviter la lassitude et de saisir des nuances des textes originaux (hébreu, grec...).

Dieu ne nous demande pas d'étudier « à fond » la Bible, ni d'accumuler des connaissances, mais d'abord d'entrer en relation avec Lui et de s'engager pour Lui dans notre vie concrète.

Dieu nous a certes donné la Bible, mais il ne nous demande pas de l'ériger en idole. La Parole, c'est d'abord son Fils, Jésus-Christ et, moi, je suis précieux aux yeux de Dieu ; c'est d'abord l'Esprit de Dieu qui est en moi qui ouvre mes yeux et mon cœur au monde, aux autres, à moi-même, à Dieu et aussi... à l'Ecriture.

2.1.8   Une approche chrétienne de l'être humain

Dans la Révélation, l'être humain apparaît d'emblée comme une créature de Dieu. L'être humain est créé à l'image et à la ressemblance de Dieu.

L'être humain a péché en se détournant de Dieu. Mais malgré sa chute, l'être humain est resté libre et responsable et sa nature, profondément bonne et à l'image de Dieu. Mais Dieu ne s'est pas détourné de l'homme : il le soutient et le fait grandir par sa grâce.

Les termes d'image et de ressemblance sont essentiels à la compréhension chrétienne de la réalité de l'être humain (ainsi que l'ont souligné les Pères de l'Eglise) et aussi de Dieu et de la Création.

Car Saint Paul applique le terme d'image au Christ : le Christ est absolument Image de Dieu. Cette Image rend visible de façon parfaite et définitive toute la Gloire et le Mystère du Père. L'Image de Dieu (le Christ) est Dieu : Dieu, dans sa Toute-Puissance, se donne totalement et le Don est le Donateur.

L'HOMME (MÂLE ET FEMELLE)

Le terme hébreu « âdam » est d'abord un collectif qui s'applique à l'homme en tant qu'être humain représentant de l'humanité. Le terme biblique souligne bien (et en de nombreux endroits) que c'est « âdam » qui est créé à l'image de Dieu.

Dans l'ordre de la création, l'être humain est mâle et femelle : la réalité du couple, qui pointe vers la Réalité de la « Structure » de Dieu, souligne que l'être humain est fondamentalement un être de dialogue et de communion ouvert à l'autre : en cela, il est semblable à Dieu.

Le premier message moral de la Bible est celui de la foi et de la fidélité au Dieu qui sauve. Dans ce cadre, l'adultère, image à laquelle recourent les prophètes, décrit et accuse bien l'infidélité de l'être humain et de l'humanité envers Dieu.

Une égalité

Tout être humain, dont l'homme, naît d'une femme. La Genèse qui fait sortir la femme de l'homme rétablit ainsi, théologiquement, l'égalité entre les sexes : cette égalité est fondée sur leur parenté « réciproque » (la femme naît symboliquement de l'homme tandis que l'homme naît biologiquement de la femme).

Les récits de la Création du texte biblique suggèrent ainsi et l'égalité foncière de l'homme et de la femme et leur altérité.

Des écueils

Le texte biblique signale aussi que :

- l'être humain ne peut être seul, que le monde ne peut le contenter sans vis-à-vis humain : l'être humain est d'abord un être social qui se construit avec les autres ;

- la nudité de l'être humain est constitutive de sa nature : elle souligne la pauvreté radicale de l'être humain ; son être profond est fondé en Dieu.

L'être humain est ainsi affronté à ces écueils dans sa vie : la solitude, la non acceptation de sa nudité. La sexualité semble être un don de Dieu pour les contourner.

Dans ces conditions, il est bien préférable que le célibat ou la solitude soient choisis librement ou assumés devant Dieu.

remarque

Dans la foi catholique, les dogmes de l'Ascension (de Jésus-Christ) et de l'Assomption (de Marie) révèlent que l'être humain est déjà totalement représenté près de Dieu, cela dans sa polarité même (mâle et femelle). Ceci est une réalité d'ores et déjà pleinement émancipatrice pour la femme... et tout le genre humain.

L'ALTÉRITÉ

L'Altérité est à l'origine de la libération fondamentale à laquelle Dieu invite chaque être humain : celle du souci de se libérer lui-même et de s'épuiser dans une fausse quête où il essaierait de se présenter comme le réalisateur de sa propre identité alors que Dieu est la fin de l'être humain. Dans cette véritable quête, il découvre l'Altérité, le Tout-Autre, il commence à entrer dans la Vie trinitaire.

Comme possibilité d'ouverture définitive à Dieu

Le rapport homme/femme ne fonde pas seul l'altérité humaine - qui fait partie de la nature humaine comme possibilité d'ouverture définitive à Dieu. En revanche, le sexué est un signe visible de la vocation conjugale de l'être humain - vocation qui trouve son aboutissement en Dieu -, signe aussi de sa puissance créatrice.

L'altérité est bien plus complexe : pour parler de l'union intime entre le Christ et les chrétiens, Saint François d'Assise ne dit-il pas que nous sommes *"époux, frères et mères de notre Seigneur Jésus-Christ"*, mère aussi au sens où nous formons le Christ en nous.

L'altérité homme/femme dans l'humanité n'est-elle pas elle-même signe de l'altérité en Dieu qui est Trinité ?

L'être humain ne se définit donc pas ultimement dans le rapport homme/femme, car il est fait pour vivre en société et rencontrer et aimer son Dieu. C'est, là, sa Vocation :

"A la résurrection, en effet, on ne prend ni femme ni mari mais on est comme des anges dans le ciel" (Mt 22, 30).

"Jésus leur dit : ceux qui appartiennent à ce monde-ci prennent femme ou mari mais ceux qui ont été jugés dignes d'avoir part au monde à venir et à la résurrection des morts ne prennent ni femme ni mari" (Lc 20, 34-35).

Le Pape Jean-Paul II ne dit-il pas à cette occasion que « *le sens d'être par le corps, homme ou femme, sera, dans l'autre monde, constitué et entendu de manière différente de celle qui le fut depuis l'origine, puis dans toute la dimension de l'existence terrestre...* » *(Jean-Paul II, Résurrection, mariage et célibat, p.27)*.

Dans ce contexte, des chrétiens vivant dans le célibat peuvent être signes du Royaume. Ils indiquent, par delà le couple humain, que le lieu véritable de la prise de conscience de l'altérité, c'est mon incarnation et ma relation vivante avec Dieu et mes frères.

Et déjà avec Jésus-Christ *"Il n'y a plus ni Juif, ni Grec ; il n'y a plus ni esclave, ni homme libre ; il n'y a plus l'homme et la femme (litt. le mâle et la femelle) ; car tous vous n'êtes qu'un en Jésus-Christ" (Ga 3, 28).*

Comme possibilité de rencontre et de communion

L'altérité vécue, c'est d'abord la rencontre et la communion avec tout être humain, image de Dieu.

La véritable rencontre de l'autre (et par excellence celle de Dieu) est tout sauf fusionnelle et narcissique : c'est la renonciation à toute maîtrise sur lui et l'entrée dans un mystère dont son visage est la trace. L'altérité est donc une expérience qui vient bouleverser mon quotidien et m'ouvre à l'absolu ; elle n'est pas foncièrement anatomique : l'autre est d'abord autre avant d'être autre sexué.

L'ÊTRE HUMAIN AVEC JÉSUS-CHRIST

L'Incarnation de Jésus-Christ restaure l'humanité qui se trouve visiblement sauvée en Dieu par Jésus-Christ.

Jésus-Christ effectue une restauration de l'être humain non comme un retour à l'état édénique primitif (d'avant le péché) mais comme la réalisation définitive du dessein de Dieu sur l'être humain : sa divinisation, conséquence et but de l'Incarnation.

Jésus-Christ bouleverse radicalement, par sa vie, l'idée de l'être humain sur Dieu et par conséquent de l'être humain sur lui-même.

Jésus-Christ manifeste et nous dévoile la nature de l'être humain à l'image de Dieu. Cette nature fonde la personne humaine pour qu'elle soit :

- souveraine ;
- relationnelle ;
- libre ;
- créatrice...

Le refus de l'offre de Dieu (le salut) serait alors de refuser d'être une telle personne, mais nos péchés n'altèrent pas - même s'ils la ternissent - la nature de l'être humain qui est le lieu constant de cette possibilité grâce à l'Amour de Dieu.

La vocation de l'être humain

La vocation de l'être humain créé à l'image (ou selon l'image) de Dieu est d'être récapitulé dans le Fils. L'être humain est destiné à refléter l'image du Fils dans une transfiguration qui l'unit à Dieu.

L'être humain est ainsi appelé à être Dieu par participation (sans confusion, sans séparation) et à entrer par le Fils dans la Vie trinitaire : l'Esprit qui est en l'être humain veut faire de lui un fils tourné vers le Père.

La vocation ultime de l'être humain est d'être divinisé ; le salut révélé en Jésus-Christ est cette offre que Dieu fait à chaque être humain avec sollicitude.

Jusque là, l'être humain est institué maître de la Création. Mais c'est le Christ qui détient tout pouvoir et qui se soumet au Père.

L'ÊTRE HUMAIN CONSTITUÉ PAR DIEU

Le soubassement ultime de l'être humain est l'Esprit de Dieu qui l'habite. L'être humain peut faire de ce corps habité et assumé librement par l'Esprit le lieu de participation à la Vie divine. C'est l'offre constante de Dieu qui suscite et attend la réponse de l'être humain.

Alors l'être humain, habité par l'Esprit, prend conscience d'être un fils qui se tourne vers le Père et qui le rejoint par le Fils Unique et en communion avec Lui et ses frères. L'être humain qui, dans sa finitude, accueille l'Infini de Dieu, accède et participe en Jésus-Christ à la Vie, l'Amour, la Vérité et l'Absolu qui coïncident en Dieu et avec Dieu.

L'être humain divinisé est parfaitement saint : il est la gloire de Dieu et l'est pour la Gloire de Dieu. L'être humain voulu par Dieu est incarné dans l'éternité (« *tous ressusciteront...* » *(Jn 5, 29))* ; l'existence présente doit donc être précieuse à nos yeux comme elle l'est à ceux de Dieu qui aime tout être humain d'un Amour inconditionnel.

remarque

Le fondement de l'être humain - la Trinité habitant au cœur de l'être humain - invite à être prudent quant à un dualisme corps/âme hérité du passé et qui, mal compris, peut dénaturer la compréhension de l'être humain.

ÊTRE HUMAIN ... ET PÉCHEUR... APPELÉ A LA SAINTETÉ

Dieu s'intéresse à notre vie concrète ; le Christ est notre ami, il fait route avec nous. Nous sommes libres parce que nous sommes capables de Dieu.

La Providence ouvre notre vocation personnelle : rien n'arrive que Dieu ne le veuille ou ne le permette. Dieu même tire du mal un plus grand bien.

La grande tentation est de se méfier du Seigneur d'autant que Dieu nous dit que la Gloire est autre : mais on n'a jamais trop confiance en Lui. Nous savons que Dieu nous a aimé le premier, qu'il est fidèle et que son Amour est sans repentance. Dieu préfère chacun et l'Amour de Dieu est efficace, car Il est Tout-Puissant.

Mais nous devons aussi accepter que l'autre ne nous aime pas comme nous voudrions qu'il nous aime (ce que nous révèle parfois notre prière quand nous nous adressons à Dieu qui nous aime suprêmement et qui sait ce dont nous avons besoin).

Sur le chemin de l'homme, l'humilité est peut-être la vertu essentielle.

L'humilité

L'humilité consiste en une disposition du cœur qui nous rend confiants jusqu'à l'audace. Etre humble, c'est "coïncider" avec la réalité, accepter la réalité. Car la réalité vient de Dieu et nous sommes (dans) la Création de Dieu.

Nous devons donc être patient et ne pas vouloir exercer de volonté de toute-puissance quant à changer la réalité que nous connaissons ou qui nous entoure.

Essayons aussi de ne pas nous mettre dans la peau des gens qui ne sont pas nous : ceci nous évite déjà d'enfermer Dieu dans nos propres catégories.

L'humilité permet de s'accepter tel que l'on est et de s'offrir au Seigneur tel que l'on est, en s'acceptant et en sachant que le Seigneur compte bien nous former. Dans l'instant présent, nous avons à communier avec l'éternité.

Le péché

S'humaniser devrait être l'objectif fondamental de chaque être humain, car, dans sa plénitude, l'humanisation aboutit dans la divinisation. Cela est une évidence pour le Christianisme et n'est pas étranger à d'autres traditions : « Il visait la forme de l'homme parfait, et en réalité c'est Dieu qu'il a atteint » (Rûmî, un soufi - mystique musulman).

Le péché est alors une action "inhumaine" et "déshumanisante", un acte désordonné qui nous empêche d'être un être humain (d'après Xavier Thévenot). Le péché est le refus d'une manière ou d'une autre de s'humaniser, c'est-à-dire de devenir pleinement l'être humain libre voulu par Dieu.

CONCLUSION

S'il est dans le plan de Dieu, que les êtres humains construisent librement leurs modèles culturels et symboliques, alors la question de l'anthropologie chrétienne acquiert une singulière profondeur.

Il reste que notre espérance est celle de la Volonté de Dieu, Dieu qui « veut que tous les hommes soient sauvés ».

2.1.9 La Fin des Temps

La création est destinée à passer (Ap). Les cieux et la terre disparaîtront pour être remplacés par une création nouvelle et définitive. La création actuelle est dans cette attente.

LA FIN DES TEMPS

Le livre de l'Apocalypse décrit symboliquement la fin de cette création et la création nouvelle qui suit. Il présente la Fin des Temps.

La Fin des Temps est marquée par la résurrection générale des corps, c'est-à-dire de chaque être humain dans sa totalité corporelle et spirituelle : Jésus-Christ a ouvert la voie pour qu'alors nous soyons comme Lui, pour que toute la création soit divinisée.

Tous ressusciteront : les justes pour le salut, la vie éternelle, les artisans du mal pour la condamnation, l'étang de feu.

L'ÉTANG DE FEU

La cité céleste de la création nouvelle est un lieu de plénitude et de joie : il n'y aura plus de larmes. En revanche, l'étang de feu devient le lieu de ceux qui ne font pas partie de cette création nouvelle.

Cet étang existait avant la création nouvelle. Il sera éternel : il est plus particulièrement préparé pour le diable et ses anges et ceux qui ne sont pas trouvés dans le livre de vie.

L'étang de feu abrite "un monde" marqué par un "Anti-Dieu". Ce faux Dieu, couronné par les forces du Mal, est une "Anti-Trinité" sous le signe de la Bête (il y a deux Bêtes en fait, dont une "singe" le Christ), de son image et d'un faux prophète.

L'étang de feu est fait pour ceux qui adorent la Bête et son image - ce sont tous ceux dont le nom n'est pas écrit dans le livre de vie : il est celui de la seconde mort.

L'étang de feu, c'est en opposition à la cité céleste de la création nouvelle, le repaire des démons et des esprits impurs. C'est un monde de haine et de tourments éternels, car le suprême Amour, Dieu y est refusé. Mais ce monde lui-même reste soumis à Dieu.

UNE FIN DES TEMPS DÉJÀ COMMENCÉE

Le corps glorieux de Jésus-Christ est de la création nouvelle et la création nouvelle... dans laquelle nous devons entrer. Il nous fait entrer dans le cité de Dieu.

En ce sens, la Fin des Temps est déjà commencée depuis la résurrection du Christ : déjà dans le baptême, nous sommes comme ressuscités avec le Christ, mais c'est en espérance.

UNE ESPÉRANCE

La volonté de Dieu sur nous, c'est que nous soyons comme le Fils, c'est que nous soyons tous sauvés.

Pour le chrétien, le tout est de rester ferme dans la foi et de tenir bon. Nous savons que les paroles du Christ ne passeront pas : Jésus-Christ est l'unique Sauveur et Il est mort pour nous.

Mais le Christ sauve tous les hommes de bonne volonté : sera sauvé, celui qui est juste devant Dieu et Dieu seul peut nous dire, tu es juste et cette justice est liée à la Miséricorde de Dieu. Le fait d'être juste se nourrit aussi de toutes nos pratiques d'amour.

2.1.10 La Présence de Dieu

Dieu est constamment présent dans nos vies : Sa Providence est toujours à l'œuvre.

Dieu est transcendant : il est présent à l'extérieur de nous ;

Dieu est immanent : il est présent en nous.

Pour prendre conscience de cette Présence constante, il suffit de ralentir le tumulte de notre vie. Alors notre intériorité calmée laisse émerger notre conscience et permet de prendre conscience de la Présence de Dieu en nous et autour de nous.

Cette Présence est continuellement là : il suffit donc de se rendre présent à la Présence qui imbibe tout comme une douce lumière ou comme l'air que l'on respire.

La Présence à l'extérieur de nous

Dieu réside dans toutes les choses et tous les êtres qui nous entourent. Et partout où je jette mon regard (et un regard purifié), je vois une épiphanie de Dieu.

C'est pour cela que le respect du monde et de tous les êtres est indispensable : cela va dans le sens d'une attitude écologique, même si on ne saurait juste limiter notre comportement à cela.

Dieu est dans le monde, de façon suréminente, dans l'Eucharistie : Corps et Sang du Christ.

Le Corps et le Sang du Christ présents dans le monde rayonnent sur toute la création. On doit ainsi tenir en grande estime l'Adoration Eucharistique qui est le lieu d'un face à face avec l'Aimé.

Mais Dieu n'est pas limité au monde : il est le Tout-Autre. Dans Sa transcendance, il habite aussi une lumière inaccessible.

La Présence à l'intérieur de nous

Dieu est vraiment en nous. Le but de la vie chrétienne et du chemin mystique est de laisser émerger ce Dieu qui est en nous.

Pour cela de nombreux moyens et de nombreux secours nous sont accordés. En particulier, quand nous mangeons et buvons le Corps et le Sang du Christ, nous faisons devenir intérieur, le Christ extérieur et cela nous permet de nous rapprocher de notre but.

Cette Présence de Dieu en nous nous fait accéder au mystère du Christ qui est, à la fois, vrai Dieu et vrai Homme. Nous pouvons alors décider de laisser déployer cette Présence en nous pour devenir comme le Christ.

C'est là tout le chemin chrétien et aussi mystique…

2.1.11 L'unité avec Dieu et avec le monde

Les grandes traditions religieuses et la science nous disent que le monde est un. Dieu aussi est un.

Jésus-Christ fait le pont entre Dieu et le monde. En Jésus-Christ, Dieu et le monde sont un.

Par Lui, nous avons donc accès à cette unité fondamentale dans notre rapport aux autres, au monde et à Dieu. C'est cette unité qui fonde notre être, notre communion avec le monde et avec Dieu et qui explique notre interdépendance. De fait, nous sommes tous interdépendants et nous nous renvoyons les uns aux autres.

La vie trinitaire

Dieu se veut une structure d'accueil pour l'homme.

Nous sommes appelés à entrer dans Sa vie trinitaire et, parfois, par don de Dieu, nous la partageons : nous expérimentons alors ce que nous serons et qui nous sommes vraiment : uns, connectés avec tout.

Les yeux de Dieu sont alors mes yeux, mes yeux sont les yeux de Dieu.

De cette réalité, il est évidemment difficile de rendre compte par des mots, mais on peut l'apprécier en considérant cette citation de Plotin :

« Toute chose dans le ciel intelligible est ciel ; là, la terre est ciel comme le sont les animaux, les plantes, les hommes et la mer. Ils contemplent un monde qui n'a pas été engendré. Chacun se voit dans les autres. Il n'y a rien en ce royaume qui ne soit diaphane. Rien n'est impénétrable, rien n'est opaque et la lumière rencontre la lumière. Tous sont partout à la fois et tout est tout. Chaque chose est toutes les choses, le soleil est toutes les étoiles, et chaque étoile est toutes les étoiles et le soleil. »

L'unité dans l'essence divine

L'entrée dans l'essence divine, c'est l'entrée dans l'unité fondamentale de Dieu qui est celle des Personnes divines.

Dans l'essence, rien ne se passe, tout est arrivé, tout est achevé : c'est le repos complet, c'est là véritablement notre demeure.

Dans l'essence, je coïncide avec Dieu : mais en fait, « je » n'est plus. C'est l'expérience de la « Grande Ténèbre », de l'ensevelissement en Dieu, d'une mort à nous-même.

Une origine possible de la peur de Dieu dans la vie mystique peut venir d'une mauvaise appréciation de ce qu'est s'ensevelir en Dieu pour pouvoir renaître en Lui et vivre l'unité.

2.1.12 L'Amour envers Dieu

L'Amour est à la base du chemin mystique du chrétien. C'est, en effet, l'Amour qui fonde notre relation avec Dieu. Il semble pouvoir être décliné suivant les trois Personnes qui existent en Dieu : le Père, le Fils et l'Esprit-Saint.

La filialité

L'Amour scelle le lien entre le Père et nous en tant que fils : il est à la base de la filialité. L'Esprit-Saint est le lien d'Amour entre le Père et son fils.

Le Bien-Aimé

Mais, l'Amour peut avoir d'autres résonances pour le mystique. En particulier, l'Amour du Bien-Aimé. : le Bien-Aimé étant ici le Christ (mais ce peut être aussi le Dieu trinitaire). Cet Amour a une coloration nuptiale dans le vécu mystique.

Dans la symbolique humaine, les femmes ont accès directement à cet Amour avec le Bien-Aimé.

Les hommes peuvent passer par leur âme ainsi que le fait Saint Jean de la Croix qui n'hésite pas à parler de l'Amour de l'âme et du Bien-Aimé.

Le but de la vie mystique dans cette optique est d'arriver aux fiançailles spirituelles puis au mariage spirituel.

Le Christ vit aussi cette dimension nuptiale de l'Amour, car l'Écriture présente le Christ comme l'Époux de l'Église.

L'amour d'inhabitation

L'Amour peut avoir une troisième résonance pour le mystique en relation avec l'Esprit-Saint.

Cet Amour de l'Esprit-Saint est un Amour où nous acquérons la conscience et la connaissance. C'est un Amour d'inhabitation qui nous divinise : un Feu à l'intérieur de nous-même, une source d'Eau vive. Cet Amour nous fait sentir la Présence du Christ et de Dieu en nous.

2.1.13 Être intime avec Dieu

Le but de la vie mystique, c'est de partager la vie de Dieu, d'atteindre l'union avec Dieu autant qu'il est possible en cette vie, c'est de devenir son intime. Alors, notre vie est totalement transformée et nous devenons pleinement présents au monde et aux autres.

Etre intime avec Dieu, c'est être son familier, vivre à ses côtés. C'est aussi l'accueillir et le laisser habiter pleinement en nous. Cette intimité est un don de Dieu.

Nous devenons alors Sa fierté et quand il nous regarde, il voit Sa propre Beauté et, nous, nous voyons aussi Sa beauté inscrite dans notre être ainsi que Sa Beauté qui rayonne de tout ce qui nous entoure.

C'est de cette expérience dont parle souvent Saint Jean de la Croix dans ses poèmes :

```
Ami, soyons en joie,

allons tous deux nous voir en ta beauté,

au mont ou à la colline

où l'eau pure jaillit.

(Jean de la Croix, Cantique Spirituel 35)
```

Nous mesurons alors le don de Dieu et la bonté dont il a fait preuve à notre égard.

Un homme comme Saint Antoine a compris dans l'immédiateté et en même temps dans toute la profondeur de sa vie que la profondeur de sa vie ne pouvait être comblée de façon plénière et définitive que par la recherche incessante ou plutôt par l'accueil incessant et à chaque instant de la beauté du visage du Christ.

Cette expérience d'intimité est donc d'abord une expérience de la Beauté et de la Bonté que Dieu partage avec nous. Elle procure une joie et une paix incommensurables.

Quand Dieu nous appelle, il veut faire de nous ses intimes : il veut nous séduire. Nous aussi, essayons de le séduire par notre réponse.

N'oublions pas que cette expérience d'intimité n'est pas réservée à quelques-uns. Elle est accessible au travers de l'oraison et plus généralement dans la vie de tous les jours quoique, le plus souvent, de façon voilée.

2.2 COMMENÇANTS

2.2.1 Avec Jésus

À L'ÉCOUTE DE DIEU

Dieu réside au cœur du monde et aussi au cœur de l'homme. Comme il est présent partout, on peut ainsi être à l'écoute de Dieu de deux façons : vers l'extérieur et dans son intérieur.

Dans la rencontre du Dieu extérieur, il faut rendre gloire et Le remercier d'être ce qu'il est et de nous chercher : ceci nous rapproche de Lui.

Dans la rencontre du Dieu intérieur, il faut s'effacer : laisser Dieu vivre et se déployer en nous puisqu'il réside en nous.

Votre réponse face à Dieu paraît évidente puisque vous avez décidé de suivre ce cours. Pourtant l'homme a déjà refusé Dieu en péchant, c'est-à-dire en s'éloignant de la Vérité : il n'a plus ainsi une relation aussi évidente avec Dieu. Revenir vers Dieu, suppose maintenant pour l'être humain de prendre un risque, le risque de la foi en Dieu ; car il ne sait plus vraiment qui est Dieu.

Dans la foi, il peut accepter un Dieu qui a partagé sa condition d'homme, est mort comme lui mourra et un Dieu qui s'est intéressé au monde dans lequel il vit. Pour un Dieu frère, un Dieu compagnon... Pour un Dieu autre, qui fait voler en éclat l'idée même que nous pourrions en avoir... du fait qu'il se révèle, qu'il vienne vers l'homme.

C'est là qu'est au cœur de nos vies, l'événement Jésus.

L'INCARNATION

Lorsque Dieu a créé le monde, son projet était de le diviniser ; c'est-à-dire de l'associer à Lui. Ainsi, de tout temps, le projet de Dieu sur l'homme, c'est l'homme divinisé.

Lorsque l'homme s'est détourné de Dieu, brouillant sa relation avec Lui, il a mis ce plan en échec. En envoyant Jésus, Dieu refait un pont entre l'homme et Lui et rend à nouveau possible la divinisation de la création et de l'homme. Le projet de Dieu sur l'homme est à nouveau ouvert avec Jésus-Christ.

LA TRINITÉ

Dans la foi chrétienne, le rapport de Dieu et de l'homme n'est ni fusion, ni un simple face à face. En effet, dans le christianisme, le Dieu unique a ouvert son intimité. Avec Jésus-Christ, Il a révélé trois Personnes en Dieu qui s'aiment infiniment : le Père, le Fils et le Saint Esprit. Dieu est donc en lui-même relation. C'est pour cela que dans notre vie la notion de relation doit devenir centrale : d'abord avec Dieu et nous-mêmes mais aussi avec les autres et le monde.

Le Dieu chrétien est ainsi une structure d'accueil pour l'homme. Ce que Dieu offre à l'homme, c'est par l'intermédiaire de son Fils Jésus-Christ, vrai Dieu, vrai Homme, l'entrée dans la vie divine qui est une communion d'Amour et une communication Aimante. Et comme le dit Saint Paul, quelque part nous sommes aussi déjà fils de Dieu… et donc d' « autres » christs.

JÉSUS, LE SEUL MÉDIATEUR

Jésus-Christ est vrai Dieu et vrai Homme. Jésus-Christ est donc pour l'homme un pont entre l'homme et Dieu. C'est ce pont qui nous permet de passer maintenant en Dieu.

Jésus est ainsi le seul Médiateur entre Dieu et les hommes. Sans Lui, le rapport à Dieu resterait marqué par un face à face irréductible où quelque part nous ne pourrions « entrer » en Dieu et nous Lui resterions donc fondamentalement étrangers. Notre désir le plus profond ne saurait alors être comblé : l'union intime avec Dieu.

2.2.2 Notre vie comme étant celle du Christ

Laisser Dieu vivre en lui, c'est, pour le chrétien, laisser le Christ l'habiter. C'est lui laisser notre humanité, c'est devenir en quelque sorte un « autre christ ».

Nous sommes déjà habités par Dieu, comme le dit Saint Paul : chacun de nous est le Temple de l'Esprit de Dieu. Nous pouvons choisir de le laisser se déployer en nous pour faire de nous un Christ.

Cela détermine alors fondamentalement notre relation avec les autres. Ainsi, voit-on désormais aussi dans l'autre, un frère, un autre christ et, donc, Dieu lui-même. De sorte que la vie mystique qui est tournée vers Dieu est aussi indissociable du service envers les autres et du respect de la création.

La vie de l'être humain c'est ainsi celle d'un être qui est rejoint au présent par le Christ.

LA VIE DE JÉSUS

Dans la vie de Jésus, telle qu'elle apparaît dans les Evangiles, Dieu est révélé comme Père. Ainsi, toute la vie de Jésus est-elle une vie de Fils, une vie filiale.

C'est à cette vie que nous sommes appelés dès maintenant. Jésus nous invite à retourner vers Dieu et à entrer dans la vie de Dieu, la vie Trinitaire : il en est le Chemin et la Porte.

La vie de Jésus est tissée par la prière qu'il adresse à son Père. Ainsi, il peut affronter la réalité du monde en conformant sa volonté à celle du Père.

Jésus ne s'impose pas. Il annonce par ses actes et sa parole le Royaume de Dieu, c'est-à-dire la venue de Dieu. Souvent, il questionne ses interlocuteurs et il amène chacun à découvrir qui Il est en vérité.

LA VIE DES SAINTS

La vie des hommes (sauf celle de Marie, la mère de Jésus) est marquée par le péché qui perturbe la relation avec Dieu. De ce fait, les saints dans leur vie terrestre n'ont pas non plus une vision claire de Dieu : ce qui fait que leur relation avec Lui est aussi marquée par des difficultés, même si ces dernières ont parfois tendance à s'estomper avec le temps.

Centrant leur vie sur Dieu et Jésus-Christ, ils dévoilent une facette du mystère de l'Homme-Dieu, toujours articulée autour de la prière et de la relation filiale.

Mais chaque vie est singulière. Il ne s'agit donc pas de vouloir copier la vie du Christ ou des saints qui nous ont précédés, il s'agit plutôt de vivre dans la liberté des fils de Dieu. Nous pouvons nous aider des Evangiles qui relatent la vie de Jésus.

Nous avons chacun notre spécificité liée à nos dons ou à la vie qui nous modèle. Dieu sait nous rencontrer dans nos particularités. Peut-être même nous attend-il justement là ?

2.2.3   Entrer dans le cheminement mystique

Le chemin mystique est caractérisé par l'expérience de Dieu. Ce cours s'adresse donc à ceux qui veulent goûter l'expérience de Dieu ou qui y ont déjà goûté.

Le terme mystique désignera ici la recherche par l'homme d'une relation personnelle et réussie avec Dieu.

Parvenu à cette étape, c'est que vous portez un intérêt à la tradition chrétienne. C'est dans ce cadre que nous allons cheminer tout en pouvant faire appel, le cas échéant, à la richesse d'autres traditions.

INTRODUCTION

Chacun dans sa vie peut vivre des expériences qui sont fondamentales pour lui : particulièrement celle de Dieu qui est aussi celle de l'Ultime ou de l'Absolu.

Celui qui veut tenter cette expérience ne doit pas penser qu'il atteindra Dieu à la force de ses seuls efforts. Au contraire, depuis toujours Dieu le cherche et il brûle de se dévoiler à lui. Alors, il suffit tout simplement de laisser agir ce Dieu qui se révèle à nous, en privilégiant l'écoute et l'attention dans notre vie personnelle. Car nous sommes souvent aveugles et sourds ce qui fait que nous ne le voyons, ni ne l'entendons et nous en portons, en partie, la responsabilité.

Dieu, en fait, se révèle à nous constamment dans notre vie tellement il nous cherche. Alors à un Dieu qui cherche l'homme, l'homme ne peut-il pas répondre en se tournant vers Lui avec confiance ? C'est là le début de la quête mystique, de la relation de mutuelle reconnaissance que l'homme et Dieu tissent ensemble.

L'expérience mystique est donc un don de Dieu et ce don est offert à tous.

Parfois, les expériences de Dieu sont relatées et deviennent accessibles au travers de l'écrit ce qui permet de les communiquer à beaucoup. Alors pour celui que cette expérience interpelle, les écrits qui surgissent ainsi dans l'histoire des hommes sont des cartes qui balisent les chemins qu'il veut emprunter ou sur lesquels il est déjà. Ces livres peuvent être une excellente entrée en matière et permettent de confronter son expérience à celle de ses aînés pour éviter de s'égarer sur le chemin. Mais, ici comme ailleurs, rien ne remplace l'expérience et le recours à ceux qui ont vécu ou qui vivent cette expérience.

ENTRER DANS LA VIE MYSTIQUE

Dans la vie mystique, Dieu est reconnu comme partenaire. Il se peut que Dieu insiste fortement auprès de l'homme en provoquant une expérience intense qui pourra susciter sa conversion, c'est-à-dire un retournement de son être. Mais Dieu aussi peut être plus doux, plus patient.

L'expérience la plus forte qu'un être humain puisse éprouver pour un autre être est certainement celle de l'amour. Ainsi, la voie mystique est celle d'une passion : celle de l'homme pour Dieu à laquelle répond le désir de Dieu qui cherche l'homme. L'amour peut être passion, mais il est aussi volonté d'aimer : c'est-à-dire de préférer Dieu à tout, même dans les épreuves ou les moments d'incertitude. Et l'amour ne peut croître que si Dieu devient intime. Il est donc nécessaire de lui accorder du temps, par exemple, dans la prière.

Dieu, Lui, est totalement tourné vers nous. Il nous connaît bien. Mais nous, connaissons-nous Dieu, qui est si grand, si différent de nous ! Il faut donc Le laisser se livrer dans sa nouveauté, ne pas vouloir L'enfermer dans nos idées. Le laisser être Dieu enfin. Contempler Dieu sans images, sans représentations est un bon moyen de purifier la pensée, de laisser place vierge pour préparer la venue de Dieu et son impression dans la conscience.

En ce sens, les techniques de contemplation chrétienne ou de méditation orientale (yoga, zazen...) prennent tout leur intérêt, mais elles n'ont pas à être employées pour elles-mêmes. Elles doivent être utilisées en focalisant constamment l'attention sur Dieu, en le considérant et en se plaçant constamment sous son regard.

Les chrétiens comme le recommandait instamment Thérèse d'Avila ne doivent pas oublier l'humanité du Christ ; mais sans vouloir l'enfermer dans des images puisqu'elle est aussi celle du Christ ressuscité avec son corps glorieux.

Dieu est comme une brise dans la tempête de notre être. Il faut faire silence pour mieux le connaître, mieux le percevoir. Alors on s'aperçoit que Dieu est un Mystère et Lui seul peut révéler Son mystère à l'être humain. L'homme s'aperçoit qu'il ne peut Le percer par ses propres forces : c'est pourquoi Dieu vient vers l'homme et se manifeste à lui.

Ainsi, dans la quête de Dieu qui engage notre être, nous avons un rocher, Dieu Lui-même qui nous accompagne. L'homme peut alors trouver avantage à se tourner vers le « Trésor » accumulé dans les cultures et l'histoire humaine ; là où Dieu a parlé et s'est révélé : en particulier les religions, les traditions anciennes véhiculées par les écoles initiatiques, les philosophies...

Pour les chrétiens, les Ecritures et la Tradition de l'Eglise prennent toute leur importance.

Pourtant, Dieu n'est pas un simple objet de connaissance, d'étude ou de savoir comme un autre : il faut aussi croire en Lui. Pour le croyant, le monde est le lieu d'une rencontre entre Dieu et lui et cette rencontre voilée a débouché dans la foi. En empoignant le temps, en vivant au présent qui est le moment permanent de la rencontre avec Dieu et avec le réel, le croyant rencontre l'éternité de Dieu.

L'homme qui s'engage dans la quête de Dieu doit donc être attentif dans tout son être à sa vie, au réel et à l'histoire, qu'il se dispose à la rencontre de Dieu ou qu'il chemine avec Lui s'il L'a déjà rencontré.

Dieu aussi est attentif à ce qui se passe dans le monde. Ceci permet d'entrer dans la confiance et l'abandon puisque Dieu concourt au bien du monde et de tous ceux qui le cherchent.

Alors le chemin mystique peut s'inscrire dans l'expérience et dans la vie.

2.2.4　Cheminer dans la vie mystique

La voie mystique n'est pas d'abord la recherche de la perfection. Elle est une voie d'amour, de volonté, d'humilité et de gratuité.

La volonté, c'est de ne pas vouloir dévier de cette recherche de Dieu. De ce fait, il faut aussi savoir se méfier de soi-même. D'où, l'importance d'avoir des guides comme un maître ou des ouvrages.

Un directeur spirituel (c'est-à-dire quelqu'un qui nous accompagne) est recommandé. Mais le vrai maître, c'est Dieu, c'est le Christ.

Il faut aussi bien connaître la tradition dans laquelle on se coule pour éviter les erreurs et les déviations qu'elle a pu signaler.

On aura intérêt à s'attacher fermement à l'enseignement de son Eglise tel qu'il est présenté dans la Tradition et aux secours sur le chemin que sont les sacrements.

La volonté, c'est aussi de tenir bon le cap de l'amour ; même quand les vents ou les courants semblent contraires. La volonté parfaite, c'est de vouloir ce que Dieu veut sur nous et sur le monde.

Ayons ici à l'esprit la demande du Notre Père : "Que Ta Volonté soit faite".

L'humilité dans la voie mystique est certainement la vertu essentielle. Avec elle, on ne s'étonne de rien quant à nos manquements. Avec l'humilité, on ne se jauge pas, on ne s'évalue pas. On constate simplement l'action de Dieu en nous et on s'en émerveille. Nous faisons certes des efforts, mais nous n'attendons rien de ces efforts puisque nous recevons tout de Dieu.

Ici, nous faisons tout pour Dieu comme si c'était gratuit. C'est-à-dire pour rien. Nous n'attendons rien en retour, nous aimons un point c'est tout.

LA PRIÈRE

Comme l'indique Thérèse d'Avila, la prière témoigne d'abord que nous avons choisi d'inscrire Dieu dans notre vie et d'entretenir une relation avec Lui :

« Elle n'est rien d'autre à mon avis qu'un commerce d'amitié où on s'entretient souvent et intimement avec Celui dont nous savons qu'il nous aime » *(Autobiographie, chap.VIII.5).*

Or nous le savons toute amitié se nourrit de rencontres. La prière est donc un *« me voici » (Hb 10, 7)* face à un Dieu qui est toujours fidèle.

La prière conduit ainsi à une attention d'amour. Regarder Dieu, attendre Dieu, écouter la musique de Dieu, c'est entrer dans le don de soi à Dieu. Mais Dieu ne peut se donner totalement qu'à celui qui se donne à Lui sans réserve.

Nous pouvons ici nous aider de la richesse de l'expérience des saints qui nous ont précédés. Mais le don de nous-même importe plus que l'expérience faite dans la prière, car cette expérience de la présence de Dieu peut être vécue selon les cas sensiblement ou bien dans la nuit (on ne sent rien).

Prier, c'est déjà une grâce et les prières ne sont pas isolées : elles se placent dans une vie de prière. Chaque prière est neuve et il ne sert à rien de vouloir retenir les grâces passées. La grâce comme la manne ne se conserve pas (Ex 16, 19-20), elle se vit dans le présent.

Si nous n'oublions pas que nous ne savons pas prier (Lc 11, 1), nous pouvons laisser la prière se former en nous, laisser prier l'Esprit en nous : alors, nous laisserons monter les désirs du Christ en nous (Ph 2, 5). C'est pourquoi dans la prière, le silence, l'accueil et l'écoute sont essentiels.

Dans la prière, nous préférons Dieu. Nous Le regardons plutôt que nous-même. Nous ne devons donc craindre ni la perte d'initiative, ni l'entrée dans le lâcher prise.

La prière conduit alors à un éveil de la conscience, à une descente en soi et à l'établissement de la vision intérieure. En fait, Dieu nous instruit dans le secret : "Je l'emmènerai au désert et je parlerai à son cœur" (Os 2, 16). Mais alors, il ne faut pas s'attacher à la prière, en faire notre bien, notre fierté personnelle.

Utilité de la prière

La prière n'a pas de but utilitaire en tant que telle. Son motif premier doit être l'amour, ce qui sous-tend sa totale gratuité. La prière est moins un moyen de notre sanctification qu'une joyeuse réponse à l'appel de Dieu.

De fait, la réalité de la prière est parfois obscure, mais elle s'exprime toujours dans ce qu'elle apporte. Car la prière transforme celui qui prie mais dans le sens de Dieu, car c'est Lui qui veut nous former. Il importe donc de nous tenir en face de Dieu ave toute la plasticité possible.

La prière nous fait progresser vers notre vérité personnelle. Elle assoit notre vie de tous les jours et nous permet de coopérer au plan de Dieu sur nous et sur le monde. Elle nous permet de nous exercer à la présence de Dieu dans la totalité de notre vie.

La prière ne se juge qu'à ses fruits. Elle doit enclencher pour nous un changement concret dans notre vie. Elle doit nous conforter dans une attitude de vigilance constante et nous permet de découvrir ce qu'est l'Amour. A cette occasion, nous pouvons comprendre que l'amour véritable est dans la volonté avant d'être dans la sensibilité.

LA RELATION FILIALE

La base de la relation filiale, c'est de reconnaître Dieu comme Source. La relation filiale nous fait donc dépendre radicalement d'un autre qui est Dieu.

Etre véritablement fils, c'est voir Dieu. Vouloir être fils, c'est tendre à la communion avec Dieu et, en Dieu, avec les autres. La caractéristique essentielle d'un fils de Dieu, c'est d'unir sa volonté à celle de Dieu ou de conformer sa volonté à la Sienne.

Cela passe par l'acceptation de la réalité parfois difficile du monde sachant que Dieu a pouvoir, s'il le veut, de la changer : Dieu peut même se servir de nous à cet effet. La vie de Jésus en est l'exemple parfait : particulièrement, dans sa Passion et dans la Croix.

LA TRADUCTION DE L'EXPÉRIENCE MYSTIQUE

Un des buts du chemin spirituel, c'est de donner sens à sa propre vie et au réel. En ce sens la compréhension de ce qui se passe dans notre vie est fondamental. Il est donc essentiel d'avoir une compréhension juste de ce que l'on est et de ce qui arrive. Ceci peut s'accompagner d'une réflexion pour discerner le sens et donner sens.

Le moule de sa propre tradition

L'Amour ne va pas sans connaissance de ce que l'on aime. La tradition à laquelle on se rattache devient alors une grille de lecture et de saisie du réel qui va donner sa forme à la recherche spirituelle. La tradition spirituelle est alors ce moule où va s'interpréter l'expérience vécue.

La tradition est ainsi un prisme avec lequel on décode le réel et où l'on prend position. Elle colore l'expérience vécue elle-même et influe sur sa formulation. En ce sens la tradition permet d'avancer à pas de géant. Un des dangers, c'est de l'aborder de façon figée : elle devient alors un handicap.

Deux courants

Actuellement, on distingue deux grandes approches de l'expérience mystique, l'une appelée « constructiviste » et l'autre appelée « pérennialiste ».

L'approche « constructiviste » considère toute expérience (religieuse, artistique ou mystique) comme le produit d'une culture, cette culture étant formée et « construite » par les concepts, les traditions, les données de foi qui forment la culture de la personne qui vit cette expérience. Ainsi l'expérience mystique chrétienne est perçue comme enracinée dans la foi et construite par tout le donné objectif du dogme chrétien et de la culture chrétienne.

Au contraire, dans la vision dite « pérennialiste », on considère qu'il y a une distinction essentielle entre l'expérience et son interprétation. L'expérience mystique est un contact direct et immédiat avec l'absolu (Dieu). Quant au donné culturel (y compris l'enseignement de la foi) il n'intervient que dans l'expression et l'interprétation de cette expérience.

Il n'est pas facile de dire si l'une de ces approches est plus chrétienne que l'autre, mais en tout cas cette distinction peut nous aider à comprendre ce qui s'est passé au cours des siècles et comment il est arrivé que la théologie soit dissociée de la mystique et la mystique de la théologie.

De toute façon, dans le Christianisme, l'expérience n'est jamais vécue comme une expérience pure ou absolue, mais toujours comme l'expérience de quelqu'Un avec lequel le sujet entre en communion. Et cette expérience est spécifiquement chrétienne en ceci qu'elle est l'expérience d'une Réalité qui nous a été révélée par le Verbe de Dieu incarné, et qui nous a été transmise dans des mots et des catégories humaines. Cette rencontre a des répercussions sur la dimension sensible et affective de notre être. Elle est amour, mais amour de la Personne connue.

2.2.5   L'être humain, partenaire de Dieu

Dans la vision juive et chrétienne, la Création du monde par Dieu n'est pas terminée : les hommes ont le devoir de la continuer et de la mener à son terme. Comme le dit la tradition juive, nous sommes là pour « réparer le monde » (tikkun olam).

L'humanité est le partenaire de Dieu dans le travail de la Création. Mais c'est aussi vrai de dire que Dieu a voulu être aussi notre partenaire. L'être humain est créé comme partenaire par Dieu, capable de se tenir face à Lui et surtout d'entrer en relation avec Lui. Avec l'homme, Dieu peut s'adresser à un « tu ».

La décision de principe de Dieu de faire de nous Son partenaire dans la création, Lui lie les mains, pour ainsi dire. En tant qu'associés, nous avons le droit de donner notre avis avant toute décision qu'Il aurait de refaçonner le monde.

En nous ordonnant de prier et de présenter nos requêtes, même sous la forme d'une « supplication », Dieu vit en accord avec Son obligation de demander conseil à Son partenaire dans la création.

Comme le dit le Père Bruno Chenu :

« Là où les hommes se rencontrent pour construire le monde et faire avancer l'histoire, dans un projet toujours neuf, c'est là qu'est Dieu, dans le monde qui se fait, non pas un autre monde dans lequel je devrais m'exiler de ma Terre, le monde que je suis en train de faire. Il est donc insensé de se séparer des hommes pour atteindre Dieu »

et

« Je suis le partenaire de Dieu et co-créateur de ce monde en marche, et la preuve, c'est que, dans la mesure où je construis le monde, je m'humanise en même temps, je deviens homme en construisant le monde et là où il y a humanisation, il y a, en possibilité du moins, divinisation. Et chaque fois qu'il y a une transformation du monde dans la série des civilisations, à chaque fois il y a un espoir, il y a une chance pour le Royaume de Dieu, pour l'Épiphanie de Dieu ».

2.2.6 <u>Les trois voies</u>

La question des étapes dans le développement spirituel a intéressé les auteurs et les mystiques de tous les temps.

Dès le IVe siècle, des auteurs spirituels commencèrent à se soucier de décrire les principaux stades de la vie spirituelle.

Un des modèles classiques de la vie spirituelle est défini comme un processus vécu en trois étapes majeures qui furent nommées : la voie purgative, la voie illuminative et la voie unitive.

Gravir la Montagne qu'est Dieu, c'est ainsi classiquement, trois étapes :

- la voie purgative : un exercice ascétique par l'effort personnel, les lectures... ;

- la voie illuminative : le surgissement de la présence de Dieu, de ses grâces de présence et aussi de son absence sensible qui laisse l'être humain dans la nuit ;

- la voie unitive : l'entrée dans (puis le parcours de) l'union avec Dieu par Amour.

2.2.7 La « méthode » d'Évagre le Pontique

Le moine Évagre est l'auteur de deux ouvrages : la Practikè où il décrit les exercices du méditant pour orienter sa psyché vers l'esprit et la Gnostikè qui traite de l'harmonie du psychisme enfin devenu capable de contemplation.

La Practikè traite, en « cent chapitres », de « l'enseignement pratique » ou practikè, c'est-à-dire la voie par laquelle le moine acquiert l'impassibilité (apathéia), selon la définition qu'en donne Évagre lui-même : *« La pratique est la méthode spirituelle qui purifie la partie passionnée de l'âme »* (ch. 78).

La Practikè consiste en une lutte contre les « démons », ces obstacles qui nous divisent et qui, pour lui, sont au nombre de huit : huit symptômes à guérir et dont il faut se débarrasser…

La « méthode » d'Évagre dans la Practikè est fructueuse : car dès que nous avons nommé et identifié dans nos vies les dysfonctionnements qui nous habitent, ils sont plus faciles à combattre. Parvenir à l'impassibilité est donc pour le moine la condition de la science spirituelle, la voie d'accès à la Gnostikè.

La Gnostikè est la suite logique de la Practikè. Plus court – cinquante chapitres seulement –, il n'est conservé intégralement qu'en syriaque et en arménien. Le *« gnostique »*, c'est-à-dire celui qui, parvenu à l'impassibilité, jouit de la contemplation spirituelle, a pour tâche d'enseigner les autres, de manière à leur permettre d'y accéder à leur tour et d'y progresser. L'opuscule précise les conditions de cet enseignement, où l'exégèse biblique occupe une place de choix, et les précautions à prendre pour le délivrer en fonction de l'intelligence de chacun ou de son avancement spirituel.

Nous traiterons ici de la Practikè.

Évagre le Pontique rédige vers l'an 360 le traité de la Practikè.

La Practikè est la « méthode » qui vise à purifier la partie passionnée de l'âme : un lent travail de purification conscient (mais pas toujours, car nous le savons Dieu s'en mêle aussi).

Nous devons la première liste des péchés capitaux à Évagre. Il comptabilise pour la première fois « huit esprits de malice » le plus grave était selon lui l'orgueil, distingué d'ailleurs de la vaine gloire qui venait en second, puis le découragement, la colère, la tristesse, la cupidité, la fornication, et la gourmandise.

« Huit sont en tout les pensées qui comprennent toutes les pensées : la première est celle de la gourmandise, puis vient celle de la fornication, la troisième est celle de l'avarice, la quatrième celle de la tristesse, la cinquième celle de la colère, la sixième celle de l'acédie, la septième celle de la vaine gloire, la huitième celle de l'orgueil. Que toutes ces pensées troublent l'âme ou ne la troublent pas, cela ne dépend pas de nous ; mais qu'elles s'attardent ou ne s'attardent pas qu'elles déclenchent les passions ou ne les déclenchent pas, voilà qui dépend de nous ».

Deux siècles plus tard Grégoire le Grand révise la liste et y ajoute l'envie qui prend la seconde place derrière la vaine gloire désormais confondue avec l'orgueil, puis suivent la colère, la cupidité, la tristesse, la gourmandise et la luxure.

Pour donner une tonalité plus moderne à l'approche d'Évagre, nous « modernisons » sa classification en :

- anxiété ;
- avarice ;
- non-chasteté ;
- colère ou impatience ;
- tristesse ;
- acédie ;
- inflation de l'ego ;
- orgueil.

L'arme principale de la Practikè selon Évagre est la prière et, au terme de la Practikè, s'épanouit la charité

La méthode d'Évagre porte des fruits : car dès que nous avons nommé et identifié dans nos vies les dysfonctionnements qui nous habitent, ils sont plus faciles à combattre et à guérir. Nous pouvons alors nous en débarrasser plus aisément avec la grâce de Dieu.

D'autres « démons »

Bien d'autres « démons » sont à éliminer pour se purifier entièrement : ainsi la jalousie et le mensonge qui dérivent des autres. Ils sont tous responsables de diverses maladies de l'âme.

2.3 VOIE PURGATIVE

« Si quelqu'un veut venir à ma suite, qu'il se renie lui-même… » Mt 16, 24

La voie purgative est, généralement, la première étape du chemin spirituel ou celle que nous entamons à la suite d'une conversion. Dans son sens le plus profond, la conversion est un retournement ou changement comportant la décision consciente de nous situer sous le paradigme de la présence divine.

Dans la tradition, cette voie est associée à la purification des sept défauts psychologiques majeurs de l'être humain : la gourmandise, l'orgueil, l'avarice, la paresse, la luxure, l'envie, la colère. Ce sont là des points de repère qui n'indiquent cependant pas tout le travail d'introspection que suppose le processus de purification psychologique.

Tous nous avons fait l'expérience qu'afin d'avancer, un moment de purification est nécessaire : de longues heures d'étude afin de réussir à un examen, un entrainement intensif pour gagner un championnat, de grandes doses de patience et d'effort pour élever un enfant.

Il n'y a aucune tâche plus difficile que ce processus de purification. Nos sentiments, nos passions, notre mémoire et notre imagination doivent être soumis à notre foi, notre intelligence et notre volonté. Commencer une vie de prière exige de l'effort et de la constance. En même temps il n'y a pas de plus grand bonheur que de faire en sorte que le Christ puisse régner plus entièrement en nous chaque jour.

Au fil du travail sur soi, la partie « virtuelle » de nous-mêmes meurt pour laisser naître notre nature profondément spirituelle : « si le grain […] ne meurt pas, il reste seul ; si au contraire il meurt, il porte du fruit en abondance. » (Jn 12, 24).

Nous ressentons alors une plus grande proximité avec le divin et c'est l'entrée dans la voie illuminative.

2.3.1 Appel de Dieu et réponse

Depuis notre naissance, Dieu nous appelle et Il nous appelle à vivre de Sa Vie. Nous sommes, en fait, constamment appelés par Dieu. Et Dieu ne se lasse pas de frapper à la porte de notre cœur.

Un moment important de notre vie est quand nous commençons à répondre pour la première fois à cet appel et, ensuite, à y répondre de plus en plus.

Le baptême est pour le chrétien un moment charnière où il ratifie la réponse à cet appel.

La réponse

Votre réponse face à Dieu paraît évidente puisque vous avez décidé de suivre ce cours.

Déjà, vous êtes familiarisé avec la prière. Son motif premier doit être l'amour, ce qui sous-tend sa totale gratuité. La prière est moins un moyen de notre sanctification qu'une joyeuse réponse à l'appel de Dieu.

Mais la réponse à l'appel de Dieu consiste essentiellement à décider de ne pas rompre notre relation avec Dieu : c'est-à-dire à éviter le péché qui est de faire le mal. Le péché est un acte de désamour envers Dieu et souvent envers les autres ou la Création.

Le cœur de la réponse est donc de décider de vivre une vie d'amour : ce qui est à la fois simple et exigeant. Car cet Amour est infusé dans nos vies par Dieu lui-même : il nous reste à l'accueillir et à le **redonner**.

Le pardon

Cependant, nous le savons : même, avec les meilleures intentions, il nous arrive de refuser Dieu, en péchant : c'est pourquoi, si nous sommes chrétien catholique ou orthodoxe, il est important de tenir en estime le sacrement de réconciliation où nous avouons que nous avons manqué à l'appel de Dieu et où nous recevons son pardon qui nous restaure.

Le pardon reçu de Dieu nous engage à entrer dans une dynamique de pardon vis-à-vis des autres. Ce pardon nous libère et purifie notre mémoire.

Le combat spirituel et la vigilance

Si vous êtes entré sur le chemin spirituel, vous pouvez remarquer, entre autres choses, un thème qui aura une grande importance dans votre développement futur : le thème du combat spirituel. Ce thème est, en réalité, celui de l'imitation du Christ. Le combat spirituel fortifie l'âme qui trouve son modèle en Jésus tenté au désert.

Celui qui a choisi de s'engager dans cette voie rencontre en effet, très vite, le combat. Contre qui combat-il ? Contre le Mal. Dans quel but ? Pour acquérir la Vertu qu'il possédera peu à peu à travers les différentes vertus, devenant ainsi plus fort, plus homme, jusqu'à ce qu'il soit l'homme parfait dans le Christ.

Saint Ignace de Loyola a très bien compris que le combat spirituel, c'est la lutte entre l'orgueil et l'humilité.

Comment combat-on ? Avec, pour arme, la puissance du Saint-Esprit et la prière.

En fait, cela ne dépend pas de nous d'avoir des mauvaises pensées, des tentations, mais ce qui dépend de nous, c'est de les laisser entrer dans notre âme et qu'elles y restent. Cela implique une ascèse où nous devons cultiver la vigilance et le discernement. Mais si nous tombons, nous devons nous relever aussitôt, ne pas nous enfermer dans une grande tristesse (qui ne sert, en réalité, qu'à couvrir notre fierté) et demander à nouveau le pardon le Dieu.

2.3.2 L'offrande

Qu'il est grand le mystère de Dieu ! Pour y accéder, il faut certainement faire œuvre d'une grande humilité. Celui qui veut se consacrer à cette tâche ne peut que donner tout son être et tout son corps en offrande (et en sacrifice) à Dieu...

Toute la vie de Jésus et aussi la nôtre ne peut donc être comprise que comme une offrande. Aussi Jésus a-t-il dit en entrant dans le monde : « *Vous n'avez voulu ni sacrifice ni offrande, mais vous m'avez formé un corps ; vous n'avez agréé ni holocaustes ni sacrifices pour le péché, alors j'ai dit : voici que je viens, ô Dieu, pour faire votre volonté* » *(Hb 10, 5-7).*

L'acte principal et l'attitude fondamentale du mystique vont donc consister dans son oblation continuelle à Dieu et dans l'offrande totale de sa propre vie par Lui – le Christ -, avec Lui et en Lui pour la gloire du Père et le salut du monde.

Nos joies et nos peines nous unissent à Dieu. Les difficultés de toute sorte sont aussi un chemin d'union à Jésus-Christ. On ne s'éloigne pas de lui, on en fait une souffrance d'enfantement. Chacun est ainsi appelé à vivre le Mystère pascal du Christ, s'unissant à Lui dans l'offrande de sa vie au Père par l'Esprit.

Ce mystère aboutit à la joie du Christ ressuscité : c'est-à-dire à « passer » comme le Christ de la Mort à la Vie.

2.3.3 Une étoile triple pour nous guider

Le chemin mystique ne demande pas d'être quelqu'un d'exceptionnel. Ce que veut Dieu, c'est surtout notre bonne volonté.

Dans une certaine mesure, il s'agit de prendre conscience de quelque chose qui existe, qui est déjà donné, d'une certaine façon, dès le départ de la vie humaine.

Le chemin mystique est d'abord un chemin de liberté (les balises ne sont là que pour éviter de s'égarer ou de se leurrer).

Certains pourraient croire s'être mis en marche vers Dieu les premiers. Mais, en réalité, Dieu nous a toujours précédés : il nous cherche et il nous appelle. À nous de répondre à cet appel, en engageant toute notre vie.

Naturellement, dans le cheminement ainsi inauguré, les voies de Dieu sont diverses et le cours proposé ne fait qu'en tracer de grandes lignes sans vouloir être normatif.

Pour marcher sur ce chemin, il est intéressant de considérer trois aspects qui seront notre étoile triple pour nous guider de façon sûre :

- la Volonté de Dieu ;
- la Foi ;
- l'Amour.

La Volonté de Dieu

Tout ce qui arrive est d'une certaine façon la Volonté de Dieu : soit que Dieu le veuille, soit qu'Il le permettre pour un plus grand bien (ainsi la Croix et toutes ses retombées de grâce).

Nous aussi, nous devons aimer cette Volonté : c'est-à-dire ce qui est [ou arrive] dans l'instant présent (ceci ne nous empêche pas de vouloir éventuellement le changer dans le futur).

Comme le dit sainte Thérèse de Lisieux : « *Tout est grâce* ». Ceci nous rend joyeux et nous évoluons en confiance, car nous savons que Dieu et Sa Providence sont toujours à nos côtés.

Ainsi ma relation à Dieu ne dépend pas du fait que l'instant soit agréable ou désagréable : je ne suis pas plus proche de Dieu si je me sens bien et plus éloigné si je me sens mal. C'est simplement ce qui m'est donné de vivre en ce moment et je remercie surtout Dieu de cette vie qu'il me donne et du fait qu'il m'a permis de Le mettre au centre de ma vie.

La Foi

Le texte fondateur de la tradition mystique est celui de l'Exode, où Moïse demande à voir Dieu. La tradition s'appuie sur le fait que Dieu lui répond que ce n'est pas possible sans passer par la mort, et pourtant il laisse voir quelque chose de son passage.

Ce texte fonde la tradition mystique chrétienne qui insiste sur la négation. Le moment de négation fait partie du processus de connaissance : c'est connaître Dieu que de savoir qu'il n'est pas connaissable. C'est par la négation que s'opère le dépassement de ce qui est vécu dans la connaissance normale. Il s'agit d'une autre connaissance. Une telle négation n'est pas arbitraire ; elle est portée par l'élan et le désir.

Sur le chemin mystique, nous aurons vraisemblablement des expériences et des connaissances savoureuses. C'est, souvent, du pain pour la route. Mais, en réalité, il ne faut pas s'y attacher. Car Dieu est au-delà de tout cela. Il est au-delà de ce qui peut être compris et senti…

Ainsi, la progression vers Dieu repose-t-elle tout d'abord sur la Foi : plus Dieu se révèle à nous, plus nous pressentons confusément ce qu'est Dieu et nous y adhérons. Cette Foi est *« un je ne sais quoi »* qui nous fait languir vers le Dieu Amour.

Cette Foi nous rend humbles et nous fait cheminer dans l'humilité. Même, après des années de cheminement, il sera certainement intéressant de se considérer toujours comme un débutant ou à tout le moins d'avoir un esprit de débutant.

C'est par la Foi que le mystique dépasse les limites de la connaissance, mais encore plus par l'Amour.

L'Amour

Le bonheur de Dieu est d'être avec nous et l'expérience la plus forte qu'un être humain puisse éprouver pour un autre être est certainement celle de l'amour. Ainsi, la voie mystique est celle d'une passion : celle de Dieu pour l'homme à laquelle répond le désir de l'homme qui cherche Dieu.

Dieu est Amour et nous donne même l'amour pour l'aimer tellement il désire que nous réussissions et dans cet Amour nous nous ouvrons aux autres et à la Création.

L'amour peut être passion, mais il est aussi volonté d'aimer. C'est-à-dire de préférer Dieu à tout, même dans les épreuves ou les moments d'incertitude.

2.3.4 La prière (l'oraison)

Comme l'indique Thérèse d'Avila, la prière témoigne d'abord que nous avons choisi d'inscrire Dieu dans notre vie et d'entretenir une relation avec Lui :

"Elle n'est rien d'autre à mon avis qu'un commerce d'amitié où on s'entretient souvent et intimement avec Celui dont nous savons qu'il nous aime" *(Autobiographie, chap.VIII.5).*

Or nous le savons toute amitié se nourrit de rencontres. La prière est donc un « me voici » face à un Dieu qui est toujours présent.

La prière devient alors un moment privilégié de rencontre avec Dieu pour :

- se tourner vers Dieu ;
- écouter Dieu qui nous parle ;
- Lui parler « en vérité » ;
- réfléchir sur soi ;
- méditer sur Dieu ;
- orienter et accomplir son devoir immédiat, son incarnation…

La prière n'a pas pour but de nous obtenir quelque chose. Elle est gratuite, simplement pour la joie d'être avec Dieu.

Certes nous en recevons par la suite des fruits, car pendant la prière Dieu fait un travail souterrain en nous. Mais rien que de très naturel, car lorsqu'on est avec l'Aimé, ne finit-on pas à ressembler à l'Aimé ?

Il y a différentes façons de prier : nous présentons ici la prière silencieuse (l'oraison) et les prières courtes.

L'oraison (la prière silencieuse)

Il est bon de se ménager, chaque jour, un temps d'intimité avec Dieu d'environ 20 à 40 mn pour être simplement avec Lui.

On trouvera un certain avantage à :

- choisir un lieu calme où l'on ne sera pas dérangé ;
- adopter une position confortable ;
- ne pas trop bouger ;
- faire silence en soi ;
- laisser passer les pensées sans s'y attacher, ni les combattre.

Alors on pourra :

- se mettre en présence du Seigneur et Le regarder dans une attitude amoureuse et silencieuse : « moins penser et aimer plus » ;

- recentrer notre oraison quand elle se disperse du fait des distractions ou lorsque nous nous apercevons qu'elle est oublieuse de la présence de Dieu.

Ne nous inquiétons pas de ne pas savoir prier, car, lorsque nous prions, c'est l'Esprit de Dieu qui monte en nous et qui prie pour nous.

Ne nous inquiétons pas non plus, après coup, de la « qualité » de notre prière, car pour Dieu ce qui compte d'abord c'est notre intention de lui donner du temps.

Il peut y avoir intérêt à considérer l'oraison comme une séance de bronzage à la plage, où on se place sous le Soleil de Dieu.

Les prières courtes

Durant la journée, il est bon aussi de s'arrêter quelques instants pour se remettre en présence de Dieu (cela peut ne durer qu'une minute).

2.3.5 Chacun de nous est un « autre » Christ

Des chrétiens ont fait l'expérience d'être configurés au Christ :

Saint Paul dit : *« ce n'est plus moi, c'est Christ qui vit en moi »*.

Élisabeth de la Trinité (une carmélite) dit aussi à propos de l'Esprit de Dieu :

```
« Survenez en moi afin qu'il se fasse en mon âme
comme une incarnation du Verbe;
que je Lui sois une humanité de surcroît,
```

en laquelle il renouvelle tout son mystère. »

La Bible dit même de nous *"Vous êtes des dieux" (Psaumes 82:6 ; Evangile de saint Jean 10:34)*

Prenons cette réalité au sérieux et faisons de notre vie et laissons faire Dieu de notre vie, une « réplique » à notre façon de la vie du Christ :

« Car ce que nous sommes dans ce monde est à l'image de ce que Jésus est lui-même » (1 Jn 4, 18)

Nous le savons, la vie peut être difficile - pensons à la Croix du Christ -. Mais sachons assumer notre corps et notre humanité comme le Christ l'a assumée.

Notre défi est donc bien résumé dans cette parole de l'Écriture :

« Venez à moi, vous tous qui peinez et ployez sous le fardeau, et moi je vous soulagerai. Chargez-vous de mon joug et mettez vous à mon école, car je suis doux et humble de cœur, et vous trouverez soulagement pour vos âmes. Oui mon joug est aisé et mon fardeau léger. » (Mt 11, 28-30).

Certes, il y aura des difficultés, mais le Christ nous dit qu'avec la foi en Lui et Son aide, nous pourrons les traverser avec une relative facilité et sans nous sentir trop écrasé. Cela suppose certainement de déjà changer notre regard sur ce que nous sommes et sur ce qui nous arrive. Cela suppose de faire toute confiance à ce guide intérieur qu'est aussi le Christ.

Alors, dès maintenant, par don de Dieu, chacun de nous est déjà un « autre » Christ, mais peut-être ne le savions-nous pas ?

Cette réalité peut sembler d'un premier abord plus accessible à l'homme, mais elle est aussi ouverte à la femme. Paul dit en effet : *« Car vous tous qui avez été baptisés pour Christ, vous avez revêtu Christ : il n'y a ni Juif, ni Grec ; il n'y a ni esclave, ni homme libre ; il n'y a ni mâle, ni femelle ; car vous tous, vous êtes un dans le Christ Jésus » (Ga 3-27,28)*.

Dans ce cadre, si nous sommes nous-mêmes des Christs, c'est vrai a fortiori de nos frères. Rappelons nous cette parole non écrite, attribuée à Jésus par Clément d'Alexandrie : *« Tu vois ton frère, tu vois ton Dieu »*.

Nous allons voir maintenant ce chemin qui s'inaugure…

2.3.6 Quelques éléments du chemin (I)

Nous avons tous de la bonne volonté, mais nous savons tous par expérience que notre relation à Dieu est quelque part « brisée » ou à tout le moins « voilée ».

Jésus abonde en ce sens. L'Écriture nous dit :

> *« Mais Jésus n'avait pas confiance en eux, parce qu'il les connaissait tous et n'avait besoin d'aucun témoignage sur l'homme : il connaissait par lui-même ce qu'il y a dans l'homme. » (Jn 2, 24-25)*

Le baptême restaure cette relation. Mais comment tenir le cap ?

C'est de tenir ferme dans une vie d'amour. Et pour cela le silence est un bon allié.

Le silence

Faire silence dans nos vies est l'une des clés de la vie spirituelle et la vie mystique.

Souvent, notre bruit intérieur est plus insidieux que le bruit extérieur. De ce fait, nous ne posons pas librement les actes que nous effectuons. Nous n'avons pas pris le recul nécessaire et nous dérapons. Le temps d'oraison est déjà un moyen d'entrer dans le silence. Mais il faut que ce silence envahisse toute notre vie.

Une des vertus de ce silence intérieur est de nous disposer à l'écoute de ce qui se passe et, en particulier, à l'écoute de Dieu pour ce qu'il veut dans nos vies.

Le silence est la première nécessité de celui qui veut suivre un cheminement spirituel.

Car Dieu parle sans arrêt, par des signes, des images, des sons, des situations, des regards, des sensations… Encore faut-il prendre le temps de l'écoute et de faire silence dans notre vie agitée, dispersée et bruyante à souhait.

L'écoute

L'écoute est fondamentale. C'est parce que nous avons « écouté » au moins une fois que nous avons été capable de répondre à l'appel de Dieu.

Non seulement, nous pouvons écouter, mais Dieu nous écoute aussi constamment. Ceci fait de notre vie un véritable échange et une véritable relation : nous nous constituons ainsi en tant que personnes.

L'écoute nous met en contact avec la vérité de ce qui est et cette vérité nous rend libres. L'écoute permet ainsi de quitter le passé, les a priori de la mémoire pour entrer dans la nouveauté.

Dans l'écoute, nous nous connectons pleinement au moment présent et nous pouvons alors faire ce qui est juste à ce moment-là. Dans l'écoute, nous pouvons être créatifs et faire de notre vie un chef d'œuvre.

La grâce

La grâce est un secours, un appui, une guidance qui nous est donnée par Dieu, dans le moment présent, pour accomplir notre vie.

Dans notre écoute et notre silence intérieurs, nous pouvons profiter pleinement de cette grâce donnée par Dieu pour réaliser ce pour quoi nous sommes là.

Le moment présent

Le passé est fumée, l'avenir est fumée : ce qui compte, c'est le présent où la vie peut être vécue avec densité, intensité, fraîcheur et nouveauté : « Voici que je fais toutes choses nouvelles ». Il est ainsi possible de vivre dégagé du poids du passé et des incertitudes de l'avenir. Car souvent le présent n'est pas vécu pleinement soit que l'on ressasse le passé soit que l'on s'interroge sur l'avenir.

Le moment présent est surtout moment privilégié de la rencontre de Dieu. En fait, pour l'être humain, Dieu se rencontre d'abord au présent et s'expérimente d'abord au présent : là est le secret de la vraie vie et nous pouvons profiter de cette fontaine de Vie et d'Amour qui se déverse constamment sur nous.

Dans le présent, on peut poser un regard direct sur soi, sur les êtres et sur les choses. Ceci permet de contempler la Vérité de ce qui est et de voir couler la beauté par tous les pores du réel. C'est ce qui caractérise l'état d' « éveillé », d' « illuminé », d' « être réalisé ».

2.3.7 Quelques éléments du chemin (II)

Le Dieu chrétien est un Dieu humble. Il ne se met pas en avant, il ne s'impose pas, il laisse de la place à l'homme.

Ainsi, de même, nous ne mettrons pas ici (tout d'abord) Dieu en avant. Nous nous intéresserons à quelques éléments généraux du chemin mystique.

La Présence

La Présence de Dieu au réel est permanente. Pour en prendre conscience, il suffit de ralentir le tumulte de sa vie. Installée dans le moment présent, l'intériorité calmée laisse émerger la conscience « pure » et permet de prendre conscience que Dieu est à la fois présent à l'intérieur et à l'extérieur de nous-mêmes.

La Présence est continuellement là : il suffit de se rendre présent à la Présence qui imbibe tout comme une douce lumière.

L'acceptation du réel

Dans le moment présent, Dieu fuse partout dans le réel. Il est ainsi possible d'avancer en toute confiance et de dire oui à la vie qui se déroule. Ainsi le fondement du réel, c'est la Bonté.

Accepter le réel, c'est laisser la Vérité se déployer : c'est ne plus vouloir tout contrôler. C'est accueillir humblement ce qui est et ce qui vient, même si l'on envisage de le canaliser et de l'orienter dans l'avenir.

L'acceptation du réel, c'est aussi s'accepter là où on en est du fait de son histoire personnelle, savoir que dans le présent nous sommes acceptés par Dieu tels que nous sommes ce qui nous permet à notre tour de nous accepter ici et maintenant.

La bienveillance du réel

Dans tout ce qui nous arrive, nous sommes accompagnés, soutenus et aimés. Ceci nous permet d'entrer dans la confiance d'une façon décidée.

Souvent la souffrance est de notre fait, car nous résistons au réel, nous n'acceptons pas le réel tel qu'il est. Certes, parfois, nous sommes frappés injustement par le mal : mais c'est encore une occasion de grandir, car au cœur de cette épreuve, nous avons la confiance qu'il y a toujours une dimension d'espérance et de résurrection.

La confiance

Dieu aussi est attentif à ce qui se passe dans le monde. Ceci permet d'entrer dans la confiance et l'abandon puisque Dieu concourt au bien du monde et de tous ceux qui le cherchent.

Comme le dit sainte Thérèse de Lisieux : « Tout est grâce ». Ceci nous rend joyeux et nous évoluons en confiance, car nous savons que Dieu et Sa Providence sont toujours à nos côtés.

Effacer son histoire personnelle

Effacer son histoire personnelle, c'est se désencombrer du passé, purifier sa mémoire pour vivre pleinement la rencontre avec Dieu. Ce qui reste alors, ce sont les moments marquants de l'aventure avec Dieu qui fondent et refondent l'engagement envers Lui.

Cette visée d'effacement peut surprendre. Mais nous la retrouvons chez Jésus dont nous ne savons à peu près rien de ses trente premières années alors qu'il va rentrer dans sa mission, la proclamation du Royaume.

Le non-attachement

Etre non attaché, c'est être disponible à la nouveauté de ce qui vient. Cela permet d'être libre.

Il faut en effet ne pas se raidir ou se crisper sur ce que l'on possède : ses biens, sa vision du monde, ses expériences spirituelles, ses idées, ses points forts... Il est important de laisser venir et de voir les choses telles qu'elles sont, d'être ouvert à l'inconnu. Cela est difficile si l'on sait déjà (ou si l'on croit déjà savoir) ou si l'on veut contrôler le déroulement da sa vie.

Être non attaché permet d'avoir un regard désencombré et de plonger au cœur du réel.

Nous aurons l'occasion de revenir sur ces points.

2.3.8 Quelques éléments du chemin (III)

L'obéissance

Tout ce qui arrive est d'une certaine façon la Volonté de Dieu : soit que Dieu le veuille, soit qu'Il le permettre pour un plus grand bien (ainsi la Croix et toutes ses retombées de grâce).

Ce que dit Jésus peut nous orienter dans notre agir et notre façon d'être :

« Le Fils ne peut rien faire de lui-même, qu'il ne le voie faire au Père ; ce que fait celui-ci, le Fils le fait pareillement » (Jn 5, 19).

Ainsi, si nous voulons être des fils de Dieu, notre agir doit être le fait du Père. Ceci suppose donc pour nous une entrée dans l'obéissance comme ce fut le cas pour Jésus.

Par le silence et l'écoute, nous quittons notre volonté propre et notre simple agir humain pour nous couler dans l'agir de Dieu, lui-même, en nous. Cela suppose que nous ne sommes plus propriétaires de nos vies. Mais que nous épousons pleinement notre mission de vie : le plan que Dieu a sur nous de toute éternité.

La gratuité

« Que l'on ne demande plus à quoi sert Dieu…il ne sert à rien. Il n'est pas utile. Mais gardons-nous bien de perdre le sens de l'inutile et du gratuit (…) Le bonheur est ce qui ne s'achète pas et ne s'évalue pas, ce que l'on ne peut croiser sur des tableaux statistiques. Il est l'inattendu, l'incalculable, l'inespéré (…). Il s'insinue au cœur du temps perdu et de la gratuité. Il naît là où il y a place pour l'inutile et le superflu. Il est à l'image de Dieu » (Charles Delhez, Ce dieu inutile…).

« Ce n'est qu'à partir d'un Dieu dont on n'a pas besoin qu'un peut accéder à une adoration authentiquement gratuite » (François Varillon).

« La prière et la foi sont des actes gratuits, c'est-à-dire inutiles et sans fonctions. La prière est un acte inutile, effectué sans attente de retour. La foi est le sens du gratuit : la foi est inutile et gratuite. Dieu est inutile. Voilà pourquoi il est essentiel. La prière est alors espace de gratuité » (Charles Delhez, Ce dieu inutile…)

La gratuité rapproche l'homme de son essence : « Plus une activité à un côté "inutile" plus elle est humaine. Plus elle se situe dans le registre du gratuit, plus elle touche à l'essentiel » (Charles Delhez, Ce dieu inutile…) :

- l'homme reçoit l'amour de Dieu ;
- il n'est pas obligé de le lui rendre ;
- mais ne pas lui rendre est une méconnaissance préjudiciable.

Avec la gratuité, il faut savoir entrer d'un coup dans ce jeu proposé par Dieu avec la nouveauté absolue et splendide de la création. Penser la création comme jeu (François Euvé) permet de bien mettre en évidence des aspects de l'activité créatrice :

- la joie du créateur ;
- la gratuité de la création ;
- le rapport entre liberté et règle ;
- l'explicitation de la valeur de la création comme relation ;
- l'importance des notions d'imprévisibilité et de risque.

Le jeu et la gratuité expriment la liberté de celui qui vit dans l'amour en présence de Dieu, confiant comme un enfant, dans la joie d'une discipline éprouvée comme source de vie. Mais il s'agit bien d'un jeu sérieux, où on est sensible également à l'enjeu, au risque constant de notre échec.

Le discernement

Nous pouvons sentir ici que nous avons besoin de discernement dans notre vie.

Nous pouvons nous rappeler ici cette parole de Jésus :

« Venez à moi, vous tous qui peinez et ployez sous le fardeau, et moi je vous soulagerai. Chargez-vous de mon joug et mettez vous à mon école, car je suis doux et humble de cœur, et vous trouverez soulagement pour vos âmes. Oui mon joug est aisé et mon fardeau léger. » (Mt 11, 28-30).

Cette parole nous invite à nous mettre à l'école de Jésus qui dit aussi « Sans moi, vous ne pouvez rien faire ».

Il suffit, en fait, de vivre la filialité telle que nous la montre Jésus (comme Fils du Père) et Jésus a rendu cela possible.

C'est dans cette filialité que nous « voyons » Dieu et que nous nous unissons à Lui. Elle conduit ainsi à l'union avec Dieu par Amour.

2.3.9 **Pauvreté, Chasteté, Obéissance**

Les conseils évangéliques (qui sont aussi les trois vœux monastiques)

- pauvreté ;
- chasteté ;
- obéissance

peuvent servir de repères pour tout le monde sur le chemin spirituel. Ils vont ensemble.

Ils nous engagent sur la voie que Jésus lui-même a suivie.

La pauvreté

La pauvreté consiste en une attitude de détachement dans l'usage des biens et de simplicité dans son mode de vie. Elle nous engage aussi à ne pas nous attacher à nos dons naturels et à nos points forts.

L'absence du besoin d'avoir passe au besoin de ne pas avoir. L'espace de la liberté désintéressée vis-à-vis des choses restitue la capacité de les aimer comme don de Dieu. En fait, le problème n'est pas dans d'abord la privation, mais dans l'usage que l'on fait des biens. La pauvreté nous engage, par exemple, au partage des biens.

La pauvreté empêche de devenir esclave des besoins créés artificiellement par notre civilisation du bien-être. Libérés de tout le superflu, nous pouvons donner à la pauvreté le visage évangélique de la liberté et de la confiance de celui qui est sûr que Dieu pourvoit aux besoins de ses fils.

Dans le domaine économique, la pauvreté doit dénoncer la valeur absolue que notre société de consommation donne à l'argent. La pauvreté opte pour la personne comme le plus important et relativise la valeur des choses. C'est pourquoi, déjà à son époque, Saint Vincent de Paul affirmait : « Je cesse d'être pauvre quand les choses pour moi valent plus que les personnes ».

La pauvreté, c'est se recevoir de Dieu seul en ne se laissant posséder par aucun bien.

La chasteté

La chasteté renforce l'engagement à aimer Dieu par-dessus toutes choses et à aimer les autres de l'amour même que Dieu leur porte. Cette vertu donne à chacun la liberté de pouvoir aimer Dieu et son prochain de manière désintéressée témoignant ainsi de l'intimité divine promise dans la béatitude « bienheureux les cœurs purs car ils verront Dieu ».

La vertu de chasteté est un engagement qui intensifie l'amour chrétien dans sa dimension personnelle et sociale, et ce, en vue de créer une authentique communauté dans le monde. Par cette vertu, le chrétien exprime son désir conscient de respecter chaque personne comme le demande la loi de Dieu, selon son état de vie propre, qu'il soit célibataire, marié ou veuf.

La chasteté fait aussi poser sur tout être et sur soi-même un regard clair. Elle englobe évidemment la sexualité, mais la dépasse largement par l'exigence d'un renoncement total à toute emprise affective sur l'autre. Elle tend à l'établissement d'une relation de liberté entre les êtres et laisse l'autre s'édifier librement devant Dieu.

La chasteté est ainsi la libération de l'emprise du charnel. C'est voir en l'autre non un objet de plaisir, mais un visage, une personne, avec sa poésie et son mystère irréductible.

La chasteté, c'est vivre chaque relation dans sa vérité humaine et spirituelle pour aimer dans un profond respect de l'autre.

La chasteté pour le Royaume est une anticipation du monde ressuscité. Elle est possible par le don de l'Esprit. Les Béatitudes engagent, en particulier, à la chasteté.

La chasteté veut aussi dire respect amoureux et non exploiteur de la Création comme don de Dieu. C'est finalement refuser la surexploitation de la nature, la surconsommation boulimique, l'utilisation immodérée des ressources de la planète, le capitalisme sauvage et l'usage de la force. C'est entrer dans l'action de grâces en toutes choses selon saint Paul et pleine de tendresse à l'égard de la Création dont nous sommes les gestionnaires responsables.

L'obéissance

L'obéissance implique concrètement une relecture permanente de notre vie pour mieux y discerner la volonté de Dieu et s'appliquer à la réaliser. Il s'agit de la libération de l'emprise idolâtre de l'ego. C'est être à l'écoute des appels de l'Esprit, obéir au Père qui l'envoie, répondre par l'affirmative et avec générosité à notre vocation filiale

L'obéissance, c'est donc chercher à faire la Volonté du Père en toute chose.

L'obéissance refuse aussi une attitude de domination ou de recherche prioritaire des intérêts personnels.

2.3.10 L'inscription du cheminement dans la durée

Nous allons maintenant aborder ce qui est peut-être le plus délicat dans les cours : l'inscription dans la durée du cheminement mystique.

Dire oui est une première étape : c'est une réponse à l'appel de Dieu, c'est un retournement du cœur. La seconde étape, c'est de donner de plus en plus la première place à Dieu et même toute la place.

L'intention

Notre intention fondamentale doit être de s'engager sur le chemin, de vivre la filialité et de vouloir ne pas dévier. Nous devons avoir cette intention à chaque moment de notre vie et surtout quand celle-ci devient plus difficile.

C'est ici qu'il faut faire preuve de détermination, de décider de vivre la vraie vie quoi qu'il en coûte, d'arriver au but qui est d' « être intime avec Dieu ». Dans ce cheminement, on n'est pas seul mais accompagné par Dieu lui-même.

L'engagement

L'engagement est ici central. Il s'agit de se déterminer pour Dieu, il s'agit aussi à la fois d'une disposition du cœur et de la mise en pratique d'un enseignement. La plupart du temps, on se rattache à une communauté de personnes et on décide de structurer sa vie à partir d'éléments qui nous apparaissent fondamentaux.

Vivre pour le Dieu d'Amour, c'est donner de l'importance à la relation. C'est donc nouer une relation avec Lui, la nourrir et l'entretenir. Pour cela, il faut donner du temps à Dieu pour le rencontrer : la prière ou la méditation régulières sont ainsi le lieu d'un engagement certainement inestimable. L'engagement, et ce n'est pas le moindre de ses avantages, permet de tenir lorsque les temps sont difficiles et que l'ombre a recouvert la lumière.

La patience

Nous voudrions souvent être arrivés au bout de notre cheminement spirituel. Mais nous ne devons pas oublier que notre transformation s'inscrit dans la durée.

C'est là que la patience est essentielle : elle permet de continuer à cheminer dans l'inaccompli et l'imparfait. Nous ne nous étonnons pas alors de nos manquements.

La patience permet aussi d'accueillir une situation de vie qui nous apparaît difficile ou de « faire le gros dos ».

La patience est ainsi le moteur de l'Espérance et de l'humilité.

Dieu lui-même est patient envers nous : *« Le Seigneur n'est pas en retard pour tenir sa promesse, comme le pensent certaines personnes ; c'est pour vous qu'il patiente : car il n'accepte pas d'en laisser quelques-uns se perdre ; mais il veut que tous aient le temps de se convertir » (2 P 3, 9)*. Prenons donc en compte, comme Lui, la totalité du grand tableau cosmique.

Le non-attachement

Sur le chemin spirituel, il ne faut pas non plus se raidir ou se crisper sur ce que l'on possède : ses biens, sa vision du monde, ses expériences spirituelles, ses points forts… Il est important de laisser venir et de voir les choses telles qu'elles sont, d'être ouvert à l'inconnu. Cela est difficile si l'on sait déjà (ou si l'on croit déjà savoir) ou si l'on veut contrôler le déroulement da sa vie.

- être non attaché, c'est être disponible à la nouveauté de ce qui vient. Cela permet d'être libre ;

- être non attaché permet d'avoir un regard désencombré et de plonger au cœur du réel et au cœur de Dieu.

Le non-attachement rejoint la pauvreté et permet de mettre Dieu à la première place et de ne rien Lui préférer.

Le non-jugement

Le jugement est la constante évaluation de ce qui se passe en choses justes ou fausses, bonnes ou mauvaises. Lorsqu'on est perpétuellement occupé à évaluer, classer, étiqueter ou analyser, on crée un grand nombre de turbulences dans son dialogue intérieur.

Le non-jugement crée le silence dans l'esprit. Cette ouverture donne accès à l'état de pure attention, de silence du mental et de calme intérieur. Elle rend disponible à ce qui arrive et ouvre à l'écoute pour pouvoir éventuellement prendre une décision.

Commencer sa journée dans cette intention est donc une bonne idée. Dès qu'on se surprend à juger, souvenons-nous de cet engagement. S'il paraît trop difficile d'observer cette règle toute la journée, on peut simplement se dire « Pendant les deux prochaines heures, je cesserai de juger » ou « Pendant une heure, je ferai l'expérience du non-jugement ». Ensuite on peut allonger graduellement la durée de cet exercice.

Le cheminement

Sur le chemin mystique, nous aurons des expériences et des connaissances. C'est, souvent, du pain pour la route. Mais, en réalité, il ne faut pas s'y attacher. Car Dieu est au-delà de tout cela. Il est au-delà de ce qui peut être compris et senti...

Pour approcher du Dieu Vivant, il est nécessaire de se purifier ou d'être purifié. Cette purification est pour l'homme une épreuve de vérité et d'ajustement pour la rencontre du Dieu trois fois Saint.

Saint Jean de la Croix signale que le chemin spirituel est ainsi émaillé de nombreuses difficultés. Ces difficultés sont souvent nécessaires pour que nous accédions au détachement et à la liberté. C'est ainsi qu'il parle des nuits.

Les nuits sont des moments de purification où nous pouvons nous trouver en difficulté : on peut même avoir l'impression que Dieu nous abandonne. Il distingue deux nuits :

- la nuit des sens ;
- la nuit de l'esprit.

Pourtant notre relation à Dieu ne dépend pas du fait que l'instant soit agréable ou désagréable : je ne suis pas plus proche de Dieu si je me sens bien et plus éloigné si je me sens mal. C'est simplement ce qui m'est donné de vivre en ce moment et je remercie Dieu de ce qu'il me donne à vivre.

La nuit des sens

Selon Saint Jean de la Croix, la nuit des sens est habituellement détectée dans l'oraison. L'oraison, au départ, est source de douceur et de plaisir. Soudain, elle devient sèche et aride.

Maintenant, plus rien ne nous console. Nous ne trouvons pas même refuge dans des choses matérielles qui pourraient nous servir de dérivatif. Et, pourtant, les choses de Dieu ne nous satisfont pas non plus. On est comme le papillon blanc de Thérèse d'Avila égaré entre ciel et terre.

Nos connaissances et nos constructions sur Dieu ne nous satisfont donc plus. Notre réflexion et notre imagination sont complètement impuissantes à combler notre désir de Dieu.

On peut interpréter la nuit des sens comme lieu d'un désir qui s'ouvre vers l'infini et vers l'absolu. C'est le moment de basculer vers une oraison plus contemplative.

La nuit de l'esprit

La nuit de l'esprit est, elle, terrible. Jusque-là, nous comptions en fait sur nos propres forces et sur notre système de croyances. Dieu vient tout balayer.

Cela nous rappelle que, d'une certaine façon, Dieu ne peut être atteint que par la Foi et pas par nos efforts. Cela va nous rendre humbles et nous faire cheminer dans l'humilité.

Dans la nuit de l'esprit, Dieu vient nous bousculer. Il nous rénove de fond en comble et dans les profondeurs de notre être : ce n'est pas sans craquements…

2.3.11 L'expérience de vie

Nous allons maintenant aborder ce qui est peut-être, avec le cheminement mystique, le plus délicat dans les cours : l'expérience de vie.

Ce sujet n'est pas simple, car la vie a un caractère dynamique et changeant.

Notre histoire

Le temps de la vie humaine nous est donné pour faire la rencontre de Dieu et en vivre.

La vision que nous avons de notre histoire personnelle n'est qu'une construction, quelque chose que l'on se raconte à propos de ce qui s'est passé.

Ce n'est qu'une histoire et c'est souvent très loin de la réalité : c'est un point de vue particulier et ce n'est pas le seul. Il est donc important de ne pas trop se fier ou de s'attacher à notre histoire. En particulier, pour définir qui nous sommes vraiment.

D'une certaine façon, il faut donc abandonner notre histoire personnelle.

Nous retrouvons cet aspect dans l'histoire même de Jésus dont nous ne savons à peu près rien de ses trente premières années alors qu'il va rentrer dans sa mission, la proclamation du Royaume.

Le passé, la mémoire

Ne pas trop considérer son histoire personnelle, c'est se désencombrer du passé, purifier sa mémoire pour vivre pleinement la rencontre avec Dieu. Ce qui reste alors, ce sont les moments marquants de l'aventure avec Dieu qui fondent et refondent l'engagement envers Lui.

La purification inévitable, c'est celle du passé et de la mémoire qui souvent polluent notre présent avec leurs désirs et leurs peurs.

Nous pouvons, par exemple, rencontrer chaque personne comme si elle était toujours nouvelle sans projeter obligatoirement notre vécu précédent.

L'avenir

Ne pas trop considérer son histoire personnelle, c'est se désencombrer du passé, purifier sa mémoire pour éviter de recommencer les schémas répétitifs qui souvent nous font souffrir. C'est aussi éviter de souffrir maintenant pour quelque chose qui n'arrivera peut-être jamais.

C'est entrer dans une vie nouvelle, créative et ouverte.

Vivre au présent

Le secret d'une expérience de vie réussie, c'est de vivre au présent.

Certes, dans le présent, notre passé, notre mémoire, notre avenir peuvent surgir : mais nous les expérimentons tels qu'il se présentent dans leur signification pour le présent. Là où notre histoire devient problématique, c'est lorsqu'elle suscite de la souffrance dans le présent : c'est alors qu'il faut s'en dégager.

Rien n'est signifiant qu'au présent...

Comme nous l'avons déjà dit, tout ce qui arrive est d'une certaine façon la Volonté de Dieu : soit que Dieu le veuille, soit qu'Il le permettre pour un plus grand bien (ainsi la Croix et toutes ses retombées de grâce).

Nous aussi, nous devons aimer cette Volonté : c'est-à-dire ce qui est [ou arrive] dans l'instant présent (ceci ne nous empêche pas de vouloir éventuellement le changer dans le futur).

Cela veut dire que le présent (dans sa globalité) est OK pour Dieu, c'est-à-dire totalement accepté et assumé par Lui.

Et si le présent n'est pas OK pour nous, c'est souvent que nous avons quelque chose à régler avec notre mémoire (mais cela aussi est OK). Alors il faut accueillir cela dans le présent même, le ressentir profondément (sans l'éviter) et le questionner… Nous pouvons ainsi commencer à dénouer notre passé.

La vie cachée

C'est l'Esprit du Christ qui nous appelle à introduire dans notre vie une dimension de vie cachée, dans la simplicité, le travail, la prière, le service et l'accueil, et cela dans notre milieu de vie. Car il n'y a pas de vie spirituelle solide qui n'ait pour base la spiritualité de Nazareth... une vie effacée, humble, cachée, laborieuse, modeste au plan matériel. La dynamique de la vie cachée nous permet aussi de sortir du paraître, de la gloriole et de la vaine gloire.

On peut renvoyer ici à de nombreux saints et, en particulier, au Père Charles de Foucauld qui a mis, au cœur de sa spiritualité, la vie cachée de Jésus à Nazareth.

Et en même temps, Jésus vit une vie normale : 30 ans de vie cachée où il a travaillé, simplement et humblement, puis 3 ans de vie publique qui ne l'ont pas empêché de prendre sa place et de s'entourer d'amis.

2.3.12 La nuit des sens

Dans notre parcours vers Dieu, nous avons noté la nécessité de la purification pour nous ajuster au Dieu trois fois saint.

Saint Jean de la Croix décrit les purifications souvent rencontrées sur le chemin mystique. Et, notamment, comme première purification, la nuit des sens.

Ici, plus rien ne nous console, ni même l'oraison. Nous ne trouvons pas même refuge dans des choses matérielles qui pourraient nous servir de dérivatif. Nos connaissances et nos constructions sur Dieu ne nous satisfont donc plus.

Notre réflexion et notre imagination sont complètement impuissantes à combler notre désir de Dieu.

Le versant actif de la nuit des sens

Pour entrer plus profondément dans le chemin mystique, nos efforts ne sont pas superflus et plaisent à Dieu. Suivant les conseils de Saint Jean de la Croix et de Sainte Thérèse d'Avila, il semble intéressant de s'y disposer.

C'est là qu'il faut mettre en pratique ou persévérer dans deux aspects dont nous avons déjà parlé :

- le non-attachement ;
- vivre dans le moment présent.

Avec le non-attachement nous avons déjà appris à ne pas dépendre de ce qui nous entoure, ni même de ce que nous pensons ou de l'image que nous avons de nous ou de Dieu : nous nous sentons libres par rapport à tout cela. Le non-attachement nous apprend aussi à ne plus chercher de compensations dans le monde extérieur ou dans notre monde intérieur.

- cette forme de détachement est en réalité ce à quoi nous mène la nuit des sens. Nous pouvons donc décider de progresser à « pas de géant » en entrant pleinement dans le non-attachement ;

- nous devenons alors plus libres dans notre rapport au monde à nous-mêmes et à Dieu. Nous ne délectons plus de nos connaissances et de nos constructions sur Dieu qui ne nous satisfont donc plus.

Nous avons aussi vu que la nuit des sens est inconfortable pour notre vécu.

C'est là qu'il est intéressant de se centrer sur le moment présent. Nous savons dans la foi que le moment présent est OK et que notre relation à Dieu ne dépend pas du fait que l'instant soit agréable ou désagréable : je ne suis pas plus proche de Dieu si je me sens bien et plus éloigné si je me sens mal. C'est simplement ce qui m'est donné de vivre en ce moment et je remercie Dieu de ce qu'il me donne à vivre.

Le versant passif de la nuit des sens

La nuit des sens est habituellement ressentie dans l'oraison. L'oraison, au départ, est source de douceur et de plaisir. Soudain, elle devient sèche et aride.

Nous ne devons pas nous en inquiéter s'il n'y a pas de manquements de notre part. C'est le signe que Dieu travaille en nous et qu'il veut nous mener plus loin : il nous appelle à basculer vers une oraison plus contemplative.

Dieu commence alors à travailler dans le secret de notre être pour nous faire devenir plus conforme au Christ.

Conclusion

Nous ne saurions trop insister sur les fruits de la nuit des sens qui sont appréciables : en effet, la nuit des sens ouvre notre désir de Dieu et le purifie, elle change notre rapport au monde et autres, elle nous permet d'accéder à la liberté.

2.3.13 Vers une oraison plus contemplative

La vie mystique doit nous inciter à une attention amoureuse de Dieu dans le silence et, plus particulièrement, dans l'oraison qui devient alors plus contemplative. L'oraison s'ouvre alors vers la pureté et la simplicité de la connaissance de Dieu : ici, c'est Dieu qui est le principal agent, c'est Lui qui veut guider l'être humain, dans la contemplation, jusqu'à Lui.

L'oraison contemplative n'est pas au bout de nos efforts puisqu'elle est d'abord un don de Dieu. Mais, comme l'indiquent Jean de la Croix et Thérèse d'Avila, nous pouvons nous y disposer.

Nous pouvons, par exemple, considérer les balises suivantes qui semblent bien pertinentes pour une oraison contemplative :

- le silence ;
- l'écoute ;
- l'attention amoureuse ;
- la vigilance.

Le silence est un aspect fondamental de l'oraison. Il permet de se désencombrer l'esprit pour se mettre dans une optique d'écoute et d'accueil de Dieu durant le moment d'oraison. Il faut mettre ce temps à profit, car rarement dans la journée, du fait de notre travail ou de nos occupations, nous pouvons avoir un temps de disponibilité aussi important. Le silence favorise l'éveil de notre conscience vers plus d'écoute et plus d'attention du Dieu Vivant.

L'écoute permet d'être disponible aux touches de Dieu dont Jean de la Croix dit bien qu'elles sont souvent ténues...

L'attention amoureuse témoigne du respect, de la délicatesse que nous devons avoir dans cette relation que nous instaurons avec Dieu et qu'il instaure aussi avec nous.

Enfin, la vigilance permet de recentrer notre oraison quand elle se disperse du fait des distractions ou lorsque nous nous apercevons qu'elle est oublieuse de la présence de Dieu.

« Il y avait un homme qui ne passait jamais devant l'église sans y entrer. Le matin quand il allait au travail, le soir quand il en revenait, il laissait à la porte sa pelle et sa pioche, et il restait longtemps en adoration devant le Saint Sacrement. J'aimais bien ça. Je lui ai demandé une fois ce qu'il disait à Notre Seigneur pendant ses longues visites qu'il lui faisait. Savez-vous ce qu'il m'a répondu ? « Monsieur le Curé, je ne lui dis rien. Je l'avise et il m'avise. Je le regarde, il me regarde. » (rapporté par le Curé d'Ars)

2.3.14 La filialité

Le cœur de la démarche mystique chrétienne est certainement la filialité à la suite de Jésus. Quand Jésus vivait au milieu de ses disciples, il leur révéla en sa personne ces liens nouveaux de parenté. La filialité, c'est vivre comme fils du Père, c'est accepter le rapport filial que le Dieu trinitaire offre à chaque être humain. Dans la filialité, il s'agit de recevoir la vie comme don, dans l'humilité et la reconnaissance.

Dieu nous a adopté comme ses propres fils, Jésus étant le fils aîné parmi ses frères. Et considérer un être comme son fils, c'est établir avec lui des relations au-delà du possible et par conséquent s'établir au-delà de l'être et au-delà de la puissance.

La filialité nous ouvre à la vie divine :

- à l'entrée dans la vie trinitaire ;
  - à la communion avec Dieu ;
  - à la communion avec les autres êtres humains ;
- à la vision de Dieu ;
- à l'union à Dieu ;
- à la Vérité ;
- à la liberté ;
- à l'Amour.

La filialité parfaite est ce vers quoi chacun doit tendre. Pour cela, nous pouvons nous aider des Évangiles qui relatent la vie de Jésus.

La filialité a ses exigences :

- reconnaître Dieu comme Source de son être ;
- vivre dans la dépendance de Dieu ;
- faire la Volonté de Dieu ;
- avoir une confiance inconditionnelle en Dieu ;
- aimer ;
- prier ;
- vivre ce qui est pointé par les trois vœux monastiques :
  - l'obéissance ;
  - la pauvreté ;
  - la chasteté.

Mais comme chaque vie est singulière, il ne s'agit pas de vouloir copier la vie du Christ ou des saints qui nous ont précédés, il s'agit plutôt de vivre dans la liberté des fils de Dieu.

« Seule cette filialité peut nous libérer de tous nos comportements inadéquats, et nous conduire à poser des actes qui ne soient pas déterminés par des blessures anciennes, mais qui soient véritablement des actes libres » (Jo Croissant).

Un don de l'Esprit-Saint

La filialité est un don de l'Esprit-Saint :

- l'Esprit-Saint nous donne conscience de la filialité : c'est lui qui nous fait crier *« Abba, Père »* ;

- l'Esprit-Saint témoigne de la filialité : « L'Esprit lui-même rend témoignage à notre esprit que nous sommes enfants de Dieu ».

2.4 VOIE ILLUMINATIVE

Après la voie purgative, une deuxième étape dans la vie spirituelle se résume ainsi : « *prendre sa croix* ». Avec cette étape, la personne a déjà une certaine maîtrise sur la force de ses passions, elle évite les péchés graves et elle a des convictions profondes concernant les vérités de la foi. Maintenant, il s'agit de progresser dans le bien, en renforçant particulièrement l'exercice de la charité. Cette personne cherche à s'orner des vertus du Christ et à faire du Christ le centre de ses pensées, ses affections et ses actions. Le Christ nous invite à ce niveau d'amitié avec lui ; tout ce que nous avons à faire est de dire oui, de travailler avec persévérance, et d'avoir confiance en la grâce de Dieu. Il s'agit d'une période de grâces, de révélations divines qui nous conduit peu à peu dans la voie unitive.

La voie illuminative nous fait entrer peu à peu dans le mystère de notre propre être. Cela se manifeste par l'émergence d'une plus grande sensibilité spirituelle qui rend un peu plus apte à capter l'essence des événements et des êtres. Elle est associée au développement des facultés de l'âme et des vertus cardinales : le courage, la prudence, la justice et la tempérance. Les facultés spirituelles se développent par la pratique de la méditation qui nous rend apte à voir au-delà des apparences et à transcender des situations de vie plus difficiles : « *Observez les lis : [...] Salomon lui-même dans toute sa gloire n'a jamais été vêtu comme l'un d'eux.* » Lc 12,27

La voie illuminative de l'Esprit nous fait passer par une nuit : par nous-mêmes nous ne comprenons rien. Nous devons passer par le dépouillement d'une vérité que l'on s'est construite, d'un modèle idolâtrique de soi-même. Nous passons trop de temps derrière l'idole de nos propres vérités. Ouvrir son cœur à l'intelligence implique une mort à soi-même et un cœur ouvert à l'enseignement du Christ dans l'Esprit.

Au seuil de la voie illuminative, la beauté, la vérité, l'amour cessent d'être des concepts pour devenir Quelqu'un.

2.4.1 La Rédemption

Comme nous l'avons souvent déjà dit, tout ce qui arrive est d'une certaine façon la Volonté de Dieu : soit que Dieu le veuille, soit qu'Il le permettre pour un plus grand bien (ainsi la Croix et toutes ses retombées de grâce).

Pourtant, cette parole peut nous paraître un peu dure, même si nous savons que Dieu est Amour et que nous croyons en Sa Providence : car il y a tant de mal et de dysfonctionnements dans le monde.

C'est ici qu'intervient la Rédemption opérée par le Christ.

Le Fils de Dieu est venu dans le monde pour le sauver.

« *Car Dieu n'a pas envoyé son Fils dans le monde pour que le monde soit jugé, mais pour que le monde soit sauvé par lui* » (Jn 3, 17) et

« mais là où le péché a abondé, la grâce a surabondé » (Rm 5, 20).

La Rédemption accomplie par le Fils restaure donc mystérieusement la création.

Donc, soit Dieu veut que quelque chose arrive (y compris par l'intermédiaire de la Providence), alors cela arrive : c'est Sa Volonté.

Soit Dieu considère que quelque chose est « en train d'arriver » qui ne devrait pas arriver, alors il intervient à chaque instant du fait de la Rédemption opérée par Son Fils et ce qui arrive devient à nouveau conforme à Sa Volonté.

Dans les deux cas, la Volonté de Dieu se réalise moyennant éventuellement la Rédemption.

On voit ici la position centrale occupée par le Christ dans la compréhension chrétienne du monde : le mal n'est pas nié, mais totalement assumé par Dieu et transfiguré pour notre plus grand bien. La liberté humaine est sauvegardée.

Cela permet notre totale acceptation du réel : car, à chaque instant, le présent est totalement OK pour Dieu, c'est-à-dire totalement accepté et assumé par Lui. Nous pouvons alors décider d'entrer dans cette dynamique.

2.4.2 L'humilité

Vous êtes peut-être déjà engagé sur le chemin spirituel et la voie mystique : vous en tirez certainement de la satisfaction et de la joie. C'est là qu'un écueil vous guette : le fait de croire ou d'être arrivé ou alors d'être devenu supérieur aux autres…

La vertu à cultiver maintenant, c'est celle de l'humilité.

La grande vertu de Marie, c'est l'humilité.

Saint Bernard estimait que parmi les enseignements du Christ l'humilité est le plus grand. Si l'humilité est si importante, c'est qu'elle est la mère des autres vertus : la patience, la générosité, la miséricorde, la force…

L'humilité nous engage à vivre de la grâce de Dieu. C'est pourquoi celle qui a su laisser toute la place au Seigneur, la Vierge Marie, est la plus grande auprès de Dieu.

Vivre l'humilité

Le terme humilité est à rapprocher du mot humus, qui en est la source étymologique, et qui a donné par ailleurs le terme homme. Cela semble signifier que l'humilité consiste, pour l'homme, à se rappeler qu'il est poussière (ou littéralement : « fait de terre », c'est-à-dire de la matière la plus commune).

Au-delà de l'image du matériau (terre, humus), le terme d'humilité renvoie en effet à l'idée d'une provenance étrangère, d'une impuissance à être sa propre origine ; il paraît impliquer aussi, du même coup, l'idée d'une incapacité pour l'être humain à s'accomplir par ses seules forces.

Pour commencer à vivre l'humilité, deux conditions sont requises :

- lire à l'intérieur de soi-même pour déceler notre vérité ;
- avoir une estime de soi suffisante.

L'humilité, c'est ainsi :

- ne pas se surévaluer ;
- ne pas se dévaluer ou se sous-évaluer.

L'humilité, c'est donc l'acceptation de la vérité sur soi-même. L'humilité situe en vérité devant Dieu et devant les frères : il ne nous est pas demandé de nous croire le dernier des derniers, mais d'être dans le vrai.

L'humilité se mesure à la confiance : pour avoir confiance, il ne faut pas se regarder, mais regarder uniquement Dieu et ce qu'il veut faire.

« *L'humble est celui qui a confiance, qu'il recevra de quoi manger en chemin, si ce chemin est vraiment le sien, au lieu de préparer toute sa vie des provisions pour un voyage qu'il ne fera jamais* » Jean-Louis CHRETIEN, philosophe, *La Croix*, vendredi 26 avril 2002.

Quelques attitudes

- L'humilité, c'est ne pas compter sur nos propres forces, mais se recevoir de Dieu ;
- L'humilité, c'est de savoir qu'en fin de compte, on ne sait pas ;
- L'humilité, c'est prendre sa place banalement dans l'humanité et en Dieu ;
- L'humilité, c'est ne pas se croire supérieur aux autres ;
- L'humilité, c'est se savoir en chemin sans jamais se jauger ;
- L'humilité, c'est ne pas s'étonner de ses manquements ou de ses erreurs ;
- L'humilité, c'est accepter les échecs ;
- L'humilité, c'est repartir après avoir péché ;
- L'humilité, c'est avoir besoin de demander le pardon de Dieu.

2.4.3 De l'Oraison

Nous le savons toute amitié se nourrit de rencontres, y compris l'amitié avec Dieu. Comme l'indique Thérèse d'Avila, l'oraison témoigne d'abord que nous avons choisi Dieu comme ami :

"L'oraison mentale n'est rien d'autre à mon avis qu'un commerce d'amitié où on s'entretient souvent et intimement avec Celui dont nous savons qu'il nous aime" (Autobiographie, chap.VIII.5).

L'oraison est donc un *"me voici"* (Hb 10, 7) face à un Dieu qui est toujours fidèle. Une oraison tendue vers Dieu en solidarité avec l'humanité et le réel débouche sur l'adoration, la communion et la communication qui nous fait entrevoir la vie trinitaire.

L'oraison conduit à une attention d'amour. Regarder Dieu, attendre Dieu, écouter la musique de Dieu, c'est entrer dans le don de soi à Dieu. Mais Dieu ne peut se donner totalement qu'à celui qui se donne à Lui sans réserve.

Nous pouvons ici nous aider de la richesse de l'expérience des saints qui nous ont précédés. Mais le don de nous-même importe plus que l'expérience faite dans l'oraison, car cette expérience de la présence de Dieu peut être vécue selon les cas sensiblement ou bien dans la nuit (on ne sent rien).

Faire oraison, c'est déjà une grâce et les prières ne sont pas isolées : elles se placent dans une vie d'oraison. Chaque oraison est neuve et il ne sert à rien de vouloir retenir les grâces passées. La grâce comme la manne ne se conserve pas (Ex 16, 19-20), elle se vit dans le présent.

Si nous n'oublions pas que nous ne savons pas prier (Lc 11, 1), nous pouvons laisser la prière se former en nous, laisser prier l'Esprit en nous : alors, nous laisserons monter les désirs du Christ en nous (Ph 2, 5). C'est pourquoi dans la prière, le silence, l'accueil et l'écoute sont essentiels.

Être en oraison

Dans l'oraison comme dans la vie, toute la plénitude de Dieu est là véritablement présente. Mais ici dans l'oraison, notre disponibilité nous permet d'être plus attentifs.

Dans l'oraison, Dieu nous regarde. Dans la tension vers Lui, nous pouvons nous appuyer sur les trois vertus théologales :

- o foi pour la connaissance de Dieu ;
- o espérance quant à notre désir de Dieu ;
- o charité pour l'amour de Dieu.

Dans l'oraison, nous préférons Dieu. Nous Le regardons. Nous ne devons craindre ni la perte d'initiative et de direction ni l'entrée dans le lâcher prise.

L'oraison conduit alors à un éveil de la conscience, à une descente en soi et à l'établissement de la vision intérieure. En fait, Dieu nous instruit dans le secret : *"Je l'emmènerai au désert et je parlerai à son cœur"* (Os 2, 16).

Mais, il ne faut pas s'attacher à l'oraison, en faire notre bien, notre fierté personnelle.

Utilité de l'oraison

L'oraison n'a pas de but utilitaire en tant que telle. Son motif premier doit être l'amour, ce qui sous-tend sa totale gratuité. L'oraison est moins un moyen de notre sanctification qu'une joyeuse réponse à l'appel de Dieu.

De fait, la réalité de l'oraison est parfois obscure, mais elle s'exprime toujours dans ses fruits. Car l'oraison transforme celui qui prie mais dans le sens de Dieu, car c'est Lui qui veut nous former. Il importe donc de nous tenir en face de Dieu avec toute la plasticité possible.

L'oraison nous fait progresser vers notre vérité personnelle. Elle assoit notre vie de tous les jours et nous permet de coopérer au plan de Dieu sur nous et sur le monde. Elle nous permet de nous exercer à la présence de Dieu dans la totalité de notre vie.

L'oraison ne se juge qu'à ses fruits. Elle doit enclencher pour nous un changement concret dans notre vie : dans l'esprit des béatitudes et de l'amour du prochain.

Elle doit nous conforter dans une attitude de vigilance constante et nous permettre de découvrir ce qu'est l'Amour. A cette occasion, nous pouvons comprendre que l'amour véritable est dans la volonté avant d'être dans la sensibilité.

2.4.4   La Passivité

Dans les premiers temps de la vie mystique, on a l'impression de faire des choses et cela peut durer longtemps...

D'une certaine façon, notre volonté propre est aux commandes (nous pouvons même nous crisper). Or, un des buts importants de la vie mystique est d'abandonner cette volonté propre pour nous « couler » dans la Volonté de Dieu.

Nous pouvons nous y disposer en entrant dans l'abandon ou lâcher-prise. Ce peut être une étape pour susciter et accueillir, si Dieu le veut, la passivité qui est un don de Dieu où Dieu fait pour nous et au travers de nous. Nous ne pouvons que nous disposer à entrer dans la passivité et ce peut être par le silence et l'écoute.

L'abandon ou le lâcher-prise

L'abandon (ou le lâcher-prise) est une attitude. Il vient le plus souvent de la prise de conscience que l'expérience mystique ne dépend pas de notre volonté : elle n'est pas donnée après un long effort. Elle n'est pas le fruit d'une recherche conduite par nos efforts. Elle est disponible au creux de l'abandon de nous-mêmes.

Ensuite, l'abandon confiant gagne toute notre vie : « L'Abandon à la Providence divine » du Père de Caussade est un classique sur ce sujet.

Comme le dit le Père Alphonse Gœttmann :

« Que faire ou plutôt comment être pour que notre moi n'interfère plus d'aucune manière et que Dieu puisse être vraiment Dieu en nous ? La réponse est donnée par le Christ sur la croix, puis mise en pratique par tous les saints à travers les âges : c'est accepter de n'être rien.

Celui qui consent à n'être rien devient libre de tout vouloir particulier. Il s'abandonne et se coule dans le simple et pur vouloir de Dieu, devient vaste comme l'univers dont il épouse le mouvement créateur.

L'homme qui accepte pleinement cette réalité, jusqu'à ne plus avoir aucune préférence, et se réjouit à fond de ce qui lui arrive, dans une confiance absolue, a trouvé la paix et la félicité au-delà de toute attente. Ce qu'on appelle couramment « obéissance » dans la tradition spirituelle culmine dans cette attitude qui, seule, donne à l'homme accès aux profondeurs de son propre mystère, à celui de la création et à Dieu.

Cela suppose cependant que l'homme ne s'adonne effectivement qu'à cet abandon, que la totalité de son être, la pensée, la volonté, le cœur et le corps, soient tournés à l'unisson vers ce seul objectif. Là est la vraie conversion : une focalisation de toutes ses énergies en un seul point, et ce point est la Présence divine à laquelle l'homme s'offre et s'abandonne. C'est une Présence d'Amour agissant et l'homme totalement ouvert, réceptif, reconnaîtra bientôt la manière d'agir de Dieu à travers tout et en tout temps, sa « méthode ».

La difficulté dans ce Travail de l'homme, son unique Travail rappelons-le, c'est l'ouverture inconditionnelle, sans aucune interférence de l'ego, l'acceptation nue de la réalité de l'instant telle qu'elle est, dans le calme absolu du mental. L'essence de l'abandon, c'est la liberté réelle, devant l'objet, la situation, l'événement, les pensées... sans réaction, donc sans conflit. La non-intervention de l'ego pour juger - aimer ou ne pas aimer - permet à l'abandon d'aller jusqu'au bout : devenir un avec ce qui se passe ici et maintenant. »

La passivité

L'abandon est une attitude. La passivité, elle, ne peut être atteinte par nos propres efforts : elle est un don de Dieu. Si Dieu le veut, nous quittons alors notre volonté propre et notre simple agir humain pour nous couler dans l'agir de Dieu, lui-même, en nous. L'activité de Dieu croît alors et la « passivité » de l'homme croît corrélativement et parallèlement.

Cette passivité peut être rapprochée de l'obéissance absolue dont témoigne Jésus à son Père et qui nous est demandée également à nous. Elle est un repos en Dieu.

Nous réalisons alors cette parole de Jésus :

« Le Fils ne peut rien faire de lui-même, qu'il ne le voie faire au Père ; ce que fait celui-ci, le Fils le fait pareillement » (Jn 5, 19)

et

« Ce n'est plus moi qui vis, c'est Christ qui vit en moi » (Ga 2,20)

et

« Non pas ce que je veux, mais ce que tu veux ».

Dans la passivité, nous sommes alors « transparents » et complètement ajustés à Dieu : nous faisons, mais alors, c'est comme si nous ne faisions pas. Dieu agit même en nous et par nous secrètement.

Dans la passivité, l'ego meurt par inanition, il n'a rien à « faire » ; l'homme peut naître alors à une toute autre fécondité, divine celle-là. En somme, il n'a qu'un travail, c'est de s'ouvrir au travail de Dieu. Comme le confirme saint Irénée : *« Le propre de Dieu est de faire et pour l'homme de se laisser faire ».*

Quand Dieu peut vraiment être Dieu en nous, sans plus aucun obstacle, alors l'Amour se déploie à l'infini, et quand l'homme consent à n'être rien, alors cette immensité de vide se remplit de cet Amour. *« Laisser Dieu être Dieu, c'est se laisser aimer et cela suffit »*, dit Nicolas Cabasilas, *« pour devenir le plus grand des saints ».*

C'est pourquoi l'un des basculements importants dans la vie mystique est l'entrée dans la passivité (que ce soit dans l'oraison ou dans la vie elle-même). Cependant il ne faut pas simuler avant l'heure une passivité acquise par cessation des actes (comme dans le Quiétisme, par exemple), mais « cultiver » cette passivité infuse qui résulte d'une inspiration spéciale du Saint-Esprit.

2.4.5　La mission de vie

La mission de vie de chacun répond en fait au questionnement sur le sens de sa vie :

- qui suis-je ?
- où vais-je ?
- que dois-je faire ?
- à quoi suis-je appelé ?

À ce stade du cours, nous avons maintenant presque toutes les grandes réponses à ces questions. Nous les représentons de façon schématique.

Qui suis-je ?

- je suis créé à l'image de Dieu ;
- je suis fils de Dieu ;
- je suis un « autre » Christ ;

Le tout est de se montrer digne de cette filiation.

- cependant, j'ai aussi des fragilités à surmonter ou à assumer.

Où vais-je ?

Je suis appelé à partager la Vie même de Dieu :

- dès maintenant ;
- et après ma mort.

Que dois-je faire ?

Je dois vivre ma filialité à chaque instant :

- reconnaître Dieu comme Source de mon être ;
- vivre dans la dépendance de Dieu ;
- faire la Volonté de Dieu ;
- avoir une confiance inconditionnelle en Dieu ;
- aimer ;
- vivre ce qui est pointé par les trois vœux monastiques :
- obéissance ;
- pauvreté ;
- chasteté.

A quoi suis-je appelé ?

Chaque vie est singulière : il ne s'agit pas de vouloir copier la vie du Christ ou des saints qui nous ont précédés, il s'agit plutôt de vivre dans la liberté des fils de Dieu.

La filialité vécue nous ouvre à :

- à l'entrée dans la vie trinitaire ;
- à la communion avec Dieu ;
- à la communion avec les autres êtres humains ;
- à la vision de Dieu ;
- à l'union à Dieu ;
- à la Vérité ;
- à la liberté ;
- à l'Amour.

La filialité nous engage :

- o à tenir notre place qui est irremplaçable ;
- o à abandonner notre histoire personnelle ;
- o à nous désencombrer du passé et purifier notre mémoire ;
- o à vivre au présent (nous ne devons pas oublier que le présent [dans sa globalité] est OK pour Dieu, c'est-à-dire totalement accepté et assumé par Lui) ;
- o à collaborer au salut du monde ;
- o à aimer ;
- o à nous mettre au service des autres ;
- o à fuir le péché.

2.4.6 Le sacrifice

Toute la vie de Jésus ne peut être comprise que comme un sacrifice. Aussi a-t-il dit en entrant dans le monde : *« Vous n'avez voulu ni sacrifice ni offrande, mais vous m'avez formé un corps ; vous n'avez agréé ni holocaustes ni sacrifices pour le péché, alors j'ai dit : voici que je viens, ô Dieu, pour faire votre volonté »* (Hb 10, 5-7).

Ainsi, offrir sa vie en sacrifice à Dieu, comme Jésus, est un devoir essentiel de l'être humain. Cette décision exprime les aspirations profondes du chrétien. Elle annonce ce que sera sa vie : une offrande, un sacrifice à la louange de la gloire de Dieu. Il célèbre aussi la dimension sacrificielle de sa vie de chrétien dans l'Eucharistie du Christ.

D'une certaine façon, la vie spirituelle du chrétien ne peut se concevoir sans cette dimension oblative, qui unit le chrétien au sacrifice du Christ. Car, notre vie est souvent difficile, limitée, imparfaite et souffrante et nous savons que la vie de Jésus a été marquée par la Passion et par la Croix.

En un mot, le sacrifice consiste, pour nous, à aimer ce que l'on est maintenant alors que nous savons que nous sommes destinés à être Dieu. Une dimension importante de ce sacrifice est l'acceptation de nos limites et c'est entrer pleinement :

- o dans la confiance absolue en Dieu ;
- o dans l'acceptation du réel ;
- o dans l'offrande de nous-même et de toute notre vie à Dieu ;
- o dans l'ascèse ;
- o dans le renoncement à la séduction du péché.

Saint Paul dit en effet : *« Je vous exhorte donc, frères au nom de la miséricorde de Dieu à vous offrir vous-mêmes en sacrifice vivant, saint et agréable à Dieu : ce sera là votre culte spirituel »* (Rm 12, 1).

Et nous savons que Dieu « valide » ce sacrifice et qu'il débouche sur la résurrection.

2.4.7 La souffrance

Cette partie du cours n'est pas facile, car elle aborde le problème du vécu du mal et de la souffrance. Jésus n'a pas donné d'explication au mal et à la souffrance : il les a combattus et il les a même expérimentés dans sa chair dans Sa Passion et la Croix : *« Vous aurez des tribulations dans le monde, mais prenez confiance : j'ai vaincu le monde. » (Jean 16, 33)*.

Pourtant, le mystique n'accepte pas la souffrance comme une fatalité. Rien en lui ne respire la résignation. Au contraire, il se donne pour mission de soulager la souffrance. Tout son amour est concentré sur ce projet : réduire la souffrance (la sienne et celles des autres). Mais Dieu peut aussi se servir de la souffrance pour nous avertir que nous avons pris un mauvais chemin et nous éduquer, ce sont les purifications dont nous avons un exemple dans la nuit des sens et la nuit de l'esprit.

La réponse au scandale du mal n'est pas à chercher dans une quelconque volonté ou permission de Dieu, mais dans le risque que Dieu lui-même prend en créant des êtres libres : *« Le mal n'existe que parce que nous avons à nous créer avec Dieu, parce que l'univers est une histoire à deux, une histoire d'amour, une histoire nuptiale ». Par là Dieu lui-même, comme en témoigne le mystère de la Croix, est concerné et affecté par le mal, il en est la première victime : « Si grande que soit la souffrance, du moment qu'elle passe par Dieu, c'est Dieu qui la supporte le premier » (Maître Eckhart)*.

Nous pouvons entendre aussi au sujet de la souffrance le psychothérapeute Guy Corneau : *« Mon hypothèse, dit-il, est que les souffrances psychologiques et physiques sont un signal qui nous indique que nous nous sommes éloignés de notre être profond et nous invite à redevenir intime avec lui. En ce sens, la souffrance serait une source précieuse de renseignements sur les déséquilibres, les dérapages, voire les aberrations dans lesquelles nous nous enfonçons régulièrement lorsque nous entamons le processus de retrouvailles avec notre essence intime »*.

L'homme peut décider d'accepter et d'affronter la souffrance, comme le Christ, par amour pour les hommes et par fidélité à Dieu. En effet, souvent la fuite de la souffrance est le pire des moyens pour soulager la souffrance. Le déni de la souffrance engendre révolte, angoisse, peur, tout ce qui accroît la souffrance.

En réalité, la grande souffrance du mystique, c'est de ne pas aimer assez, c'est la souffrance de la séparation d'avec Dieu.

Dans tous les cas, unir sa souffrance à celle du Christ, c'est la transfigurer. C'est ainsi clairement l'expérience d'Elisabeth de la Trinité qui voit dans la souffrance une occasion de rencontre plus intime avec Celui qu'elle adore, d'où la joie qui l'habite :

« Je ne peux pas dire que j'aime la souffrance en elle-même, mais je l'aime parce qu'elle me rend conforme à Celui qui est mon Epoux et mon Amour. Oh, vois-tu, cela met dans l'âme une paix si douce, une joie si profonde, et on finit par mettre son bonheur dans tout ce qui est contrariant. Petite maman, essaie de mettre ta joie, non pas sensible, mais la joie de ta volonté, dans toute contrariété, tout sacrifice, et dis au Maître : "Je ne suis pas digne de souffrir cela pour vous, je ne mérite pas cette conformité avec vous." Tu verras que ma recette est excellente, elle met une paix délicieuse au fond du cœur, elle rapproche du bon Dieu »

en effet

« Sans goûter en connaissance de cause aux souffrances du Christ, l'âme ne sera jamais en communion avec Lui » (Isaac le Syrien).

Cependant, la souffrance est un sujet bien délicat à traiter, car pour tous ceux qui souffrent, que l'épreuve accable, anéantit même, nos pauvres mots humains sont d'un bien faible réconfort. Oui, devant la souffrance, nous nous sentons bien impuissants et bien souvent nos paroles que nous voudrions consolatrices heurtent. En face d'une très grande souffrance, le silence s'impose.

Souvenons-nous du Cardinal Veuillot, homme de doctrine s'il en fut, très conscient de son rôle d'évêque, gardien et témoin de la Foi. Quelques jours avant sa mort, il dit à peu près ceci à un prêtre ami qui l'assistait : *« Dites aux prêtres de ne pas parler de la souffrance. J'en ai moi-même beaucoup trop parlé. Y repensant, j'en ai pleuré ! »*.

2.4.8 Les voies vers Dieu sont multiples

La nuit des sens et la nuit de l'esprit peuvent servir de modèle pour comprendre le déroulement de la vie mystique et s'y engager. Mais il faut se rappeler que ces nuits ne sont qu'un modèle du déroulement de la vie mystique. Il y en a d'autres… (on peut penser par exemple à une autre voie, la « petite voie » de Sainte Thérèse de Lisieux, voie d'enfance qui est essentiellement basée sur la confiance et l'amour, à la Voie de Marie…).

2.4.9 La Voie de Marie

La nuit des sens et la nuit de l'esprit peuvent servir de modèle pour comprendre le déroulement de la vie mystique et s'y engager. Mais il faut se rappeler que ces nuits ne sont qu'un modèle du déroulement de la vie mystique. Il y en a d'autres… (on peut penser par exemple à une autre voie, la « petite voie » de Sainte Thérèse de Lisieux, voie d'enfance qui est essentiellement basée sur la confiance et l'amour).

Le modèle que nous allons aborder ici est « la Voie de Marie » qui est marquée par la douceur (si tant est que l'on est rebuté par les nuits de Jean).

Grignion de Montfort

La Vierge Marie, dit Saint Louis-Marie Grignion de Montfort, est *« le chemin le plus court pour aller à son Fils »* ; le chemin le plus doux aussi parce que Marie est notre Mère. Et qui mieux que la Mère connaît le Cœur de son Fils ? Qui mieux que la Mère connaît aussi le cœur de l'homme, de tout homme ?

Or, notre salut c'est de Le connaître, Lui le Christ, « Seul médiateur entre Dieu et les hommes » (1 Tm 2,5), Lui le Rédempteur de l'homme. C'est pourquoi aller à Jésus par Marie est notre chemin le plus facile pour avancer sur la voie du Dieu de Jésus-Christ. Saint Louis Marie Grignion de Montfort affirme aussi : *« Elle est plus puissante qu'une armée rangée en bataille »*...

Le pape Jean-Paul II (dont la devise personnelle était celle-là même de Grignion de Montfort, le fameux *« Totus tuus »*, *« Tout à toi, Marie »*) a montré, en pleine année jubilaire, l'importance de cette voie mariale de salut en consacrant le monde du troisième millénaire tout entier à la sollicitude de la Sainte Mère de Dieu et des hommes, le 8 octobre de l'année 2000...

Marie est l'Etoile qui nous guide sur le chemin du salut. « Regarde l'Etoile » disait le grand Docteur marial, saint Bernard de Clairvaux comparant la Vierge à l'Etoile qui nous guide sur le chemin du salut ; un chemin qui, avec Marie pour Mère, dit encore saint Bernard, est un chemin privilégié, car elle n'est pas seulement un modèle et un guide à imiter et à suivre mais une mère pleine de tendresse : « Elle sert qui la sert »...

Ainsi donc, nous pouvons décider de nous remettre en confiance à Marie, notre Mère, pour nous amener à son fils, Jésus. Sur cette voie cependant, nous ne devons pas perdre de vue que Jésus-Christ est la fin dernière de toutes nos dévotions.

Nous ne saurions que conseiller le « Traité de la vraie dévotion à la Sainte Vierge » de saint Louis-Marie Grignion de Montfort pour ceux qui sont attirés par cette voie.

Saint Louis-Marie Grignion de Monfort y écrit, en particulier que :

- cette dévotion nous livre entièrement au service de Dieu ;
- cette dévotion nous fait imiter l'exemple donné par Jésus-Christ et par Dieu lui-même, et pratiquer l'humilité ;
- cette dévotion nous procure les bons offices de la sainte Vierge ;
- cette dévotion est un excellent moyen de procurer la plus grande gloire de Dieu ;
- cette dévotion est un chemin pour arriver à l'union avec Notre-Seigneur ;
- cette dévotion donne une grande liberté intérieure ;
- cette dévotion procure de grands biens au prochain ;
- cette dévotion est un moyen admirable de persévérance.

La naissance de Jésus dans l'âme

Tauler dans un des ses sermons de Noël dit que :

« *On fête aujourd'hui, dans la sainte chrétienté, une triple naissance où chaque chrétien devrait trouver une jouissance et un bonheur si grands qu'il en soit mis hors de lui-même. La première et la plus sublime naissance est celle du Fils unique engendré par le Père céleste dans l'essence divine, dans la distinction des personnes. La seconde naissance fêtée aujourd'hui est celle qui s'accomplit par une mère qui, dans sa fécondité, garda l'absolue pureté de sa virginale chasteté. La troisième est celle par laquelle Dieu, tous les jours et à toute heure, naît en vérité, spirituellement, par la grâce et l'amour, dans une bonne âme* ».

La voie de Marie, c'est ainsi aussi comme la Vierge donner naissance à Jésus en nous, dans l'âme, devenir porteur du Christ en nous :

« *Le Christ naîtrait-il mille fois à Bethléem et pas en toi, cela ne te sauve de rien* » (Angélus Silésius)

Saint Augustin nous dit aussi : « *Marie a été bien plus heureuse de ce que Dieu est né spirituellement en son âme que du fait qu'il est né d'elle selon la chair* ». Tauler ajoute : « *Celui donc qui veut voir cette naissance noble et spirituelle s'accomplir en son âme comme dans l'âme de Marie, doit considérer quelles étaient les dispositions particulières de Marie, elle qui fut mère de Dieu, mère à la fois spirituelle et corporelle. Marie était une vierge, chaste et pure ; c'était une jeune femme promise et fiancée ; elle se tenait à l'écart et séparée de tout, lorsque l'ange vint à elle. C'est ainsi que doit être une mère spirituelle de cette divine naissance* ».

Saint François d'Assise (1181-1226) utilise aussi le terme de mère : « *ses mères, lorsque nous le portons dans notre cœur et notre corps par l'amour, par la loyauté et la pureté de notre conscience, et que nous l'enfantons par nos bonnes actions qui doivent être pour autrui une lumière et un exemple.* ».

Deux mystiques musulmans parlent aussi de cette naissance :

"Le corps est pareil à Marie,
et chacun possède en lui un Jésus.
Si nous éprouvons en nous cette douleur,
notre Jésus naîtra ;
mais si nous ne sentons aucune douleur
Jésus, par le chemin secret qu'il avait pris,
s'en retourne à son origine
nous laissant privés de ses bienfaits."

(Rûmî, Le livre du Dedans, Éditions Sindbad, p.

47.)

et

"Si l'âme est assez pure
Et assez pleine d'amour
Elle devient comme Marie,
Elle engendre le Messie."

(Eva de Vitray-Meyerovitch - Faouzi Skali, Jésus dans la tradition soufie, Editions de l'Ouvert, p.101.)

2.4.10 La Voie de saint Joseph

Le modèle que nous allons aborder ici est « la Voie de saint Joseph » qui est toute récente : elle a surgi et commencé à se répandre à partir du 15ème siècle.

Dans la Voie de saint Joseph, en tant qu'« autre » Christ, nous prenons Joseph et Marie pour parents pour qu'ils nous accompagnent dans notre vie et qu'ils nous éduquent chaque jour comme ils l'ont fait pour l'Enfant-Jésus.

Comme « autre » Christ, nous recevons :

- Joseph pour père ;
- Marie pour mère.

Nous vivons alors de la réalité de la Sainte Famille et nous plongeons dans le Mystère trinitaire… Saint Joseph nous mène à Marie et à Jésus et nous contemplons le Père, en Joseph.

Devenir fils/enfant de Joseph

Nos saints patrons au Carmel, ne s'y sont pas trompés, et nul n'a décrit aussi parfaitement que Jean de la Croix l'art difficile dans sa simplicité de devenir « fils de Joseph », comme Jésus lui-même, au grand tournant de sa douzième année, a dû choisir de le rester. Jean, dans La Montée du Carmel et La Nuit Obscure ne fait que décrire la descente de Jérusalem à Nazareth, en nous enseignant l'art d'aller habiter chez Joseph : c'est un art très simple de gérer sa vie par d'humbles pratiques.

C'est, par le silence et la nuit, lutter contre le Mal qui empêche de voir le Père, qui déforme ou pervertit son image. C'est faire bénéficier le monde d'aujourd'hui, qui souffre tant de carence de paternité, de celle de Joseph, à l'image de celle du Père des Cieux (Jn 5, 19).

Méconnu, Joseph, ce grand silencieux, ce grand contemplatif, a encore beaucoup à nous apprendre. Dès la Genèse, et bien avant la parole similaire de Marie à Jésus, une parole prophétique a résonné : « *Allez à Joseph et faites tout ce qu'il vous dira !* » *(Gn 41, 55)*. Puissions-nous à notre tour « *Aller à Joseph* » pour marcher vers le Père.

2.4.11 Le Mystère de la Sainte Famille

Le Mystère de la Sainte Famille – Jésus, Marie et Joseph – et le Mystère trinitaire du Père, du Fils et du Saint Esprit semblent s'éclairer mutuellement.

C'est, ici, juste découvrir qu'à partir de l'existence ordinaire, des multiples relations que nous établissons et de notre vie familiale, qui a eu son modèle parfait dans la Sainte Famille de Nazareth, nous pouvons arriver à Dieu : « *fréquente les trois Personnes, Dieu le Père, Dieu le Fils, Dieu le Saint-Esprit et pour parvenir à la Très Sainte Trinité, passe donc par Jésus, Marie et Joseph* » [**1**].

De cette façon, on peut découvrir le sens de l'histoire en tant que chemin de la trinité à la Trinité, en apprenant de la trinité de la terre (Jésus, Marie et Joseph) à élever le regard vers la Trinité du Ciel.

Pour entrer dans la profondeur des relations trinitaires, l'être humain peut ici contempler la Sainte Famille ainsi que la Trinité, s'appuyer sur son éventuel mariage chrétien et son vécu avec son père et sa mère... ses relations au sein de la famille humaine (humanité) toute entière : s'ouvre ici l'Infini de l'Amour !!!

Pistes

Jésus est le Verbe de Dieu.

Maximilien Kolbe (canonisé par Jean-Paul II) met en avant le lien intime entre Marie et l'Esprit : « *L'Esprit Saint est l'Immaculée conception incréée. Marie est l'Immaculée conception créée et ainsi la quasi-incarnation de l'Esprit-Saint et son épouse* ».

Tout au long de l'histoire de l'Eglise, de saint Irénée, saint Ephrem, saint Basile à saint François de Sales, sainte Thérèse d'Avila, saint Vincent de Paul, en passant par saint Augustin, saint Bernard et tant d'autres, que d'inspiration puisée auprès de l'humble charpentier devenu l'ombre du Père en vertu de sa mission dans le mystère de l'Incarnation. Et les papes ne sont pas les derniers à chanter la gloire de saint Joseph !

Synthèse

Si c'est le cas, nous pouvons essayer de tenter une parole sur les Face-à-Face dans la Trinité à partir des face-à-face des personnes de la Sainte Famille. Ici :

- le Face-à-Face du Père et du Fils dans la Trinité - en Joseph et Jésus dans la Sainte Famille ;

- le Face-à-Face du Père et de l'Esprit dans la Trinité - en Joseph et Marie dans la Sainte Famille ;

- le Face-à-Face du Fils et de l'Esprit dans la Trinité - en Jésus et Marie dans la Sainte Famille.

Ce ne sont évidemment que des pistes de recherche mais elles peuvent se révéler fécondes.

Alors, la contemplation (et la compréhension) de la façon dont « fonctionne » la Sainte Famille pourrait permettre d'éclairer le cœur du Mystère trinitaire, là où se produit la communion et la communication des Personnes divines. Il faut reconnaître ici que nous avons jusqu'à maintenant peu d'accès à cette communion et à cette communication à partir de la seule théologie spéculative.

[1] *« Jésus règne, Marie gouverne, Joseph administre » (Marguerite du Saint-Sacrement, carmélite à Beaune [1619-1648]).*

2.4.12 Le service

Vous pouvez vous demander à ce stade : à quoi sert la vie mystique ?

La réponse est peut-être à rien ! Simplement, à être heureux et à rendre joyeux Dieu !

Pourtant, la vie mystique n'est pas un état béat dans lequel on se complairait. Une fois qu'on est « assez avancé » (normalement, après quelques années de cheminement) se pose le problème des fruits de notre vie.

C'est là qu'intervient le service.

Le service

Plus nous devenons proches de Dieu, plus nous avons à nous mettre au service des autres. Car Dieu veut que nous soyons co-créateurs de Sa Création et, donc, que nous mettions nos forces au service du monde et des autres pour que ce monde devienne plus fraternel.

Ce service peut prendre diverses formes, mais nous pouvons être sûrs que Dieu nous guidera pour trouver sa forme la plus adéquate : comme faire profiter les autres de notre expérience de la voie spirituelle (ainsi au moyen d'une école d'oraison, par exemple).

En servant, nous apportons notre pierre à l'édification de la Création. Nous accomplissons alors véritablement notre mission de vie et nous exprimons notre filialité.

Dans ce service, nous rencontrons véritablement les autres comme des frères et sœurs. De ce fait notre vie elle-même se dilate, car nous pouvons être des vecteurs de l'Amour que nous recevons de Dieu et nous avons conscience aussi de l'amour que nous portent nos frères et sœurs.

Naturellement, c'est en nous reposant en Dieu et dans l'oraison que nous trouverons les ressources pour mener à bien cette tâche.

Se détacher des fruits de l'action

Nous devons certes faire notre devoir, des actions et des œuvres bonnes. Mais nous ne devons pas nous attacher aux résultats. Nous n'avons en fait aucun droit sur les fruits de ces actions : nous semons, mais c'est peut-être d'autres qui récolteront.

Ceci nous permet de ne pas nous attacher à ce qui arrive (en particulier, la réussite ou l'échec dans la mesure où nous faisons de notre mieux) et de cultiver plus généralement le non-attachement dans notre vie.

2.4.13 La nuit de l'esprit

Après la nuit des sens dont parle Saint Jean de la Croix, nous abordons maintenant la nuit de l'esprit. C'est la seconde purification majeure rencontrée sur le chemin mystique et il peut s'écouler de nombreuses années (voire des dizaines) entre la nuit des sens et la nuit de l'esprit.

Saint Jean de la Croix nous dit que d'une certaine façon avec la nuit de l'esprit, nous touchons au but.

La nuit de l'esprit est terrible. Jusque là, nous « comptions » en fait sur nos propres forces, nos connaissances et sur nos systèmes de croyances. Dieu vient tout balayer.

Dans la nuit de l'esprit, Dieu vient nous bousculer. Il nous rénove de fond en comble et dans les profondeurs de notre être : ce n'est pas sans craquements…

Dieu nous rappelle ici qu'il ne peut être atteint que par la Foi et pas par nos efforts. Cela va nous rendre humbles et nous faire cheminer dans l'humilité.

Le versant actif de la nuit de l'esprit

Comme pour la nuit des sens, il est intéressant de se centrer sur le moment présent. Nous savons dans la foi que le moment présent est OK et que notre relation à Dieu ne dépend pas du fait que l'instant soit agréable ou désagréable : je ne suis pas plus proche de Dieu si je me sens bien et plus éloigné si je me sens mal. C'est simplement ce qui m'est donné de vivre en ce moment et je remercie Dieu de ce qu'il me donne à vivre.

C'est maintenant le moment d'entrer plus profondément dans la Foi, l'Espérance et la Charité.

La Foi supplée à notre intelligence. Nous n'essayons plus de « trop raisonner », nous acceptons d'entrer dans la connaissance qui *« surpasse toute connaissance »*.

Nous sommes tendus par l'Espérance vers le Royaume de Dieu qui vient et la mémoire ne contrôle plus notre vie comme avant : nous nous remettons dans les mains de Dieu en pleine confiance.

Le point le plus important est celui de la volonté. Nous quittons notre volonté propre pour accéder à l'obéissance à Dieu. C'est la purification essentielle de notre désir et notre volonté devient mue par la Charité (l'Amour) et l'Esprit-Saint.

Le versant passif de la nuit de l'esprit

Dieu travaille aussi dans le secret de notre être. Il agit :

- sur notre intelligence ;
- sur notre mémoire ;
- sur notre volonté.

Cette action est assez mystérieuse en soi. Elle nous permet d'accéder entre autres choses :

- à l'intimité avec les Personnes de la Trinité dont nous voyons les opérations en nous ;
- à la vision de Dieu en toutes choses ;
- à la joie profonde ;
- à la paix profonde ;
- …

Nous en ressortons totalement transformés comme la chenille devenue papillon et qui sort de sa chrysalide.

Conclusion

Les fruits de la nuit de l'esprit sont quelque part « infinis ».

La nuit de l'esprit permet d'aboutir à la condition de ressuscité avec le Christ et d'accéder ensuite à l'union transformante via les fiançailles et le mariage spirituel, union avec Dieu par amour autant qu'il est possible en cette vie.

Saint Jean de la Croix prône ainsi une mystique de la ténèbre selon laquelle il faut traverser la nuit (nuit des sens et nuit de l'esprit) pour atteindre la lumière, Dieu.

2.4.14 L'Aube

« *Nul ne peut atteindre l'aube sans passer par le chemin de la nuit.* » *(Khalil Gibran).*

Une fois passés par la purification de notre corps et notre âme et rodés à la pratique de la vertu, nous sommes prêts à être parmi les disciples les plus proches du Christ ! A ce niveau nous sommes détachés des choses créées et nous nous centrons sur la présence du Créateur qui habite en notre cœur. L'amour de Dieu devient la force d'entraînement dans notre vie et nous pouvons dire avec Jésus : « *je fais toujours ce qui lui plaît.* » *(Jn 8, 29).*

L'union profonde avec Dieu dans la prière, la disponibilité à la grâce et la maîtrise parfaite de nous-mêmes nous conduit à considérer les croix et les difficultés avec sérénité. Beaucoup d'âmes sont arrivées à cet état de ciel sur la terre qui ont pris l'appel du Christ au sérieux et qui l'ont suivi avant tout.

2.4.15 Les fiançailles spirituelles

Le but du chemin mystique est le mariage spirituel.

Avant le mariage spirituel se passent les fiançailles spirituelles. Selon Saint Jean de la Croix, cette phase est caractérisée par des « visites » que Dieu rend à l'âme et qui par conséquent ne sont que temporaires.

Les fiançailles spirituelles sont souvent conclues, une fois que l'on a quitté la voie purgative des commençants et que l'on chemine dans la voie illuminative des progressants en direction de la voie unitive des parfaits.

Les termes métaphoriques sont nécessaires, dit saint Thomas, là où il n'y a plus de termes propres, surtout pour exprimer les relations particulières de Dieu avec les âmes intérieures. C'est ainsi que les mystiques parlent par métaphore des fiançailles spirituelles et du mariage spirituel pour désigner une union en quelque sorte transformante de l'âme et de Dieu. Ces métaphores s'expliquent du fait que nous ne connaissons les choses spirituelles que dans le miroir des choses sensibles, et qu'il est souvent difficile de trouver des termes propres pour les exprimer.

Nous nous trouvons ici devant une âme qui désire trouver Dieu. Elle le cherche partout. Elle questionne les créatures, qui lui répondent. Mais la réponse ne la satisfait pas. C'est seulement dans la foi qu'elle pourra rencontrer son Dieu. L'époux l'interpelle. Lui aussi a une blessure d'amour. En passant par la clair-obscur des fiançailles spirituelles, elle arrivera enfin au mariage.

Les fiançailles spirituelles sont toutes différentes : une fois qu'elles ont été célébrées, il y a souvent séparation (fluctuation du sentiment de présence et d'absence du fiancé). Les absences du Bien-Aimé sont alors très douloureuses à l'âme parce que le désir de l'union s'accroît.

D'une certaine façon, le baptême se compare aux fiançailles spirituelles.

JEAN DE LA CROIX

> « *Quand l'âme est parvenue à une parfaite pureté en soi et en ses puissances, dit saint Jean de la Croix, quand sa volonté n'est plus sujette à n'importe quel goût et appétit étrangers selon la partie inférieure et supérieure, et qu'elle a prononcé en Dieu le oui du détachement de toutes choses, alors la volonté de Dieu et celle de l'âme étant une, par consentement spontané et libre, l'âme en est arrivée à posséder Dieu par grâce et volonté, Pour répondre au oui de l'âme. Dieu a donné son oui par le don entier de sa grâce. En cela consiste le haut état des fiançailles spirituelles entre l'âme et le Verbe de Dieu et en cet état le fiancé lui accorde ses meilleurs dons, lui fait de fréquentes et très affectueuses visites, accompagnées de précieuses faveurs et de délices qu'il prodigue à l'âme* ».

A cette étape du progrès spirituel s'accomplissent les « fiançailles » de Dieu avec l'âme qu'il s'est choisie pour épouse. Cette phase est caractérisée par des « visites » que Dieu rend à l'âme et qui par conséquent ne sont que temporaires : elle constitue les « fiançailles spirituelles » selon Saint Jean de la Croix. Ce sont les fiançailles spirituelles entre le Christ et l'âme, une première entrevue entre les deux personnes.

C'est dans le ravissement que se concluent les fiançailles spirituelles et c'est là une attention délicate de la part de Dieu.

Jean de la Croix écrit à ce propos : « *Avant que d'expliquer ces deux couplets, pour les mieux entendre ainsi que ceux qui suivent, il faut savoir que dans ce vol de l'esprit que nous venons de dire est indiqué un état très élevé d'union d'amour, où après un grand exercice spirituel. (il faut faire oraison et descendre dans la substance même du cœur, de l'âme et du corps, là où le silence est total, la solitude sonore, là où est la grâce) Dieu a coutume de mettre l'âme, lequel état on appelle fiançailles spirituelles avec le Verbe Fils de Dieu. Ce vol de l'esprit va marquer pour la première fois nos fiançailles spirituelles avec le Verbe Fils de Dieu, et au commencement que cela se fait, Dieu va communiquer à l'âme de grandes choses « in se » (en soi), de manière substantielle (ousia), l'embellissant alors de grandeur et de majesté et l'ornant de dons et de vertus et le revêtant de connaissance et d'honneur de Dieu comme une fiancée au jour de ses fiançailles* ». C'est l'ousia qui est ornée (les substances) car tout ne s'arrête pas à l'ousia. L'ousia rayonne et son rayonnement est imbibé du rayonnement même de Dieu. « *En ce jour bienheureux, non seulement ces angoisses véhémentes et ces plaintes amoureuses dont l'âme était auparavant travaillée prennent fin ; mais demeurant parée des biens que je dis, elle commence un état de paix quant à la substance.* ».

THÉRÈSE D'AVILA

Dans les cinquièmes demeures, Thérèse écrit : « *Il me semble, à moi, que l'union n'est pas encore les fiançailles spirituelles ; mais ce qui se produit ici-bas lorsqu'un couple doit se marier, s'inquiéter de leur bonne entente, de leur volonté mutuelle, cherchant même à ce qu'ils se voient pour mieux se plaire l'un à l'autre, nous le retrouvons ici ; mais l'accord est déjà fait, l'âme est fort bien informée de son bonheur et déterminé à faire en tout la volonté de son Epoux, à le complaire de toutes les manières, et l'Epoux, qui comprend bien qu'il en est ainsi, se complaît en elle, il consent, dans sa miséricorde, à ce qu'elle le comprenne mieux encore, qu'ils en viennent à l'entrevue, où il s'unit à Lui. Nous pouvons dire que cela se passe ainsi, et en un temps très bref. L'âme, par une secrète approche, voit qui est cet Epoux qu'elle doit prendre ; par les sens et puissances elle ne pourrait, en mille ans, comprendre ce qu'elle comprend ici en un instant. L'âme s'éprend d'un tel amour qu'elle fait tout ce qu'elle peut pour que ne se rompent point ces divines épousailles. Mais si cette âme égare son affection sur quelque chose qui n'est pas Lui, elle perd tout, et c'est une immense perte, aussi grande que le sont les grâces qu'elle recevait, et bien plus grande qu'on ne saurait le dire. ».*

Les sixièmes demeures de Thérèse d'Avila correspondent aux fiançailles spirituelles.

Lorsqu'une âme est parvenue aux fiançailles spirituelles, Dieu se montrera divinement jaloux de cette âme, au point que sainte Thérèse peut écrire : « *Notre Seigneur veut, ce me semble, faire comprendre à tous que désormais cette âme est sienne, et que personne ne peut y toucher. Que l'on attaque son corps, sa réputation, ses biens, soit il le permet, parce que de tout cela il tirera sa gloire ; quant à son âme, il ne souffrira pas qu'on y touche ; et si elle-même ne commet pas la faute énorme de se séparer de son Époux, il la protégera contre tous les assauts du monde et même contre tous ceux de l'enter* ».

CITATIONS

- o Ces — sont une union d'amour : (CSB 14,2).
- o Dieu fait présent de dons et de vertus : (CSB 14,2 ; 14,4).
- o L'Époux visite l'épouse : (CSB 14,18).
- o L'esprit adresse à Dieu un chant plein de douceur : (CSB 15,24).
- o Dans les —, Dieu apaise les quatre passions : (CSB 20,10).
- o Volonté de Dieu et volonté de l'âme ne font plus qu'un : (VFB 3,25).

DIFFÉRENCE AVEC LE MARIAGE SPIRITUEL

Thérèse d'Avila nous parle ici des fiançailles spirituelles et de leur différence avec le mariage spirituel :

« *Comprenez-le, la différence est immense entre toutes les visions précédentes et celles de cette Demeure ; entre les fiançailles spirituelles et le mariage spirituel il y a la même différence qu'entre l'état de deux fiancés et celui de ceux qui ne pourront désormais se séparer. [...] Il en est autrement des fiançailles spirituelles, car souvent les fiancés se séparent, et l'union également est différente ; car bien que l'union soit la jonction de deux choses en une, elles peuvent, enfin, se séparer, et chacune d'elles se retrouver seule ; ainsi, à l'ordinaire, cette faveur du Seigneur passe vite, l'âme ensuite est privée de cette compagnie, c'est-à-dire qu'elle ne la perçoit plus.* ».

LA SOUFFRANCE PEUT ÊTRE LE SYMBOLE DES FIANÇAILLES SPIRITUELLES

« Un jour, le Seigneur lui fit comprendre que les souffrances corporelles et spirituelles sont le signe infaillible de l'élection divine et des fiançailles de l'âme avec Dieu. Le symbole de ces fiançailles, ce sont les anneaux, enrichis de brillants et passés à ses doigts divins, que le Seigneur lui montra, en lui faisant comprendre que l'anneau est le signe des noces, comme les souffrances corporelles et spirituelles sont le signe infaillible de l'élection divine et des fiançailles de l'âme avec Dieu... En vérité celui qui souffre peut dire avec confiance : « Il m'a donné son anneau comme gage. » » (Livre 3 Ch. 2) (Gertrude d'Hefta).

2.4.16 L'Interlude

L'Interlude entre les Fiançailles spirituelles et le Mariage spirituel peut durer quelques mois, quelques années, plusieurs années, une décennie, quelques décennies...

Les Fiançailles spirituelles sont toutes différentes : une fois qu'elles ont été célébrées, il y a souvent séparation [fluctuation du sentiment de présence et d'absence du Bien-Aimé]. Les absences du Bien-Aimé sont alors très douloureuses à l'âme parce que le désir de l'union s'accroît.

2.5 L'UNION AVEC DIEU PAR AMOUR

Comme il est intéressant ici de glaner auprès de ceux qui nous ont précédés et qui ont effectué le chemin (ou auprès de maîtres spirituels d'aujourd'hui) des éléments de l'Union avec Dieu par Amour. Ceci non pas par curiosité, mais parce qu'il semble « pédagogique » d'avoir sous les yeux, le but de notre propre cheminement.

Pourtant, ce à quoi l'on accède semble pouvoir être nommé assez simplement par les mots humains. Mais, en fait, ces mots pointent vers le mystère d'une réalité infinie.

Laissons résonner en nous les mots dont témoignent les mystiques quant à cette réalité :

- mariage spirituel ;
- union transformante ;
- descente hypostatique de l'Esprit ;
- divinisation ;
- partage de la vie trinitaire ;
- ...

et ce qui est au cœur de ces aspects

- la simplicité ;
- l'amour.

La tradition chrétienne tient qu'il n'y a pas de mariage spirituel sans quelque aperception au moins du mystère des divines Personnes.

Le secret du mystique est donc la vie trinitaire, « *et pour y entrer nous devons accepter de mener une vie où nous perdons pied... c'est tout le sel de la vie mystique* » *(Père Molinié).*

2.5.1 Le mariage spirituel

La pureté de cœur ou la purification des sens sont un pré-requis pour le mariage spirituel, la participation à la vie trinitaire ou la divinisation... ou bien provoquées par ceux-ci.

Le mariage spirituel rend compte à la manière que décrivait le Cantique des cantiques du lien unique entre l'Époux (Dieu) et l'Épouse.

Le mariage spirituel établit l'égalité d'Amour avec Dieu [et aussi l'égalité de Gloire et l'égalité de Sagesse... et l'égalité avec tous les Noms divins].

Le lien du mariage spirituel est une autre réalité où chacun devient l'unique, de même que, actuellement, chacun est l'Unique de Dieu. C'est donc un autre monde. Le mariage spirituel (les septièmes Demeures de Thérèse d'Avila) n'est pas incompatible avec l'amour d'une femme ou d'un homme dans la condition de laïc.

Le mariage spirituel n'a rien à voir avec l'extase, qui résulte au contraire d'une défaillance nerveuse et physique (même chez les saints) et n'est pas l'essentiel de l'expérience mystique. Au contraire, les saints qui parviennent au mariage spirituel n'ont plus d'extases, parce que leur corps est habitué à ce régime (terrifiant pour lui) de la présence consumante de Dieu dans l'âme, qui de soi est pacifiante.

C'est, il me semble, Saint-Bernard qui dit que les personnes qui jouissent de suréminentes grâces, par le mariage spirituel, ne pouvant de là qu'elles sont redescendues de ces états nous en faire part, acquièrent, du moins, cette faculté de nous les communiquer en quelque mesure dans un langage ravissant, imagé, que les anges leur inspirent.

Tel sera l'enseignement de saint Jean de la Croix. Il explique que c'est à l'âme entrée dans le mariage spirituel que sont découverts, d'une manière encore inconnue, les secrets de l'Époux, c'est-à-dire les mystères de l'Incarnation et de la Rédemption. Ils sont proprement insondables : *« Tellement que quelques mystères et merveilles que les saints docteurs aient découverts et les saintes âmes aient entendus en l'état de cette vie, le principal leur est resté à dire et encore à connaître. »*.

Les septièmes Demeures de Thérèse d'Avila correspondent au mariage spirituel.

2.5.1.1 Abandon

Le Mariage spirituel pour l'être humain n'est pas quelque chose qu'il réalise : il Le reçoit de Dieu en se disposant à et en vivant un profond Abandon.

2.5.1.2 Du mariage spirituel

Certaines jouissances plus ou moins spirituelles liées à la mystique se rapprochent bien que lointainement des différentes délices humaines... Ce sont les marches montant vers la « liquéfaction en Dieu », expression qui dit bien ce qu'elle veut dire. Une fois celle-ci opérée, l'âme a consommé son « mariage spirituel », sa « déification ».

Sainte Thérèse d'Avila dit la différence entre le mariage spirituel et les fiançailles spirituelles :

« Comprenez-le, la différence est immense entre toutes les visions précédentes et celles de cette Demeure ; entre les fiançailles spirituelles et le mariage spirituel il y a la même différence qu'entre l'état de deux fiancés et celui de ceux qui ne pourront désormais se séparer ».

et encore

« Dieu s'unit d'une façon tellement intime à sa créature, dit aussi sainte Thérèse, que suivant l'exemple de ceux qui sur la terre sont unis pour toujours, il ne veut plus se séparer d'elle. Les fiançailles spirituelles sont toutes différentes : une fois qu'elles ont été célébrées, il y a souvent séparation. Dans le mariage spirituel, il n'en est pas de même : l'âme demeure toujours avec Dieu dans ce centre dont nous avons parlé. Revêtue de Dieu et baignée dans la Divinité même, l'âme est définitivement transformée en Dieu, « au point qu'eux deux ne font plus qu'un, comme il se fait, pourrions-nous dire, entre la vitre et le rayon solaire, entre le charbon et le feu, entre la lumière des étoiles ».

Les caractéristiques du mariage spirituel sont :

- la stabilité : « rien ne pourra te séparer de moi » ;
- la réciprocité : « ton honneur est le mien, mon honneur est le tien » ;
- le travail en commun : *« occupe-toi de mes affaires, et je m'occuperai des tiennes ».*

L'UNION DES VOLONTÉS

La grâce insigne des mystiques et des saints est d'avoir reçu des lumières sur ce qu'est l'essence même de la vie céleste, et d'avoir compris que quelque chose de cette vie peut et doit être vécu dès la terre. *« Commençons donc à vivre ici-bas ce que nous vivrons éternellement dans le ciel »*, disait Thérèse d'Avila à ses filles...

Ce que nous aurons à vivre au ciel, c'est l'Amour. Aussi les grands serviteurs de Dieu se sont-ils appliqués à découvrir en quoi consistait cet Amour et à en vivre. *« Désormais ma seule occupation, c'est d'aimer »*, chante saint Jean de la Croix (Cant. spir., str. 20). De cet amour, lui et bien d'autres avec lui, se sont fait l'idée la plus haute qui soit, et c'est à l'union d'amour la plus intime, la plus profonde, qu'ils ont tendu.

Mais précisément cette « union d'amour » ou encore ce « mariage spirituel », c'est toujours sous la forme d'une « union des volontés » que tous les saints l'ont conçue, comme le laissent entendre ces lignes significatives de Jean de la Croix : *« L'âme ne peut arriver à la perfection d'Amour si ce n'est par une totale transformation de sa volonté avec celle de Dieu ; en laquelle les deux volontés s'unissent de telle sorte que, des deux volontés il s'en fait une. Et ainsi il y a égalité d'amour, parce que la volonté de l'âme convertie en celle de Dieu, est désormais toute volonté de Dieu, et, partant, l'âme aime Dieu avec la volonté de Dieu, laquelle est aussi sa volonté à elle. D'où vient, qu'elle l'aimera autant qu'elle est aimée de Dieu, puisqu'elle l'aime avec la volonté de Dieu même, dans le même amour avec lequel il l'aime, qui est l'Esprit-Saint, qui est donné à l'âme selon que le dit l'apôtre : La grâce de Dieu est répandue dans nos cœurs, par le Saint-Esprit qui nous est donné ».*

LA VISION DE LA TRINITÉ

Thérèse nous dit aussi *« Une fois qu'elle est introduite dans cette Demeure, les trois Personnes de la très sainte Trinité, dans une vision intellectuelle, se découvrent à elle »*.

Cependant, selon Saint Jean de la Croix, la vision intellectuelle de la Trinité n'est pas essentielle au mariage spirituel, mais plutôt *« l'expérience mystique de la vie de la Trinité »* en tant qu'elle peut procéder seulement des principes essentiels de la contemplation infuse, c'est-à-dire de la foi souverainement illuminée par les dons d'intelligence et de sagesse.

Ce qu'il faut retenir de la tradition chrétienne, c'est qu'il n'y a pas de mariage spirituel sans quelque aperception au moins du mystère des divines Personnes.

« Alors les personnes divines se communiquent toutes les trois à l'âme, elles lui parlent et lui découvrent le sens de ce passage de l'Évangile où Notre Seigneur annonce qu'il viendra avec le Père et l'Esprit Saint habiter dans l'âme qui l'aime et garde ses commandements. » (Thérèse d'Avila)

JEAN DE LA CROIX

Un état permanent est maintenant installé dans l'âme par le mariage spirituel : *« une fois que le Seigneur, dit saint Jean de la Croix, a fait entrer l'âme dans le sublime état du mariage spirituel, elle y est fixée. Cependant, quoique sa substance y demeure toujours, ses puissances ne sont pas perpétuellement dans l'acte d'union, mais elles y participent très souvent et s'enivrent, elles aussi, dans ce cellier mystérieux où l'entendement se remplit de connaissances et la volonté d'amour »*.

THERESE D'AVILA

Fondatrice de nombreux couvents après qu'elle eut réformé l'ordre du carmel, Thérèse d'Avila connut de 1515 à sa mort, de nombreux états mystiques, visions, extases telle que la transverbération (1559). Ces expériences nourrissent son livre « Les Demeures de l'âme » où elle décrit la vie mystique depuis ses débuts jusqu'à l'union du mariage spirituel.

Chez sainte Thérèse d'Avila (1515-1582), le mariage spirituel correspond à la septième et dernière « Demeure » de l'âme : seul Dieu peut s'y tenir. Le péché est réduit fortement ou est quasi-inexistant. Satan est condamné à rester au seuil. Parvenu à ce degré de cheminement dans le Christ, le fidèle ne craint plus les puissances du mal ou l'insuffisance de sa nature.

Il ne faut cependant pas être dupe de toutes les paroles de grande profondeur mystique et croire que la paix dans le cœur du mystique est instaurée immuablement une fois pour toutes.

Mais ce qui est intéressant c'est que Thérèse d'Avila affirme qu'à ce stade, même si les facultés sont sujettes à l'influence du démon, aux impuissances de la faiblesse en même temps qu'à l'action directe de Dieu, la volonté, elle, demeure dans la quiétude.

Ainsi elle déconseille fortement un combat direct de la volonté sur ces autres facultés, un combat qui serait inutile et même nuisible. Il faut demeurer dans le silence des profondeurs, ce silence qui vient, nous l'avons déjà dit, de la seule présence de Dieu en nous et de la conscience intime que nous en avons.

ELISABETH DE LA TRINITE

C'est par un aveu qu'Elisabeth de la Trinité nous révèle cet aspect du combat intérieur, elle dit, en parlant toujours de Marie Madeleine *« alors peuvent survenir les agitations du dehors, les tempêtes du dedans... Dieu peut se cacher, lui retirer sa grâce sensible... »*.

Cette expression nous fait penser à une description par Thérèse d'Avila sur son état intérieur étant déjà arrivée au mariage spirituel : *« il me semble entendre le bruit d'une foule de fleuves qui se précipitent, d'oiseaux qui chantent et de sifflements »*, et elle continue *« je le perçois non dans les oreilles mais dans la partie supérieure de la tête »*.

Ce sont les tempêtes du dedans d'Elisabeth. Nous laissons au docteur Thérèse d'Avila le soin de montrer la complexité de cette voie du silence et la subtilité de l'œuvre de la grâce dans les facultés de l'âme.

L'ACTION

Thérese d'Avila dit à propos du mariage spirituel qu'il culmine dans l'action :

« Ô mes soeurs, quel oubli de son repos, quel mépris de son honneur, quel éloignement de toute recherche d'estime, chez l'âme qu'habite si particulièrement le Seigneur ! Comme elle vit beaucoup avec Lui, il est juste qu'elle ne pense guère à elle-même ; sa mémoire s'emploie toute à chercher le meilleur moyen de le contenter, que faire dans ce but, et comment lui montrer son amour. Tel est le but de l'oraison, mes filles ; voilà à quoi sert ce mariage spirituel : donner toujours naissance à des oeuvres, des oeuvres. »

L'étude psychologique des grands mystiques, en effet, établit la réalité de cette phase culminante de rendement transcendant chez ces êtres directement branchés - après le passage par une mysticité dans le fond égoïste et jouisseuse (mais oui, spirituellement) sur la Centrale d'Energie du Tout.

MISCELLANÉES

Les saints qui parviennent au mariage spirituel n'ont plus d'extases, parce que leur corps est habitué à ce régime (terrifiant pour lui) de la présence consumante de Dieu dans l'âme, qui de soi est pacifiante.

Après le XVIe siècle, maints auteurs ont essayé de décrire parfois minutieusement le voyage intérieur de l'âme en Dieu. Sous des vocables différents à première vue, tous aboutissent in fine à la conclusion suivante : (déjà abordée au XIVe siècle par la mystique rhénane en particulier) l'union à Dieu dépasse les catégories, le vocabulaire et les symboles humains : l'expérience est indescriptible.

Le mariage spirituel est connu dans la Bible et la vie des saints : c'est l'achèvement de la contemplation

Le mariage mystique, précédé des « fiançailles » mystiques, est un état spirituel très élevé. Il manifeste un degré rare d'union à Dieu dans la foi de l'Église.

Sur le plan phénoménologique, il ne relève pas d'un état « extraordinaire » : il peut être vécu sans stigmates, visions... C'est une sortie, un dépassement ou une élévation surnaturelle de l'âme dont le signe essentiel est une profonde union de la conscience avec le Créateur : une proximité d'amour, au sens biblique du terme (agâpè).

Il s'agit du degré ultime de la contemplation, désignée sous le terme d'illumination, parcours que la tradition latine depuis les théoriciens espagnols de la mystique au XVIe siècle (notamment saint Jean de la Croix, Cantique spirituel) divise en trois « étapes » : contemplation, purification, illumination. Le stade final (l'illumination) véhicule l'idée de lumière, donc de transfiguration de l'âme et du corps. C'est le « cachet de l'infini » (Marie-Eugène de l'Enfant Jésus, Je veux voir Dieu, Paris, 1949, p. 442).

Le vocabulaire spirituel est décrit selon un vocabulaire extraordinaire

Les plus grands mystiques, qui ont été souvent les plus grands saints (Augustin, Bernard de Clairvaux, François d'Assise, Ignace de Loyola, Louis-Marie Grignion de Montfort, Jean Bosco, Thérèse de l'Enfant-Jésus...) ont essayé de mettre des mots sur leurs expériences intérieures, avec plus ou moins de réussite sinon de génie littéraire.

Un thème se dégage de cette littérature abondante : dans le mariage spirituel, Dieu vient à la rencontre de l'homme et ce dernier accueille la grâce dans une foi profonde, dépassant les capacités humaines. Cela ne signifie pas que l'homme se dissolve ou s'anéantisse en Dieu ! Le mariage spirituel est une rencontre amoureuse, une union de l'infini et du fini, du Créateur et de la créature, à l'image de l'Incarnation : Le Christ, Verbe éternel, s'est fait homme pour que l'homme participe à la vie trinitaire.

C'est la raison pour laquelle nombre de mariages spirituels célèbrent l'union du Ciel et de la terre en une âme chérie de Dieu lors de la communion eucharistique ; Dieu, dans le Christ, réellement présent sous les espèces du pain et du vin, vient en l'homme, demeure en lui comme le Père est en Lui et Lui dans le Père (Jn 14, 11).

Lorsque l'expérience devient indescriptible, inénarrable, les mystiques utilisent vocabulaire et expressions qui sont les leurs : celles de leur époque. On a souvent évoqué la « mystique féminine ».

En fait, il existe une tendance assez générale consistant à exprimer le ressenti mystique sous la forme d'un ravissement (ou extase). Certes, Jésus est venu sanctifier l'ordre intellectuel, l'imaginaire, l'inconscient, la volonté et la mémoire. Par exemple, sainte Thérèse d'Avila « sait » (sans aucun raisonnement déductif) que Jésus est présent en elle non sur un mode de communication sensorielle ou verbale mais dans une certitude de l'esprit, au-delà de tout acte de l'intelligence (Autobiographie). En ce domaine, le mariage spirituel est vécu du Royaume et ouverture vers les temps futurs : charisme de connaissance, prophétie, discernement des esprits, etc. accompagnent fréquemment le phénomène : autant de manifestations surnaturelles abolissant et sanctifiant notre rapport au temps : une forme d'anticipation non sur un avenir « profane » mais sur les promesses de Dieu.

Il existe des effets corporels liés au mariage spirituel : visions, extases, lévitations (Joachim Bouflet), stigmate annulaire (une marque épidermique tangible apparaît au doigt de la personne, comme chez Yvonne-Aimée de Malestroit et tant d'autres), hyperthermie (« brûlure de l'âme » - le fameux incendium amoris - ou réchauffement subite du corps, élévation inexpliquée de la température, pendant quelques minutes à deux jours : autant de signes somatiques traduisant un embrasement d'amour mystique). Feu et lumière symbolisent dans l'Ancien Testament la présence de Dieu (Gn 15, 17 ; Ex 3, 2, etc.).

Le mariage spirituel dit la sanctification de l'âme et la transfiguration de la nature humaine au contact du Créateur. Cette expérience forme une espèce de « métalangage », non conceptuel, non verbal, mais un authentique moyen de communication avec les réalités supérieures par analogie. L'étreinte divine est si inhabituelle et si puissante que l'homme perd l'usage de ses facultés habituelles. Son cœur est dilaté aux dimensions du Cœur de Dieu. Une telle transfiguration ne peut être vécu que dans une foi profonde.

Il ne s'agit pas pour autant d'un sacrement ni d'une preuve définitive de sainteté

Bien que l'Église ait reconnue officiellement plusieurs cas de mariage spirituel, accompagnés de phénomènes physiques, comme l'hyperthermie de saint Philippe de Néri (1515-1595), de sainte Catherine de Gênes (1477-1510) ou de saint Stanislas Koska (1550-1568), il ne faudrait pas donner à cette expérience intérieure un caractère de « preuve » de sainteté. Car, en premier lieu, il n'existe pas en tant que tel de « certificats » de sainteté, mais seulement des informations plus ou moins saillantes, visibles, parfois groupées de manière cohérente.

2.5.1.3 L'Union transformante

L'union transformante est une avancée plus profonde dans le mariage spirituel, on ne peut que la recevoir de Dieu et en aucun cas la susciter par soi-même. On la décrit habituellement dans les termes d'une vision [(quasi-)permanente] de la Trinité, d'une harmonie complète de l'individu avec Dieu.

Dans l'union transformante, l'âme devient semblable à Dieu. L'homme, devenu par son Union à Dieu le Lieu de Dieu, regarde tout à travers Dieu.

Dans l'union transformante, Dieu est vécu à la fois comme intérieur et comme un vis-à-vis.

De nombreux saints ont recouru à l'analogie de l'amour de l'homme et de la femme comme symbole de cette voie qui n'a rien de spectaculaire extérieurement. Le cœur de l'union transformante est donc l'Amour *« différenciant »*.

Le mystique n'entre pas en « fusion » avec Dieu. Il est capable d'un rapport personnel avec Dieu comme je et tu. Cette relation amoureuse entre Dieu et l'homme a des répercussions sociales et cosmiques, car la création forme un tout. Le mystique vit alors une union transformante où, comme dans un miroir, *« il se transforme à chaque instant en ce vers quoi il se tourne »* dans une transformation qui n'a pas de cesse.

Dans son « je », il se vit comme l'« Autre » qu'est Dieu. Maître Eckhart n'hésite pas à affirmer *« Dieu et moi nous sommes un »*.

Jean de la Croix nous dit ici dans le Cantique et la Vive Flamme que l'âme introduite dans le concert des trois Personnes, unie au Fils comme à un autre elle-même, spire avec Lui l'Esprit d'Amour pour le Père.

Mais l'effet essentiel de cette « union transformante » (R. P. Poulain, S.J.), est que l'âme, dotée d'une conscience maintenant divine ou cosmique, redescend sur la Terre pour y travailler, dans la joie et l'ardeur d'une activité parfaitement intégrée, à l'établissement final du Royaume de Dieu, ou de l'Homme.

2.5.1.4 De l'Union transformante

L'union transformante est l'objectif fondamental de la vie spirituelle : *« Cette union en effet répond aux plus chers désirs de Dieu lui-même. Dieu-Amour a besoin de se répandre et y trouve sa joie et une joie à la mesure du don qu'il fait. La béatitude infinie de Dieu a sa source dans le don parfait de Lui-même qu'il fait en engendrant le Verbe et en produisant le Saint-Esprit. Quelle ne sera donc pas la joie de Dieu lorsqu'il trouvera une âme qui Lui laisse toute liberté et en qui il peut se répandre selon toute la mesure qu'il désire »* (Père Marie-Eugène)

En fait, tous les efforts de la vie spirituelle n'ont d'autre but que celui-là : faire grandir en nous la connaissance et l'amour. Car plus l'âme aime, mieux elle connaît l'objet de ses élans (cf. 1 Jn 4, 7) ; et inversement, plus elle connaît, plus aussi elle aime, cercle vertueux qui entraîne vers l'union transformante, divinisante, quand aimer et connaître ne sont plus qu'une seule et même chose.

Peu à peu l'âme s'est enracinée dans l'amour de Dieu qui achève son oeuvre en opérant l'union transformante et en lui faisant expérimenter en son fond l'égalité d'amour : *« Quelle délicatesse vous mettez à m'embraser d'amour ! »*.

Dans le processus exceptionnellement élevé pour l'âme de l'union transformante (Jean de la Croix le qualifie de *« contact substantiel »*), Dieu se rend accessible selon lui-même à la pensée. La mystique chrétienne pourrait ainsi permettre à la théologie contemporaine d'entrer davantage dans l'intériorité du mystère, et la notion de contact, telle que définie par le Docteur mystique, devenir principe d'intelligibilité renouvelée du mode même de l'unité divine et de la Trinité.

Thérèse d'Avila écrit alors : *« L'union dont il s'agit, écrit la Sainte, petit être comparée à celle de deux cierges de cire qui sont si bien unis que leur lumière nets est plus qu'une ; ou bien à la mèche, à la lumière et à la cire qui ne sont qu'un seul cierge. Néanmoins on pourrait très bien ensuite séparer un cierge de l'autre, et ainsi il y aurait deux cierges ; on pourrait également séparer la mèche d la cire. »* et *« il me parut. dit-elle dans ses relations, que semblable à une éponge toute imprégnée et imbibée d'eau, nom âme était imprégnée de la Divinité, et que, (l'une certaine manière, elle jouissait vrai ment (le la présence des Trois Personnes et les possédait en elle. »*.

Le lien **contemplation-action** (typiquement carmélitain) a été profondément vécu par Élie et pratiqué au long des siècles : il se place, dans l'expérience et la doctrine de Thérèse d'Avila et Jean de la Croix, au cœur de l'union transformante. C'est là que le P. Marie-Eugène saisit ce lien, en prend possession, l'approfondit et l'enrichit. Il découle de sa théologie et s'explique, par le double mouvement qui s'accomplit dans le Christ : filial vers Dieu et fraternel vers les hommes.

Blondel

Il faut préciser ici, comme le fait Blondel, que le don de soi de l'homme ne vise pas tant à *« capter Dieu »*, comme si celui-ci avait besoin d'être attiré pour se donner à l'homme, mais qu'il permet d'élargir les capacités réceptives de l'homme à la mesure (inconnaissable par nous) du don de Dieu.

Blondel souligne en outre que ce don de soi permet la consolidation de notre identité personnelle au sein même de l'union transformante avec Dieu. En effet, en nous désappropriant de nous-même dans un acte libre pour, en quelque manière, *« échanger ce don de nature et le monde entier contre un don infiniment supérieur, la perle précieuse de la divinité »*, notre être se trouve confirmé dans sa subsistance propre puisque, dans cet échange de charité, il est à la fois respecté, accompli dans son désir le plus fondamental et *« infiniment élargi et achevé »* en son être.

MILLE FORMES D'UNION TRANSFORMANTE

Il n'y a pas une forme unique d'union transformante, mais mille formes variées, ou plutôt une infinité de réalisations possibles, selon la liberté créatrice de l'Esprit de Dieu et les besoins variés, selon les époques, du Corps mystique du Christ.... Parfois, la présence sensible du Christ se substitue dans le mystique au sentiment de sa propre vie. Souvent, la succession des désolations et des consolations scande les moments de l'union transformante par laquelle l'homme est conduit à une plus grande capacité d'amour et de bonheur. Dieu ne se dérobe pas à l'âme pauvre qui l'appelle.

On peut aussi noter les ressemblances et les différences entre l'union transformante de la mystique chrétienne et le fana des soufis, le nirvana bouddhique, le satori du zen...

La Grande Conchita

Par exemple, l'incarnation mystique dont l'acte principal et l'attitude fondamentale consisteront dans l'oblation continuelle du Verbe incarné à son Père, et dans l'offrande totale de notre propre vie par Lui, avec Lui et en Lui, pour la gloire du Père et le salut du monde. C'est là une présentation nouvelle de l'évangile de la Croix (la Grande Conchita : 1862-1937) : l'incarnation mystique est inséparable de le Croix, mystère de consécration, de configuration au Christ. Le mystique peut dire avec Saint Paul : « *Je vis, mais ce n'est plus moi qui vis, mais Christ qui vit en moi* » *(Ga 2,20).*

François d'Assise

François d'Assise, qui connaît avec l'impression des plaies la joie de l'union transformante, demeure exceptionnel à la fois souffrant et jouissant, comme l'est aussi Thérèse d'Avila, transverbérée.

Padre Pio

Padre Pio nous a laissé ce grand exemple de prière. Il nous a fait comprendre que tout travail spirituel ne peut être accompli et réussi si, à la base, il n'y a pas ce regard d'amour porté sur Dieu dans une intense prière. Et dans sa prière, Padre Pio était arrivé au sommet de l'union transformante de Dieu, aux échelons les plus élevés de l'échelle mystique... Padre Pio était bien un vrai disciple du Poverello d'Assise, saint François.

L'École de Marie

Il y a plusieurs modes pour atteindre, pour parvenir à l'union transformante : l'école des saints, les engagements religieux forts divers dans l'Église et d'autres états de vie dont le sacerdoce et le mariage qui n'est pas une moindre vocation ou appel. Mais au-dessus de toutes ces possibilités, il existe une voie, sans doute la plus pauvre, mais parce qu'elle est la plus pauvre, elle est la plus certaine ; c'est celle qui nous fait changer de peau le plus sûrement. Il s'agit de « l'École de Marie ». Pour Benoît XVI, la sainte florentine Marie-Madeleine de Pazzi demeure encore aujourd'hui *« une source d'inspiration spirituelle des carmélites de l'antique observance, qui voient en elle la « sœur » qui a parcouru tout entière la voie de l'union transformante en Dieu, et qui désigne Marie comme « l'étoile » du chemin vers la perfection ».*

Louis Massignon et Al Hallâj : l'union transformante en islam

On sait que Louis Massignon répugnait à qualifier de mystique authentique tout ce qui pouvait avoir un relent de panthéisme, de monisme existentiel, comme il disait.

Dans la Passion (III, pp. 49-60,) il récuse l'accusation de hulul (fusion) qu'on a portée contre Hallâj lorsqu'il parlait d'union transformante pour montrer, à partir des textes hallagiens que chez Hallâj cette union ne pouvait qu'être une *« identification intermittente »* du sujet et de l'objet et qu'il s'agissait de ce qu'il appelait un « monisme testimonial » : le mystique est un témoin, un shahid, qui témoigne de Dieu (shahid a en arabe le double sens de témoin et de martyr).

Et dans l'Essai (p.314) : *« L'identification intermittente du sujet et de l'objet (...) ne se renouvelle que par une transposition incessante, et amoureuse des rôles, entre eux deux, par une alternance vitale comme l'oscillation, la pulsation, la sensation, la conscience ; se surimposant de façon surhumaine et transcendante, sans jamais se stabiliser normalement ni de façon permanente, pour le coeur d'un sujet humain donné, en cette vie mortelle ».*

Pour Hallâj, l'union transformante se réalisait « par une sorte de transposition soudaine des rôles entre Dieu et l'homme, d'échange entre la langue et le coeur du mystique ; où tantôt c'est encore Dieu qui inspire le coeur et l'homme qui rend témoignage par sa langue, - et tantôt l'homme qui aspire en son coeur, et Dieu qui rend témoignage par sa langue, l'accord demeure parfait et constant entre les deux « moi et toi » »(Passion, III, pp. 47-48).

« Le résultat de l'acceptation permanente (par le mystique) du fiat divin est la venue dans l'âme du mystique, de l'Esprit divin, lequel "provient du commandement de mon Seigneur" et fait désormais de chacun des actes de cet homme, des actes véritablement divins ; et qui en particulier donnera aux paroles de son coeur, l'articulation, l'énonciation et l'application voulues de Dieu » (Passion, III, p. 52).

Dans cette Unité se déploie la dialectique du caché et du dévoilé, de la négation et de l'affirmation, du manifeste et du latent. Toute distance est supprimée, mais pour un court instant : *« Nul éloignement pour moi après Ton éloignement, depuis que j'eus la certitude que proche et loin sont un" »* (muqatta'a, 13).

Hallâj disait encore : « *Est-ce Toi ? Est-ce moi ? Cela ferait une autre Essence au-dedans de l'Essence. Loin de Toi, loin de Toi (le dessein) d'affirmer "deux". Il y a une Ipséité tienne (qui vit) en mon néant désormais pour toujours, / C'est le Tout qui brille par devant toute chose, équivoque au double visage* » *(Akhbar n°50, muqatta'a 55).*

AU-DELA DE L'UNION TRANSFORMANTE ?

« *Bernadette Roberts, dont la démarche se fonde sur l'expérience, éclaire plusieurs points importants demeurés obscurs dans les écrits des mystiques chrétiens du passé. Elle affirme avec force - et c'est le point essentiel - que l'état d'union transformante est une préparation à une étape ultérieure de transformation divine qu'elle nomme, faute d'une expression adéquate dans le vocabulaire chrétien classique, l'expérience du non-soi. Bernadette Roberts est un auteur spirituel qui a le don d'exprimer l'ineffable. La précision de son style, l'acuité de son regard, son honnêteté vis-à-vis d'elle-même et de son expérience, sa finesse psychologique, modèle d'équilibre et de bon sens, la sûreté avec laquelle elle distingue entre l'incident et l'essentiel - entre la voie étroite et les impasses font de son récit une pièce unique parmi les ouvrages de spiritualité.* » *Père Thomas Keating*

2.5.1.5 Des écrits sur le sujet

Trois écrits parlent plus précisément du mariage spirituel et/ou de l'Union transformante :

- le Cantique des Cantiques ;
- le Cantique spirituel ;
- la Vive Flamme.

LE CANTIQUE DES CANTIQUES

Dans l'Ancien Testament, le thème du mariage traduit la puissance du lien spirituel entre le Créateur et le peuple d'Israël. Dans le Cantique des cantiques, où un style poétique insurpassable célèbre l'union de la grâce et de la beauté, il y est fait allusion : « *Que tu es belle, ma compagne ! Que tu es belle ! Tes yeux sont des colombes à travers ton voile...* » *(Ct 4, 1).*

Depuis sa publication et son intégration dans les livres canoniques, le Cantique des cantiques ne cesse d'exercer une fascination puissante sur les individus et les civilisations.

Alors que l'allégorie de l'amour fut, souvent, usitée dans la Bible, pour décrire les rapports de Dieu et de son peuple (notamment chez Osée), cette œuvre représente le cas rarissime d'une sublimation mystique, à partir de la dimension charnelle et même érotique de la passion. Le corps humain, masculin ou féminin, en ressort magnifié par les métaphores les plus inattendues voire les plus insolites et ne cesse de nourrir une contemplation religieuse, pour laquelle tout est signe et figure...

Dans le Cantique des cantiques, tout l'Ancien Testament se trouve, en quelque sorte, résumé et le Nouveau Testament annoncé. Aux yeux d'Israël, l'amour de Dieu pour son peuple revêt la forme symbolique des épousailles. Pour les chrétiens, le Cantique illustre les noces mystiques du Christ et de l'Église ou celles de l'âme chrétienne et du Verbe divin.

Les explications de Grégoire le Grand remettent vigoureusement en relief le cœur de l'image : la relation Epoux-Epouse renverse, définitivement, la relation Maître-Serviteur et annonce, avant le Nouveau Testament, une mutation profonde dans la représentation de Dieu. Ce dernier est *« un Maître pour qu'on le craigne, un Père pour qu'on l'honore, un Époux pour qu'on l'aime »*.

Guillaume de Saint-Thierry (1075-1148) brode déjà sur le thème : « Il n'y a pas deux amours » (expression reprise, plus tard, par Lacordaire) : l'amour humain et l'amour divin découlent de la même source. Le premier ne diffère pas, essentiellement, du second et la totale charité dans la totale vision de Dieu magnifiera, un jour, toutes les ardeurs affectives. Ce chant enseigne, en outre, que tout amour, fût-il le plus charnel « tient - selon l'expression de Guillaume de Saint-Thierry - son nom de l'Amour divin ».

Les livres prophétiques reprennent cette proximité du Ciel : une sorte de brèche ou de perspective eschatologique à travers les portes du Royaume : *« Une jeune fille oublie-t-elle sa parure ? Une mariée, sa robe ? » (Jr 2, 32)* ; ou encore : *« Je te fiancerai à moi par la fidélité et tu connaîtras le Seigneur. Et il adviendra en ce jour-là que je répondrai – oracle du Seigneur – je répondrai à l'attente des cieux et eux répondront à l'attente de la terre. » (Os 2, 22-23)*. Dans le Nouveau Testament, mariage humain et mariage spirituel sont célébrés. Ils symbolisent l'union indéfectible entre Dieu et son Peuple : « Jamais personne n'a pris sa propre chair en aversion ; au contraire, on la nourrit, on l'entoure d'attention comme le Christ fait pour son Église ; ne sommes-nous pas les membres de son corps ? [c'est-à-dire littéralement 'enfantés' – dans la foi – ou 'tirés de sa chair et de ses os' selon une variante, expression que nous trouvons aussi en Gn 2, 23)].

LE CANTIQUE SPIRITUEL DE JEAN DE LA CROIX

Le Cantique spirituel de Jean de la Croix se nourrit directement des métaphores du poème et dans les quatre étapes qui le structurent : l'attente, les fiançailles, les épousailles, le mariage spirituel, il est facile de reconnaître les subdivisions du Cantique.

LA VIVE FLAMME

Dans son oeuvre, Jean de la Croix se propose de prendre par la main ceux qui cherchent Dieu à partir de l'étape où ils sont parvenus pour les faire cheminer jusqu'à l'union d'amour avec Dieu par un chemin aride de purifications et de visites de l'Esprit Saint :

« Premièrement elle (l'âme) s'est exercée dans les travaux et les amertumes de la mortification [...] ; et après, elle a passé par les peines et les défilés d'amour [...] ; elle dit ensuite avoir reçu de grandes communications et beaucoup de visites de son Ami, où elle s'est allée perfectionnant et établissant en son amour : de manière que, sortant de toutes choses et de soi-même, elle s'est livrée à lui par une union d'amour en fiançailles spirituelles, où, comme étant désormais fiancée, elle a reçu de l'Epoux de grands dons et de riches joyaux » (C.S.A.27,1)

Ensuite, a lieu le mariage spirituel entre l'âme et le Fils de Dieu. Cette union d'amour est considérée comme le sommet du cheminement spirituel. Mais le Saint nous signale qu'à l'intérieur de cette étape nous avons quelque chose qui peut encore s'améliorer dans l'âme.

L'étape qu'aborde la Vive Flamme est un peu cette seconde phase de l'union d'amour. Comme nous venons de le dire c'est toujours le même état d'union d'amour, - l'âme ne peut obtenir plus, ce serait le ciel (Cf. Prol, 3) - mais elle est ici *« rehaussée et consubstanciée davantage en amour »*.

Il utilise l'image de la bûche pour mieux nous faire comprendre cette nouvelle étape :

« bien que le feu qui a déjà pénétré le bois l'ait transformé en soi et se soit entièrement uni avec lui, toutefois, venant à s'embraser davantage et y demeurant plus longtemps, il devient beaucoup plus ardent et enflammé, jusqu'à jeter force flammes et étincelles. »

Ici, il utilise les verbes centellar (jeter des étincelles) et llamear (flamboyer) que Cyprien traduit par *"jeter force flammes et étincelles"*. Ces verbes qu'utilise le Saint nous renvoient à ce qui constitue, en quelque sorte, le propre de cette nouvelle étape. L'âme n'est pas seulement transformée en Dieu qui est un feu, une flamme, mais elle fait cette même oeuvre que Dieu, avec lui, à savoir : de flamboyer, lancer des flammes !

Nous devons signaler que ce feu (Dieu) qui assaille la bûche (l'âme) a déjà été évoqué par le Saint dans la Nuit Obscure L II chapitre 3. En fait c'est « le même feu d'amour » qui d'abord purifie et ensuite *« s'unit à l'âme en la glorifiant »* (Cf. I,19). Grâce à cette sorte d'inclusion (le feu, présent au début et à la fin du cheminement) le Saint nous donne une vision unifiée de toute son œuvre.

« Il faut donc savoir qu'avant que ce feu d'amour s'introduise en la substance de l'âme et s'unisse à elle par une entière et parfaite purification et pureté, cette flamme, qui est le Saint Esprit, va battant l'âme, consumant et anéantissant les imperfections de ses mauvaises habitudes. » (I, 19)

Essayons maintenant de situer cette étape à l'intérieur de l'oeuvre écrite du Saint.

Par rapport aux autres oeuvres, notamment le Cantique Spirituel

La première question qui nous vient à l'esprit est de savoir si le Saint a déjà traité de cette étape dans une autre oeuvre. Mais la réponse - qui est négative - nous vient presque de lui. Dans le prologue de la Vive Flamme encore, il parle du Cantique Spirituel en ces termes :

« *Bien qu'en les couplets que nous avons ci-dessus déclarés, nous traitions du plus haut degré de perfection auquel l'âme peut arriver en cette vie - qui est la transformation en Dieu - néanmoins ces quatre couplets-ci traitent de l'amour divin déjà plus avancé et perfectionné en ce même état de transformation.* » *(Prol, 3)*

Il souligne lui-même à la fois la continuité entre les deux oeuvres et leur spécificité. Mais il nous faut signaler que dans le Cantique Spirituel il y a déjà une sorte d'étape :

« *Ce que nous disons d'elle [l'âme], touchant l'opération que le Saint Esprit fait en elle, est beaucoup plus que ce qui se passe en la communication et la transformation d'amour. [...] C'est pourquoi ces deux manières d'union différentes - savoir est : la simple union d'amour et l'union avec inflammation d'amour [..]. [...] Et sans doute cette âme n'est pas arrivée à autant de perfection que celle-là [la vie éternelle], toutefois, en comparaison de l'autre union commune, c'est comme un four embrasé avec une vision plus paisible, glorieuse et tendre que la flamme est plus claire et resplendissante, comme le feu dans le charbon.* » *(I, 16)*

Cette étape est constituée par ces strophes additives qui closent le Cantique Spirituel : 35 à 39. Elles semblent inaugurer un nouveau mode d'agir de Dieu qui se déploie ensuite pour être largement expliqué dans la Vive Flamme.

Dans ces cinq strophes nous avons donc une sorte d'avant-goût. Notons par exemple la ressemblance frappante entre la strophe 38 au vers 5 et la strophe I de la Vive Flamme : « *Dans la flamme qui consume et plus ne peine* » *(C.S.A.38,11)* et *(V.F.I,1,2 et 4)* : « *O flamme vive d'amour, qui navres avec tendresse, n'ayant plus nulle rigueur.* »

Le commentaire semble identique si nous oublions que la différence entre les deux étapes est la question des flamboiements. En fait, l'âme est, ici et là, « transformée en Dieu » et « *ses mouvements et actions sont désormais divins* » *(C.S.A.38,11)*.

Les développements de C.S.A.37, 2-4 et 38, 2-5 sur la « *transformation actuelle* » ont de larges échos - comme on le verra - dans la Vive Flamme. Il est bien déjà question de cette capacité qui est alors donnée à l'âme d'« aimer Dieu parfaitement avec le même amour dont il s'aime » (C.S.A.37, 3) et de la jubilation et fruition qu'elle en éprouve :

« Elle aspire en Dieu la même aspiration d'amour que le Père aspire au Fils et le Fils au Père, qui est le Saint Esprit même [...] ce qui est à l'âme une si grande gloire et une délectation si profonde et si élevée qu'il n'y a point de langue mortelle qui le puisse déclarer, ni entendement humain en tant que tel qui puisse comprendre chose quelconque. » (C.S.A.38, 2)

Nous avons l'impression d'être dans la Vive Flamme ! Pour conclure nous pouvons dire que l'âme, en ces passages, est en transition entre les deux états. L'âme demande d'accéder à la « transformation actuelle » ou « flamboiements ».

2.5.1.6 *Le Conundrum du Mariage spirituel*

Le Mariage spirituel est certes offert par Dieu ; mais il doit être accepté par l'être humain.

Celui-ci est souvent pris dans un Conundrum [1] du fait de l'humilité... et c'est alors dans l'Amour et dans l'Abandon qu'il acquiesce enfin à Dieu.

[1] dilemme.

2.5.2 Les « flamboiements de l'âme »

Nous abordons ici les flamboiements de l'être humain, introduit dans la Vie de Dieu, la Vie trinitaire, dans sa « Participation à la Vie trinitaire ».

Nuit obscure, nada..., ces mots, spontanément associés au nom de Jean de la Croix (1542-1591), ne disent que le revers d'angoisse, ou de souffrance, d'une expérience de Dieu menée jusqu'à l'incandescence de la Vive Flamme d'amour, chantée dans l'un de ses derniers et plus beaux poèmes.

Notre Père, saint Jean de la Croix, décrit dans son poème de « La Vive Flamme d'Amour » et le commentaire qu'il en a fait, les flamboiements de l'âme arrivée en cette terre à l'union avec Dieu sous l'action de l'Esprit-Saint.

2.5.2.1 *Les flamboiements de Jean de la Croix*

```
CHANSONS DITES PAR L'ÂME
EN SON INTIME UNION AVEC DIEU

Ô flamme d'amour vive,
qui tendrement me blesses
au centre le plus profond de mon âme,
N'ayant plus de rigueur,
achève si tu veux,
brise la trame de ce rencontre heureux.

Ô cautère suave
ô délicieuse plaie,
ô douce main, ô touche délicate,
qui a goût d'éternité
et toute dette paie,
tuant, la mort en vie tu as changée.

Ô torches de lumière,
dans les splendeurs desquelles
les profondes cavernes du sens
qui était obscur, aveugle,
par d'étranges faveurs,
chaleur et clarté donnent à l'Ami.

Que doux et amoureux
tu t'éveilles en mon sein
```

```
où toi seul en secret as ton séjour.
Ton souffle savoureux
plein de gloire et de bien,
que délicatement il m'énamoure !
```

Jean de la Croix peut nous guider dans les « régions sans sentiers » de notre réponse personnelle à l'Amour de Dieu et nous laisser entrevoir ce qui nous attend à la fin de l'aventure : l'union parfaite avec Dieu telle qu'elle est décrite dans la « Vive Flamme d'Amour ».

Les flamboiements de l'âme sont aussi en relation avec les sixièmes et septièmes demeures de Thérèse d'Avila.

Il est à noter que les flamboiements de l'âme en cette vie, aussi élevés soient-ils, sont « imparfaits », la plénitude de l'union avec Dieu n'étant atteinte qu'après la mort (cf. la première strophe du poème de la Vive Flamme d'Amour).

2.5.2.2 Les débuts du flamboiement

Dieu est incandescence et Lumière. Le Dieu trinitaire rayonne d'un flamboiement d'Amour qui résulte de la circulation d'Amour entre les trois Personnes divines. L'être humain par don de Dieu peut participer, dès sa vie ici-bas, à ce flamboiement d'Amour qu'est la Vie trinitaire.

Les différents cours du Centre de Mystique Chrétienne décrivent un itinéraire de rencontre avec Dieu. Avec les flamboiements de l'âme, beaucoup est déjà fait sur le chemin. Nous sommes ici dans les mouvements ultimes de la progression de l'être humain vers Dieu.

Rappelons que la vie humaine est un chemin vers Dieu qui s'inaugure à la naissance et qui, pour le chrétien, prend une nouvelle ampleur avec son baptême.

Mais quand alors débute le flamboiement et qu'est-il ?

Le début du flamboiement correspond aux premières touches de l'éveil du Bien-Aimé en notre sein. C'est un éveil du Bien-Aimé dans notre intériorité, c'est une touche très délicate.

Il est à noter que nous ne pouvons susciter cet éveil par nous-même : c'est un don gratuit de Dieu et de sa grâce. En ce sens, nous pouvons le considérer comme un « accident de parcours » que rien ne pouvait laisser supposer ou provoquer. Mais si nous vivons une vie de fidélité et de prière envers Dieu, nous serons (en tout cas, nous pouvons l'espérer) enclins à ce que ce genre d'accident nous arrive (*accident prone*, en anglais). Nous pouvons aussi prier en ce sens.

L'éveil du Bien-Aimé

Quand le Bien-Aimé s'éveille, nous prenons conscience d'un feu (ce feu est certes est en nous depuis toujours), mais c'est comme si ce feu venait de s'allumer en nous. Ce feu, c'est l'Esprit-Saint qui révèle que Dieu, notre Bien-aimé, réside et « bouge » en notre sein (si on peut se permettre cette comparaison : c'est comme si on était « enceint » de Dieu).

Jusque là, nous savions dans la foi que Dieu avait son habitation en nous, maintenant nous expérimentons Sa Présences.

Notre corps est si brûlé par l'Esprit (mais c'est une brûlure douce et suave) qu'il devient comme celui du Christ : nous sentons alors que le Christ est uni intimement à notre corps ainsi que l'Esprit et Dieu, notre Bien-Aimé. Nous sommes énamouré, nous expérimentons une blessure d'Amour.

Comme l'Amour est un échange, nous entrons aussi dans l'échange d'Amour avec le Bien-Aimé. Ceci nous introduit dans les relations trinitaires : nous redonnons à Dieu, l'Esprit qui s'est allumé et souffle en nous, nous spirons l'Esprit.

2.5.2.3 *Intensification de la Participation à la Vie Trinitaire*

Plus l'éveil du Bien-Aimé en nous s'intensifie, plus le Bien-Aimé prend toute la place et nous « efface ». Saint Paul donne une indication au sujet de cette réalité :

« Ce n'est pas moi qui vis mais le Christ qui vit en moi. » (Ga 2, 20).

Alors, nous pouvons nous présenter au Père comme Fils. Le Mariage Spirituel nous avait déjà fait entrer dans la Vie Trinitaire : mais, ici, la Participation à la Vie trinitaire en tant que « Fils » s'intensifie [1]. Ici, le mystère du Christ dans sa plénitude commence à nous être révélé ainsi que le mystère de Dieu et de sa Vie trinitaire.

[1] comme un chauffage que l'on passe de la position 2 à la position 3, image de Jean Khoury.

2.5.2.4 *Comment y arrive-t-on ?*

Essayons de voir maintenant comment, à partir du mariage spirituel, l'âme parvient à l'étape de la Vive Flamme. Nous interrogerons d'abord le Cantique Spirituel, ensuite, nous verrons ce qu'en dit la Vive Flamme elle-même.

Dans le Cantique Spirituel, et plus particulièrement dans ses cinq dernières strophes, le Saint nous montre l'âme qui veut passer plus avant et pour cela désire plusieurs choses : *« l'âme se veut employer à exercer les propriétés d'amour »*

(C.S.A.35,1). Car *« l'amour a cela, où il s'établit, de vouloir toujours s'entretenir en ses joies et douceurs, qui sont l'exercice d'aimer intérieurement et extérieurement »* *(C.S.A.35,2)*. En fait, ce sont ces *« exercices d'aimer »* qui vont faire que l'âme arrive à flamboyer, comme il le redira dans la Vive Flamme.

L'âme désir devenir semblable à son Epoux et, en même temps, sonder et connaître ses choses et ses secrets.

Dans la Vive Flamme, le Saint nous dit dans le Prologue (Prol, 3) que l'âme parvient à *« se rehausser et consubstancier davantage en amour »*, et donc à – *« jeter force flammes et étincelles »*, *« avec le temps et à force d'exercice »*.

Il reprendra cela dans la première strophe en parlant de l'amour que Dieu a perfectionné en peu de temps en l'homme juste :

« C'est une affaire de grande importance pour l'âme d'exercer en cette vie les actes d'amour, afin que se consommant en peu de temps, elle ne s'arrête longtemps, ici-bas ou là-haut, sans voir Dieu. » (1,34)

Nous savons par ailleurs, combien ces paroles ont marqué sainte Thérèse de l'Enfant-Jésus et lui ont été un stimulant pour aller de l'avant. C'est dans ce sens qu'on peut lire un autre passage du Cantique Spirituel :

« Il faut remarquer que Dieu ne met sa grâce et son amour en l'âme que selon la volonté et l'amour de l'âme. C'est pourquoi le bon amoureux doit tâcher que cela ne manque point, puisque par ce moyen, comme nous l'avons dit, il excitera Dieu à l'aimer davantage - si cela se peut dire - et à se récréer dans son âme. Et pour obtenir cette charité il faut s'exercer en ce que dit l'Apôtre » (Et il renvoie à 1Co 13,4-7). (C.S.A. 12,11)

Selon Jean de la Croix, c'est donc, en s'exerçant à l'amour sous ses deux aspects, intérieur et extérieur, que l'âme arrive, avec le temps, à la *« transformation actuelle »* ou aux flamboiements. Il est évident que Dieu, lui, souhaite que l'âme arrive le plus rapidement possible à flamboyer. Son action en l'âme, jusqu'à cette étape, ne provoque pas d' *« actes parfaits »* car *« le tout s'en va à disposer l'esprit » (I, 33)*.

« Les autres actes que l'âme exerce d'elle-même [avant d'arriver à flamboyer], se peuvent plus à propos appeler dispositions de désirs et affections successives, qui n'arrivent jamais à être des actes parfaits d'amour et de contemplation, si ce n'est quelquefois. »

En ce qui concerne le fait de disposer l'âme lire, III,25-26 où il est question des visites et des dons que Dieu fait à l'âme pour cette fin :

« Et en cela, dit-il, Dieu emploie plus de temps pour les unes et moins pour les autres, parce qu'il se gouverne selon le mode de l'âme ».

Le temps est fonction du « mode de l'âme », de sa manière d'agir, de sa manière d'harmoniser son action avec celle de Dieu. Par conséquent, le désir de Dieu en l'âme, qui « est une disposition pour s'unir à Lui, augmente ».

La dernière strophe de la Vive Flamme

```
« Que doux et amoureux
tu t'éveilles en mon sein
où toi seul en secret as ton séjour.
Ton souffle savoureux
plein de gloire et de bien,
que délicatement il m'énamoure ! »
```

Là, on quitte le thème des flamboiements de l'âme : il semble qu'ici l'âme assiste et participe à l'engendrement du Verbe en Dieu, engendrement qui est ineffable.

Jean de la Croix pointe simplement sur le fait qu'à côté des flamboiements de l'âme, il y a un au-delà... C'est le propre de la Vie en Dieu : le voyage de l'être humain en Dieu ne s'achève jamais !

2.5.2.5   *La Spiration du Fils et de l'Epouse*

Quand il est dit que le Fils spire l'Esprit, en fait il faut considérer deux mouvements :

- l'expiration de l'Esprit par le Fils ;
- l'inspiration (ou aspiration) de l'Esprit par le Fils.

C'est comme si la Création était créée de nouveau à chaque expiration du Fils.

C'est comme si la Création était purifiée (rédimée) à chaque inspiration du Fils.

Les Biens du Fils sont les Biens de l'Epouse. Donc quand l'Epouse spire l'Esprit-Saint, à la façon du Fils, elle L'expire hors d'elle - Le redonne à Dieu - et elle L'inspire (aspire) en elle - elle reçoit Dieu - et l'Epouse est vivifiée par l'Esprit.

Mais, en fait, c'est Dieu qui aspire en l'âme.

De cette aspiration, Jean de la Croix nous parle dans la quatrième strophe de la Vive Flamme d'Amour :

```
Que doux et amoureux
tu t'éveilles en mon sein
où toi seul en secret as ton séjour.
```

Ton souffle savoureux
plein de gloire et de bien,
que délicatement il m'énamoure !

qu'il commente dans la Vive Flamme B :

« *Le premier effet est un réveil de Dieu en l'âme, et le mode avec lequel celui-ci se fait est de douceur et d'amour. Le second est une aspiration de Dieu en l'âme, et son mode est de bien et de gloire qui se communique en l'aspiration. Et ce qui de là en rejaillit sur l'âme c'est de l'énamourer délicatement et tendrement.*

[...] Et en cette savoureuse aspiration qu'en ce réveil qui est tien tu fais savoureuse pour moi, car elle est pleine de bien et de gloire, avec combien de délicatesse tu m'énamoures et m'affectionnes à toi ! Pour cela l'âme prend la comparaison de celui qui respire, quand il se réveille de son sommeil, car à la vérité, elle le sent alors ainsi.

[...] Mais en ce réveil que l'Époux fait en cette âme parfaite tout ce qui se passe et se fait est parfait, parce que Lui fait tout ; ce qui est à la façon comme quand quelqu'un se réveille et prend haleine : l'âme sent une délectation étrange en l'aspiration de l'Esprit Saint en Dieu, en qui souverainement elle se glorifie et s'énamoure.

[...] Je ne voudrais dire, pas même ne veux-je dire de cette aspiration pleine de bien et de gloire et d'un amour très délicat de Dieu pour l'âme, parce que je vois clairement que je ne saurais le dire, et si je le disais, on croirait qu'on peut le dire. Parce que c'est une aspiration que Dieu fait à l'âme, en laquelle, moyennant ce réveil de la haute connaissance de la Déité, l'Esprit-Saint l'aspire avec la même proportion que l'intelligence et la notice de Dieu ont été, en quoi Il l'absorbe fort profondément dans l'Esprit-Saint, l'énamourant avec une excellence et une délicatesse divines, selon ce qu'elle a vu en Dieu ; car, comme l'aspiration est pleine de bien et de gloire, l'Esprit Saint remplit en elle l'âme de bien et de gloire, en quoi Il la ravit de son amour au-delà de toute langue et de tout sentir dans les profondeurs de Dieu : A qui soit honneur et gloire dans les siècles des siècles. Amen. ».

2.5.3 La Vie de l'Épouse

Dans l'expérience mystique chrétienne, classiquement, le sujet est 'féminin' : aussi, nous qualifierons ici l'être humain dans le Mariage spirituel par le terme d'Épouse.

L'Épouse dans son désir de l'Union absolue progresse par sauts et par paliers :
- dans l'infiniment petit vers le Zéro de l'Immanence ;
- dans l'infiniment grand vers l'Infini de la Transcendance.

Elle soupire : un cheveu entre elle et Dieu et c'est tout l'espace entre le ciel et la terre.

Les sauts et les paliers de l'Épouse sont le résultat de ses efforts mais surtout de la Grâce de Dieu qui est à l'Œuvre. L'Épouse est toujours face à de nouveaux commencements.

L'Épouse a déjà parcouru bien du chemin en direction de Dieu. Elle se revendique désormais comme une chrétienne à part entière, mais bien ordinaire. Elle peut désormais déployer son charisme, celui qu'elle a reçu de l'Esprit Saint et qu'elle a découvert et commencé à vivre en cheminant.

Ici, tout ce qui est à l'Époux est à l'Épouse.

Comment l'Épouse doit-elle continuer son cheminement et que doit-elle faire dans son désir de l'Union absolue ?

Là, Saint Jean de la Croix est d'une grande aide quand il affirme : « **La raison humaine, la loi et la doctrine évangéliques suffisent parfaitement pour se gouverner** ».

2.5.3.1 *L'Union*

L'Épouse applique, vit et met en pratique les fondamentaux de la vie chrétienne dans son quotidien. Elle ajuste le plus possible sa vie à Dieu.

L'Épouse sait que l'expérience plénière de l'Absolu est inaccessible en cette vie. Ceci enclenche, pour elle, une Union régie par cette modalité permanente où même l'Absence est vécue comme Présence !

2.5.3.2 *La Présence*

Pour l'Épouse, la Présence marque la Rencontre avec Dieu : elle est, en premier lieu, la reconnaissance de Sa véritable et incontestable Transcendance jointe à une Proximité extrême.

La Présence surgit, soit dans la Création dont l'Écriture, soit dans le corps de l'Épouse dont son intériorité. La Présence fait entrer l'Épouse dans l'éternel présent avec toute sa densité de Gloire : la Présence est Vie éternelle.

La Création, l'Écriture

L'Épouse voit, dans la Création, la présence de son Époux : l'Époux a laissé la Création revêtue de Beauté (cf. saint Jean de la Croix). Il transparaît, en filigrane, dans les objets, les êtres, les événements, les sons, les couleurs... Où qu'elle regarde autour d'elle, l'Épouse voit ainsi une douce épiphanie de son Époux.

L'Épouse rencontre et voit l'Époux dans la Création : cependant, elle ne le voit pas « clairement » : il y a comme une incomplétude, un désir qui reste non comblé.

Alors, l'Époux se donne dans l'Eucharistie et l'Épouse voit le grand don de son Époux : la Création est devenue, pour elle, toute eucharistique. Elle voit la totalité de la Création comme le Corps de son Époux. Elle est dans la joie, car elle est aussi membre du Corps de l'Époux, puisque son corps fait aussi partie du créé.

« Avec l'Époux, l'Épouse a quitté une métaphysique du Sujet s'opposant à une métaphysique de l'Objet dans laquelle le sujet se situe dans un environnement perçu comme autre, ici la Création.

Ici, sujet et objet, saisis dans leur interdépendance, entrent dans une Alliance où la réalité n'est ni objective, ni subjective, mais un espace intermédiaire où les deux deviennent Un » (d'après Jean-Yves Leloup).

Si je rencontre vraiment l'être d'un arbre, d'une fleur, d'un rocher... c'est par la pénétration des cinq sens, puis par le cœur à cœur ; là, il n'y a plus d'objet, mais présence réciproque, dialogue de deux intériorités et finalement union.

L'Épouse voit le Corps de l'Époux à chaque instant, autour d'elle et même dans son corps à elle.

Alors, l'Épouse célèbre le domaine matériel où elle trouvé la Plénitude. Dans la Création, l'Épouse n'éprouve plus de « séparation » avec son Époux : elle est inondée de Sa Présence.

L'Écriture

En ce qui concerne, la rencontre de la Présence dans l'Écriture, nous renvoyons aux Fondamentaux de la vie chrétienne.

L'intériorité, les Sacrements

Quittant la Création, l'Épouse ferme ses yeux et se bouche les oreilles. Elle rentre dans son intériorité - qui est portée par son propre corps, un corps qui déjà fait partie de l'Époux.

Ici, l'Épouse se sait habitée par l'Époux. L'Esprit qui est, en elle, fait de son être un « autre » Christ et la rend semblable à Jésus. Elle éprouve dans sa chair et dans son être le mystère du Christ ; elle est configurée à Jésus.

L'Épouse rencontre en elle Jésus : cependant, elle ne le voit pas « clairement » : il y a comme une incomplétude, un désir qui reste non comblé. Alors, l'Époux se donne parfois dans l'oraison ou la vie courante et, là, l'Épouse voit le grand don de son Époux.

Transcendance et Immanence

Maintenant, l'Épouse descend dans son intériorité...

La Transcendance s'éprouve au cœur même de l'Immanence : Dieu est Autre, Dieu est un Autre et, en même temps, Dieu est mon Je le plus profond (c'est la divinisation).

L'Immanence s'éprouve au cœur même de la Transcendance : Je nais en Dieu, Il m'accueille et m'abrite (c'est la participation à la Vie trinitaire).

Dans la Présence, l'Épouse éprouve aussi l'union en elle de l'Immanence et de la Transcendance : c'est le pur Être, c'est la Vie (la Spiration de l'Esprit).

- *Quand mon Je est, Je suis Toi ;*
- *Quand Tu es (pour moi), Je suis ;*
- *Je vis : Tu vis en moi et Je vis en Toi.*

Les Sacrements

En ce qui concerne, la rencontre de la Présence dans les Sacrements, nous renvoyons aux Fondamentaux de la vie chrétienne.

2.5.3.3 L'Absence

L'Épouse a déjà joui de la Présence : dans l'Absence, l'Épouse fait mémoire des Hauts-Faits de Dieu. Elle se rappelle de ce qu'elle a vécu avec Dieu. Elle fait sienne cette parole : *« tu vois ton frère, tu vois ton Dieu »* [1].

Maintenant, l'Épouse vit de Foi.

Dans l'Absence, l'Épouse cherche l'Époux [2]... et Le Trouve dans la Foi. Dans l'Absence, par la Foi, elle voit « obscurément » la Présence, c'est une « Présence d'Absence » : elle voit « obscurément » Dieu.

[1] parole non écrite, attribuée à Jésus par Clément d'Alexandrie [vers 150 - vers 220].

[2] *Ct 3, 2* : « *Je me lèverai donc, et parcourrai la ville. Dans les rues et sur les places, je chercherai* ».

2.5.3.4   *L'Union des Volontés*

L'Épouse veut ce que veut Dieu ou veut vouloir ce que veut Dieu.

Quand elle vit

- la Présence : elle jouit de la Présence de Dieu ;
- l'Absence : elle s'accommode de l'Absence ;
- la Croix : elle la porte.

L'Épouse vit dans la Confiance, l'Abandon, le Détachement et la Sainte Indifférence (cf. saint Ignace de Loyola). Elle accueille ce que Dieu lui donne de vivre dans le Présent.

L'Épouse s'en remet à Dieu et opère un détachement face à son propre projet de vie.

2.5.3.5   *Porte-moi comme un sceau*

Le désir de l'Union absolue brûle l'Épouse : « *tant qu'il reste un voile entre Toi et moi !* ». Elle ne peut atteindre cette union par ses propres forces, elle doit s'en remettre totalement à Dieu.

Comme l'Épouse du Cantique des Cantiques, l'Épouse exprime à Dieu son désir : « **Porte-moi comme un sceau sur Ton cœur, comme un sceau sur Ton bras** ». Elle y voit le geste qui symbolise l'union absolue.

Dieu ne peut rien refuser à son Épouse. Rien n'est impossible à Dieu ! Alors, Il va entraîner l'Épouse encore plus loin dans l'Union.

2.5.3.6   *La Grande Ténèbre*

Répondant au désir de l'Épouse, Dieu entraîne l'Épouse encore plus loin : il lui fait connaître la Grande Ténèbre.

La Grande Ténèbre est l'Obscurité supérieure qui est la Lumière inaccessible où Dieu habite.

L'Épouse pénètre alors dans la Grande Ténèbre où Dieu lui-même, au-delà de tous les noms et de toutes les formes, est dépouillé de tous Ses Attributs. Là, elle ne voit rien. Tout ce qui faisait la lumière des yeux de l'âme n'est plus avec elle. Il lui faut renoncer aux procédés naturels de son esprit ; il faut comme anéantir l'acte de l'esprit qui se complaît dans ce qu'il voit. C'est douloureux, mais cette douleur engendre une grande joie. Cette docilité totale, allant jusqu'au bout du renoncement et des forces de l'esprit, rend à Dieu le seul hommage égal à sa Majesté.

Ici, l'âme est amenée au sommet de la contemplation qui est une Union d'amour dans la Grande Ténèbre de l'Incompréhensibilité divine. L'âme entre dans le sein de Dieu et vient posséder Dieu sans mode, avec une abyssale et obscure intelligence : l'âme voit l'Essence divine mais de nuit.

Lorsque l'âme sort de la Grande Ténèbre, elle expérimente sa naissance comme Fils. Elle a vu : maintenant, elle Voit, mais non plus ce qu'elle voit.

Dans la Foi, elle pénètre dans les profondeurs de la Grande Ténèbre d'Amour.

Pour se familiariser avec l'expérience de la Ténèbre (qui est en fait une non-expérience), il faut « voir » mais sans voir : c'est-à-dire en retranchant tout ses sens ainsi que sa compréhension et ses représentations mentales.

Saint Jean de la Croix est ici un guide :

« Pour arriver à goûter tout, veillez à n'avoir goût pour rien ;
Pour arriver à savoir tout, veillez à ne rien savoir de rien ;
Pour arriver à posséder tout, veillez à ne posséder quoi que ce soit de rien ;
Pour arriver à être tout, veillez à n'être rien, en rien.

Alors :

Pour arriver à ce que vous ne goûtez pas,
vous devez passer par ce que vous ne goûtez pas ;
Pour arriver à ce que vous ne savez pas,
vous devez passer par où vous ne savez pas ;
Pour arriver à ce que vous ne possédez pas,
vous devez passer par où vous ne possédez pas ;
Pour arriver à ce que vous n'êtes pas,
vous devez passer par ce que vous n'êtes pas. »

2.5.3.7 Les Opérations Trinitaires

L'Épouse immergée dans la Grande Ténèbre a connu Dieu par amour, d'une connaissance plus haute que tout concept distinct et supérieurement une dans son mode : c'est l'unité de l'Essence divine qui est atteinte ainsi par une expérience surnaturelle qui dépasse à l'infini toute conceptualisation et, du même coup, c'est la Trinité divine qui est reconnue, en même temps, mais de nuit.

Angèle de Foligno apporte un témoignage en ce sens : *« En cette Trinité que je vois avec si grande ténèbre, il me semble que je me tiens et gis en son milieu ».*

L'Union comporte une aperception des Opérations trinitaires - c'est une de ses caractéristiques. Le lieu des opérations trinitaires est devenu le cœur de l'Epouse. L'Epouse accomplit en elle ce qui fait que Dieu est Dieu.

Maintenant, l'Epouse quitte la contemplation de « nuit » pour commencer à voir de « jour ». Ce qui en résulte est une jouissance et des délices ineffables.

L'Épouse se trouve, ici, de façon mystérieuse, comme aspirée dans le circuit des Opérations trinitaires. Elle est entraînée dans le mouvement incessant de don de soi et d'accueil réciproque du Père et du Fils, dans leur étreinte de joie infinie d'où jaillit l'Esprit Saint.

Alors il lui est donné de voir avec l'intelligence d'une âme purifiée et pénétrante les secrets du Mystère divin et tout ce que nous présente la foi. Inondée de la Lumière de Dieu, elle entre dans la contemplation de la gloire inaccessible de la Trinité. Elle considère comme son bien propre, les processions et les relations des divines Personnes, leur amour mutuel et la jouissance qu'elles goûtent en elles-mêmes ; le grand ineffable par lequel elles se contemplent l'une l'autre ; leur éternelle et immuable Essence souverainement glorieuse et béatifiante.

2.5.3.8 *La Participation à la Vie Trinitaire*

L'Epouse est sinon introduite dans la Vie Trinitaire (elle participe aux Opérations Trinitaires en tant que Fils) ou bien son état lui communique une vision claire et des connaissances élevées des secrets de Dieu, de la Trinité, une vision « de jour » de la Trinité ; l'Epouse est faite participante de la nature divine :

« Car sa divine puissance nous a donné tout ce qui concerne la vie et la piété : elle nous a fait connaître Celui qui nous a appelés par sa propre gloire et vertu. Par elles, les précieuses, les plus grandes promesses nous ont été données, afin que vous deveniez ainsi participants de la nature divine, vous étant arrachés à la corruption qui est dans le monde, dans la convoitise. » (2 P 1, 3-4)

Pour l'Epouse qui spire l'Esprit avec le Père et le Fils, la Génération du Fis et la Procession de l'Esprit ne sont plus des concepts théologiques. Même s'ils sont ineffables, elle les connaît, y assiste et y participe. Reste toujours la difficulté pour elle d'en témoigner.

La Génération du Fils

L'Epouse assiste ici et participe au « premier » souffle du Fils quand il sort du sein du Père, souffle qui est lié à la Génération du Fils par le Père, souffle qui spire l'Esprit créateur et fécond :

```
Que doux et amoureux
tu t'éveilles en mon sein
où toi seul en secret as ton séjour.
```

```
Ton souffle savoureux
plein de gloire et de bien,
que délicatement il m'énamoure !
```

(Jean de la Croix, Vive Flamme, strophe 4)

Jean de la Croix ne s'y trompe pas qui dit à la fin de la Vive Flamme A : *« Et tout ceci a lieu dans les profondeurs de Dieu. Aussi je n'en dirai rien de plus. ».*

2.5.3.9 La Non-Séparation

Dieu n'a jamais été séparé de l'Épouse. Maintenant, l'Épouse ne vit plus de séparation d'avec Dieu et d'avec la Réalité : l'Union est Non-Séparation.

Pour ceux qui connaissent ce terme ou en ont l'expérience, cela renvoie à la Non-Dualité.

Avant, la séparation a été l'enfer pour l'être humain.

2.5.3.10 L'Epouse est transformée

« Il vous faut, renonçant à votre existence passée, vous dépouiller du vieil homme qui se corrompt sous l'effet des convoitises trompeuses ; il vous faut être renouvelés par la transformation spirituelle de votre intelligence et revêtir l'homme nouveau, créé selon Dieu dans la justice et la sainteté qui viennent de la vérité. » (Ep 4, 22)

Le cheminement spirituel est lié à des conversions permanentes (métanoia) : cela, tout au long de la voie des commençants (voie purgative), puis des progressants (voie illuminative) et enfin des parfaits (voie unitive) afin abandonner le vieil homme dont parle saint Paul :

« Vous avez dépouillé le vieil homme de ses œuvres et revêtu le nouvel homme, qui est renouvelé en connaissance, selon l'image de celui qui l'a créé. » (Col 3, 9-10)

Lors du mariage spirituel, la mue a lieu : la « chenille » a filé son cocon dont un « papillon » merveilleux va sortir (Thérèse d'Avila). L'Epouse a achevé son périple : elle est revenue à la maison du Père.

TEMPS ACHEVES
à Thierry Lescop †

Cet enfant qui roule sur l'herbe tendre,
C'est l'enfant que nous serons.
Emerveillé, il tient le monde dans sa main
Et l'éclaire avec son coeur.

C'est l'enfant de Dieu, le second, le cadet,
Celui qui est revenu, non sans embûches.
Mais il lui a fallu attendre
Que toutes les étoiles s'éteignent.

Il sourit et il bondit tel un jeune faon
Quand il se dirige vers la ville diaphane
Où il réside désormais
Parmi les arbres qui guérissent.

Le seul bruit qu'on y entende,
C'est celui du pur amour
Qui rayonne des corps bien-aimés
Traversés par le souffle éternel.

C'est un vent odorant
Qui parfume l'eau des bassins
En laissant comme de la rose et de l'oliban.

Cette eau étanche et nourrit.
C'est aussi l'eau du potier
Qui apprend à créer les mondes absolus.

janvier 1996 - Serge Lanoë

> **« En vérité, en vérité, je vous le dis, si un homme ne naît de nouveau, il ne peut voir le royaume de Dieu. » (Jn 3, 3)**

Le mariage spirituel (et plus généralement, la progression sur le chemin spirituel) correspond à une nouvelle naissance : elle est l'œuvre de l'Esprit Saint (et, plus généralement, de toute la Trinité).

« *En vérité, en vérité, je te le dis : nul, s'il ne naît d'eau et d'Esprit, ne peut entrer dans le Royaume de Dieu.* » *(Jn 3, 5)*

« Le royaume de Dieu est parmi vous » **(Luc 17,21)**

Tout au long du cheminement spirituel, l'Epouse pressent qu'elle vit déjà le Royaume de Dieu (en un déjà-là et pas encore). Ceci culmine dans le mariage spirituel. Elle vit dans son quotidien la promesse de Jésus ;

« *Le Royaume de Dieu est tout proche.* » *(Mc 1, 15)*

« *Le Règne des cieux s'est approché.* » *(Mt 10, 7)*

Le Royaume, c'est, pour l'Epouse, une vie de tous les jours transfigurée par la Présence de Dieu et y vaquer.

INTERMITTENCES

C'est décidément qu'il faut marcher dans la ville céleste,
Car toute hésitation la fait disparaître.
Certes, on ne sait jamais comment y entrer
Mais puisque tu l'as vue, tu sais la reconnaître.

Parfois, un excès de lumière te signale le passage
Et c'est dans le scintillement doré des bitumes
Que se révèle l'adoration continuelle.

Une autre fois, les arbres te parlaient et les pierres
Et tu sentais couler la sève comme ton propre sang.
Ta vision était pénétrante jusqu'aux murailles crénelées.

Aujourd'hui, le basculement est extrême.
Tu contemples l'agora où marchent les élus
Et les anges.
Ils savent que tu es l'un des leurs

Et, à travers eux, ton regard se voile
D'une légère tristesse

Quand tu vois les sublimes statues en jaspe
De ceux qui ont refusé la vie.

mai 1996 - Serge Lanoë

« Ne vous inquiétez pas pour votre vie de ce que vous mangerez, ni pour votre corps de quoi vous le vêtirez. » (Lc 12, 22)

Alors l'Epouse progresse en confiance. Elle s'ouvre à Dieu et croit en Sa Providence. Elle cherche à contribuer au Royaume qui vient et qu'elle vit déjà. Tout le reste pour elle en dépend et en découle :

« Cherchez plutôt son Royaume, et cela vous sera donné par surcroît. » (Lc 12, 31)

« Observez les lis des champs : ils ne filent ni ne tissent, et je vous le dis : Salomon lui-même, dans toute sa gloire, n'a jamais été vêtu comme l'un d'eux. » (Lc 12, 27)

L'Epouse ne verse pas dans l'activisme. Elle sait qu'elle en est arrivée là, non pas par ses propres efforts, mais par la seule grâce de Dieu. Elle tient en grande estime la passivité qui est un don de Dieu, son Epoux et qui lui permet de se couler dans la Volonté de Dieu sur elle et sur le monde.

« Nous tous, qui, le visage découvert, réfléchissons comme en un miroir la Gloire du Seigneur, nous sommes transformés en cette même image, allant de gloire en gloire, comme de par le Seigneur, qui est Esprit » (2 Co 3, 18)

Le voyage de l'Epouse vers Dieu est sans fin : Dieu est comme un horizon jamais atteint. Le mariage spirituel n'en finit donc pas de s'approfondir pour l'Epouse et de révéler de nouvelles facettes.

UNE VISION COSMIQUE

Pour l'Epouse, le monde est vécu dans une vision cosmique : l'Epouse voit partout Dieu et la Rédemption à l'œuvre.

« Car c'est en Lui [Dieu] que nous avons la vie, le mouvement et l'être » (Ac 17, 28)

Le monde est alors perçu tel qu'il sort des mains de Dieu selon Son Dessein. C'est déjà le monde nouveau, le monde rédimé.

« Le Christ est tout en tous » (Col 3, 11)

« Et quand toutes choses lui auront été soumises, alors le Fils lui-même sera soumis à celui qui lui a tout soumis, pour que Dieu soit tout en tous. » (1 Co 15, 28)

Ce n'est pas une vision panthéiste (« Tout est Dieu ») mais une vision panenthéiste (« Tout est en Dieu »).

L'EPOUSE EST CONFIGUREE AU CHRIST

Celle qui est devenue l'Epouse ne fait plus qu'une seule chair avec l'Epoux : elle est configurée au Christ et s'offre en tant que Fils au Père.

« Ce n'est plus moi qui vis, c'est Christ qui vit en moi. » (Ga 2, 20)

« L'incarnation mystique est une grâce de transformation en vue d'une assimilation de la créature avec son modèle Jésus, que Je suis. C'est une grâce transformante d'union qui ne répugne en rien à mes miséricordes infinies. Le Verbe incarné prend possession intime du coeur de la créature. Il prend vie en elle pour réaliser cette union transformante.

Jésus s'incarne, grandit et vit dans l'âme, non pas au sens matériel mais par la grâce sanctifiante, unitive et transformante. C'est une faveur très spéciale. L'âme qui la reçoit sent, plus ou moins par périodes, les étapes de la vie de Jésus en elle. » (La Grande Conchita : 1862/1937)

Cette configuration est souvent marquée par la souffrance, des calomnies et des humiliations, en sacrifice et en expiation comme le fut la vie de Jésus sur la terre.

2.5.3.11 *L'Épouse s'affirme*

L'Épouse a accédé à la Liberté : maintenant, elle est Libre, Libre pour aimer et pour vivre dans la Vérité.

Face à Dieu, face à son Époux, l'Épouse exprime ses désirs profonds dans l'Union et de l'Union.

L'Épouse propose maintenant à Dieu, à son Époux qu'ils se retrouvent sur les « Montagnes de Baume » : c'est la finale du Cantique des Cantiques.

2.5.3.12 *Les Montagnes de Baume*

« Fuis [1], mon bien-aimé. Sois semblable à une gazelle, à un jeune faon, sur les Montagnes de Baume ! » : voilà la plus belle preuve d'amour tirée du Cantique des Cantiques.

En invitant son Époux Bien-Aimé à se hâter vers les Montagnes de Baume, l'Épouse exprime son désir ultime : elle Lui donne rendez-vous sur les Montagnes de Baume pour approfondir l'Union en direction de l'Union absolue.

Ce désir d'Union absolue de l'Épouse peut sembler irréalisable. Mais, rien n'est impossible à Dieu ! Dieu ne refuse rien à son Épouse : alors, Il lui en fait la Promesse. Dès lors, l'Épouse vit de la Promesse de Dieu.

Mais, l'Épouse ne veut pas jouer pas au jeu trop pressé de connaître pleinement Dieu. Elle sait que les « voies de Dieu » ne sont pas toujours ses voies, comme les « pensées » de Dieu ne sont pas toujours ses pensées.

L'Épouse ne succombe pas, même en secret, à cette démesure, de sommer Dieu qu'Il se révèle tel qu'Il est en Lui-même : Lui, dont « on ne peut voir la Face sans mourir ». Elle Lui est reconnaissante d'avoir, par pure miséricorde, interposé entre Sa splendeur consumante et son insignifiance, l'immense souffle azur de Sa Parole, qui « soutient toutes choses » et qui lui permet de Le connaître.

Et, comme il s'en est donné du mal, le grand Livre de l'univers pour attirer l'attention de l'Épouse afin qu'elle puisse déchiffrer Dieu !

La Rencontre

L'Époux a franchi les montagnes pour rejoindre celle qu'aime son cœur : Il l'a rencontrée, ils se sont étreints dans une transparence mutuelle pleine de joie. Puis, il s'en est retourné...

Maintenant, c'est au tour de l'Épouse de tenter une démarche semblable, dans la quête de Celui qu'aime son âme.

Seul, l'amour entre l'Époux et l'Épouse, à condition qu'il soit dirigé par la Foi, introduit dans l'intelligence du Conseil divin, dans la profondeur du Mystère des divines Hypostases. De cela, l'Épouse ne doute pas dans l'intuition de sa virginité, toute en oblation…

La mort

« **Hâte-toi, mon bien-aimé. Sois semblable à une gazelle, à un jeune faon, sur les montagnes de Baume !** » : l'Épouse donne, ici, rendez-vous à l'Epoux lors de sa mort. Elle sait que, là, son désir sera comblé au-delà de ses espérances et que se réalisera pleinement la Promesse : elle verra Dieu.

La Seconde Venue du Christ

« **Hâte-toi, mon bien-aimé. Sois semblable à une gazelle, à un jeune faon, sur les montagnes de Baume !** » : il n'y a pas de paroles plus simples et plus belles pour dire que l'on est dans l'Attente de la Seconde Venue du Christ.

Mais, l'Epouse le sait : « **Il est vivant ; Il est ressuscité !** ».

La Fin des Temps

« **Hâte-toi, mon bien-aimé. Sois semblable à une gazelle, à un jeune faon, sur les montagnes de Baume !** » : l'Épouse donne aussi, ici, rendez-vous à l'Époux à la Fin des Temps où se réalisera ultimement la Promesse.

Alors, la Création sera accomplie : les événements sont advenus comme ils étaient écrits depuis toujours ; les êtres sont venus à l'existence comme ils devaient être, tels que leur Créateur les avait « connus » aux siècles des siècles...

[1] dont le sens exact est ici Hâte-toi

2.5.4 De la Voie unitive

La voie unitive [1] n'indique pas la fin du cheminement spirituel mais plutôt que les facultés de l'âme se manifestent d'une façon permanente et que tout l'être est en unité avec le divin : « *Moi et le Père nous sommes un.* » *(Jn 10, 30)*

C'est alors une qualité d'être dans le monde qui transparaît sous la forme d'héroïsme et qui aboutit à un dépassement radical de la condition humaine. Paradoxalement, ce dépassement a lieu lorsque l'être va jusqu'au bout de son expérience humaine. Les trois Thérèse, d'Avila, de l'Enfant Jésus et de Calcutta ont incarné cet héroïsme spirituel qui transcende l'entendement humain. La voie unitive est donc celle de l'être qui se réalise totalement au plan de l'âme et à celui de Dieu : « *Et ce n'est plus moi qui vis, mais le Christ qui vit en moi.* » Ga 2,20. Le Christ décrit ainsi la troisième étape dans la vie spirituelle, la voie unitive : « *suis-moi.* ».

L'acte principal de la voie unitive est l'acte d'amour, puisque dit saint Thomas, l'union est l'effet de l'amour. Et c'est la marque des vrais mystiques que, une fois initiés aux mystères de la voie unitive, ils sont poussés d'une certaine façon à servir l'humanité. (Thomas Merton)

2.5.4.1 *L'Union indistincte*

L'être humain dans la Voie unitive vit avec son Dieu une Union indistincte, c'est-à-dire *« sans confusion, sans séparation »*. Cette Union va toujours s'approfondissant.

Deux flammes unies en une seule... : un parfum de non-dualité.

2.5.4.2 *La Fruition*

Dans la Voie unitive, l'être humain expérimente la Fruition.

Dans la Fruition, Dieu se donne lui-même en nous introduisant dans le sanctuaire de sa vie personnelle afin que nous y demeurions avec Lui. C'est une union sans intermédiaire, par laquelle l'âme se repose immédiatement en Dieu, dans la suavité de sa présence ineffable.

C'est dans l'entendement, le Cœur et les sens spirituels que siège la Fruition qui consiste à voir Dieu. Cette Fruition est une connaissance mutuelle enfin réciproque : elle est caractéristique de la Voie unitive.

2.5.4.3 *Unification*

La Voie unitive conduit à l'Unification de l'être humain.

Des 4èmes aux 6èmes Demeures de Thérèse d'Avila et surtout dans les 6èmes Demeures, l'être humain distingue, dans son unité d'être humain, sa structure et des instances différentes (saisie de la structure du corps [1], âme, esprit comme « pointe de l'âme », Cœur, substance de l'âme...).

Dans les 7èmes Demeures, il y a Unification [2] de l'être humain et en même temps Conscience d'une distinction en soi [3] : en particulier, dans l'interpénétration des opérations de la conscience.

[1] y compris dans son aspect énergétique.

[2] Harmonie.

[3] à l'image de la Trinité, ce qui donne une Intuition de la Trinité.

2.5.4.4 Nature de la Contemplation

Dans la Voie unitive, Dieu, dans la Contemplation, affecte les opérations de conscience : non d'abord par leur cessation [1], mais plutôt par leur simplification.

[1] la Nescience n'est pas le terme, mais seulement une étape de la Transformation spirituelle : l'être humain passe de la Connaissance à la Nescience qui est suivie d'un nouvel effort pour Connaître Dieu suivi à nouveau d'une Nescience...

2.5.4.5 La Descente de la montagne

Gravir la montagne qu'est Dieu et dévaler ses pentes pour retourner dans la vallée pour témoigner auprès des autres puis explorer à nouveau la montagne... devient tout simplement un acte qui structure la vie du mystique.

2.5.4.6 L'Action

Lorsqu'on est « arrivé » au sommet de la montagne, ceci ne signifie pas que l'on se repose. On mesure la puissance de la contemplation à rien d'autre qu'à la vigueur de l'action qui en découle. L'action devient une composante importante de la vie alors menée et est faite pour la gloire de Dieu.

C'est en se sens que le mystique devient co-créateur (et co-rédempteur) avec Dieu. Mais ses actions ne sont plus seulement les siennes propres, elles deviennent humano-divines : Dieu s'exprime aussi au travers de ces actions qui sont alors démultipliées et ont un impact gigantesque dans le plan divin. Les saints sont souvent de « grands bâtisseurs » et apparaissent infatigables. Ils participent pleinement à l'œuvre de la Création. Ils témoignent de leur engagement dans la Création pour qu'advienne le Royaume de Dieu.

La voie unitive peut alors se parcourir en toute innocence, en toute humilité, en toute tranquillité, sans se préoccuper des fruits de l'action. On y développe l'art de l'écoute, donc l'art du silence. On s'y méfie des vains jeux conceptuels de l'esprit parce que cela est source de dispersion mentale.

2.5.4.7 Accès au no-self

Bernadette Roberts parle, après la vie unitive, d'un accès au no-self (c'est-à-dire d'une absence d'un moi telle qu'on l'entend généralement).

Jésus parle d'une mort à soi-même.

En fait, le moi ici est transformé : il craque au-delà des frontières de l'individu pour atteindre le niveau transpersonnel du divin, celui du Fils. Car nous sommes destinés à être Fils dans la Vie Trinitaire et donc à participer à tous les privilèges du Fils Unique.

2.5.4.8 Le Credo

Thérèse d'Avila dit dans les 7èmes Demeures que ce qui est cru dans le Credo est vu dans cette Demeure : c'est époustouflant de voir une telle affirmation !!! [1]

```
Credo - Symbole des Apôtres

Je crois en Dieu le Père tout-puissant,
Créateur du ciel et de la Terre,
Et en Jésus Christ, son Fils unique, notre
Seigneur
qui a été conçu du Saint Esprit,
est né de la Vierge Marie,
a souffert pour nous sous Ponce Pilate,
a été crucifié, est mort et à été enseveli,
est descendu aux enfers,
est ressuscité des morts le troisième jour,
est monté aux Cieux,
est assis à la droite de Dieu le Père, tout-
puissant
d'où il viendra juger les vivants et les morts
Je crois en l'Esprit Saint,
à la sainte Eglise Catholique,
à la Communion des Saints,
à la rémission des péchés,
```

à la résurrection de la chair,
et à la Vie Eternelle.

Amen

[1] communication de Jean Khoury.

2.5.5 La Divinisation

Le Christ ne veut pas seulement nous donner la vie, mais aussi nous diviniser :

- le Christ s'est fait ce que nous sommes pour que nous devenions ce qu'il est : *« Dieu s'est fait homme pour que l'homme devienne Dieu » (saint Athanase)* ;
- à l'humanisation de Dieu correspond une divinisation de l'être humain : *l'être humain est devenu alors par grâce ce que Dieu est par nature (Maître Eckhart).*

Henri Bergson a bien exprimé la finalité de la Création dans son fameux : *« la fonction essentielle de l'Univers qui est une machine à faire des dieux ».*

Maxime le Confesseur a fait de la divinisation de l'être humain la quintessence de sa doctrine.

Pour l'être humain, l'humanisation parfaite aboutit à la divinisation : *« Il voulut atteindre la stature de l'homme parfait et c'est en Dieu qu'il a abouti » (Rûmî, un soufi - mystique musulman).* L'être humain est alors parvenu *« à l'état de l'Homme parfait, à la plénitude de la stature du Christ ».*

Être divinisé, c'est, pour l'être humain, en fait être ressuscité avec le Christ, être assis à la Droite du Père : l'être humain devient là l'égal du Christ. C'est aussi être immergé dans la Trinité.

La divinisation est alors immersion dans la Beauté : *« Le monde sera sauvé par la beauté... et la beauté c'est le Christ » (Dostoïevski, L'Idiot).* Il faut dire que, malheureusement, cette voie, la voie de la beauté est plutôt négligée par les théologiens catholiques, à l'exception de Hans Urs von Balthasar [1905-1988] avec sa théologie de la beauté.

L'être humain est alors non seulement immergé dans le Beau. Il l'est aussi dans le Bien, le Bon qui sont, avec le Vrai et le Beau, des expressions de la réalité la plus parfaite : Dieu.

2.5.5.1 Le Christ, clef de la Participation de la Nature divine

« Car il y a un seul Dieu, et aussi un seul médiateur entre Dieu et les hommes, Jésus Christ homme, qui s'est donné lui-même en rançon pour tous. C'est là le témoignage rendu en son propre temps. » (1 Ti 2, 5-6)

C'est dans le Christ, dans la Périchorèse de Ses deux Natures, la Nature divine et la nature humaine, et associé par Grâce dans notre nature humaine que nous Participons de la Nature divine : ici, nous sommes introduits en Dieu et nous sommes Dieu par Participation.

« Car sa divine puissance nous a donné tout ce qui concerne la vie et la piété : elle nous a fait connaître Celui qui nous a appelés par sa propre gloire et vertu. Par elles, les précieuses, les plus grandes promesses nous ont été données, afin que vous deveniez ainsi participants de la nature divine, vous étant arrachés à la corruption qui est dans le monde, dans la convoitise. » (2 P 1, 3-4)

2.5.5.2 L'inhabitation de Dieu

Le mystique sait qu'il est habité par l'Esprit-Saint et que c'est cet Esprit qui le divinise. C'est ce désir de l'inhabitation divine qu'exprimait Élisabeth de la Trinité lorsqu'elle écrivait : « Ô Feu consumant, Esprit d'amour, survenez en moi afin qu'il se fasse en mon âme comme une incarnation du Verbe ; que je Lui sois une humanité de surcroît, en laquelle il renouvelle tout son mystère ».

Le mystique voit alors clairement que Dieu se déploie en lui. Il est renouvelé à l'image du Christ. Il peut dire avec Saint Paul : « ce n'est plus moi, c'est Christ qui vit en moi ». Il contemple l'image de Dieu qui est imprimée en lui.

2.5.5.3 Un horizon infini

Après le mariage spirituel et dans le partage de la Vie trinitaire, l'Épouse va « de commencements en commencements par des commencements qui n'ont jamais de fin » (St Grégoire de Nysse).

Dieu est pour l'Épouse un horizon infini ce qui lui est une Blessure délicieuse.

2.5.6 La Vie divine

L'auteur de ce cours propose quelques pistes qui lui semblent intéressantes pour « comprendre » ce qu'est la Vie divine. Il tente de transmettre sa vision au lecteur, mais il admet sa claire incapacité à y parvenir : *« Le Tao qu'on tente de saisir n'est pas le Tao lui-même, le nom qu'on veut lui donner n'est pas son nom adéquat » (Tao Te King).*

Pour le mystique, la vie divine n'est ni une expérience, ni un état, car une expérience ou un état finissent par passer : la vie divine est en fait, un événement dans le maintenant. Avec la vie divine, le vécu du mystique accède au socle de la réalité, même si ce socle peut lui apparaître encore de temps en temps voilé.

Ainsi, il n'est plus question de « faire », de « devenir » ou d'« aller quelque part » : il ne s'agit que d'être.

Comme le dit si bien Saint Jean de la Croix, lorsqu'on arrive au sommet de la montagne, il n'y a plus de chemin et alors **« la raison naturelle et l'Évangile suffisent parfaitement pour se gouverner »**.

2.5.6.1 *Le Seuil*

Certains voient Dieu comme une Boîte Noire ; d'autres dont les mystiques sont autorisés à entrer dans l'Intimité de Dieu dont ils témoignent : vraiment, Dieu est un Monde qui étonne par Sa Richesse/Simplicité.

2.5.6.2 *Immersion dans l'Essence divine et Participation de la Nature divine*

Pour ces aspects, nous renvoyons à l'œuvre de Ruysbroeck dans « Le Miroir du Salut éternel ».

Ruysbroeck y parle de la vie mystique des débuts jusqu'à la fin. Il termine son livre par les plus hauts degrés mystiques : Immersion dans l'Essence divine et Participation de la Nature divine (qui sont en relation avec la mystique de l'Un ou de l'Essence divine).

L'essence de la vie supérieure (Chapitre 24)

Ruysbrœck peut parler maintenant de ce qui a trait *« à l'essence de la vie supérieure, où nous sommes un avec Dieu au-dessus de tout exercice d'amour, dans une fruition éternelle... C'est une inaction bienheureuse, quelque chose qui dépasse l'union, l'unité avec Dieu, où personne n'agit plus que Dieu seul. Car son action, c'est lui-même et sa propre nature...*

Au-dessus de la raison et en dehors de la raison, nous recevons un clair savoir... nous sommes transportés hors d'esprit dans son amour. Alors il n'y a plus de demande ni de désir, il n'y a plus à donner ni à recevoir ; mais c'est seulement une essence bienheureuse et inactive, couronnement et récompense essentielle de toute sainteté et de toutes vertus. C'est bien là ce que souhaitait notre cher Seigneur Jésus-Christ lorsqu'il disait : 'Père, je veux que tous ceux que vous m'avez donnés soient un comme nous sommes un.' Par sa grâce et avec lui nous aimons et recherchons notre Père céleste...

Lorsqu'au-dessus de tout exercice d'amour nous sommes embrassés et saisis avec le Père et le Fils dans l'unité du Saint-Esprit, alors nous sommes tous un, comme le Christ, Dieu et homme, est un avec son Père dans leur mutuel amour sans limite... ».

La superessence de la vie supérieure (Chapitre 25)

Ruysbrœck vient de nous conduire vers des hauteurs insoupçonnables. Il veut maintenant nous faire découvrir un état superessentiel de contemplation, de connaissance et d'amour, qui naît quand nous sommes un avec Dieu dans son amour : Ruysbroeck parle ici de la Participation de la Nature divine qui est l'Union sans différence.

Cet état, « *s'appelle vivre en mourant et mourir en vivant, c'est-à-dire passer de notre essence dans notre béatitude superessentielle. Là nous avons Dieu en nous et nous sommes bienheureux dans notre essence... nous sommes bienheureux et béatitude même dans l'essence de Dieu, là où il jouit de lui-même et de nous tous dans sa très haute nature. C'est là le cœur de l'amour qui se cache dans une obscurité et un non-savoir insondables. Ce non-savoir est une lumière inaccessible, c'est l'essence même de Dieu... ».*

Ces notions sont très complexes ; aussi Ruysbrœck donne-t-il quelques précisions : « *Mais quand je dis que nous sommes un avec Dieu, il faut l'entendre de l'amour et non pas de l'essence ni de la nature. Car l'essence de Dieu est incréée, tandis que la nôtre est créée ; entre Dieu et la créature la distinction est immense... Ainsi donc nous sommes bienheureux dans notre essence quand nous vivons en amour ; mais nous devenons béatitude dans l'essence de Dieu quand, morts à nous-mêmes dans l'amour, nous passons jusqu'à la fruition de Dieu... ».*

L'union sans différence est la Participation de la Nature divine par laquelle l'âme se repose immédiatement dans la Grande Ténèbre divine :

« *Cette rencontre active et cet embrasement amoureux sont au fond de la nature divine fruitifs et sans mode ; car l'abîme insondable de Dieu est si ténébreux et si dépourvu de modes qu'il engloutit en lui tous les modes divins, les opérations et la propriété des personnes dans le riche embrassement de l'unité essentielle ; et il constitue la jouissance divine dans l'abîme de celui qu'on ne peut nommer.*

C'est ici un trépas fruitif et une immersion [profonde] qui fait disparaître dans la nudité essentielle, où tous les noms divins, tous les modes, toutes les raisons vivantes qui se reflètent dans le miroir de la vérité éternelle sont plongés dans le simple abîme innommé, sans modes ni raisons. Dans ce gouffre sans fond de la simplicité toutes choses sont englouties en béatitude fruitive ; mais le fond lui-même demeure totalement incompris, si ce n'est de l'unité essentielle. Les personnes et tout ce qui vit en Dieu doivent céder devant cette unité ; car il n'y a ici autre chose qu'un repos éternel en un embrassement de jouissance où l'on se perd amoureusement ; et cela se fait en l'essence sans modes, que tous les esprits de dévotion intime ont élue par dessus toutes choses. C'est le silence ténébreux où se perdent tous les esprits aimants. » (Ruusbroec, « L'ornement des Noces Spirituelles », Livre III, chap. 6).

2.5.6.3 L'Union sans différence

Au-dessus de l'Union de fruition, le plus grand peut-être des mystiques occidentaux, Ruysbroeck, pose une autre espèce d'union. Il l'appelle l'Union sans différence qui est encore au-delà même de cet état de quiétude que l'âme goûte dans l'amour de fruition et qui, dépassant la vie intime de Dieu dans la Trinité des Personnes, va s'immerger et se perdre dans l'Un absolu, à la source même du Flux/Reflux des divines Personnes.

Selon le grand mystique flamand, par cette Union sans différence, l'esprit est comme trépassé en Dieu, simple, immobile, plongé dans un repos plus profond que la quiétude de l'amour de fruition et d'où il ne s'écoule à nouveau que pour participer à la génération du Verbe et à la procession du Saint-Esprit. Ruysbroeck admet que cet état est le seuil même de la vie éternelle et déjà un aspect de la gloire : lorsqu'il se produit, il déborde tous les cadres et toutes les formes du créé.

2.5.6.4 La Paix, la Joie

L'Immersion en Dieu s'accompagne de la Paix.

La Paix (signe de l'Unité avec Dieu) va avec la Joie (liée à la Participation à la Vie Trinitaire qui est Périchorèse et Circumincession).

2.5.6.5 La mort

Cependant, aussi avancé que soit le mystique, la mort est pour lui l'unique moyen de vivre le passage absolu vers la vie divine. De là vient que l'on ne peut voir Dieu sans mourir. Cela explique une certaine incomplétude (une incomplétude radicale ?) de la vie de tout mystique en cette vie.

« C'est avec un sentiment de joie que j'entends sonner l'horloge, dans la pensée qu'une heure de ma vie vient de s'écouler, et qu'en conséquence, je suis un peu plus proche du moment de voir Dieu ». (Thérèse d'Avila)

3 SECOND COURS DE MYSTIQUE CHRÉTIENNE

3.1 VIVRE !

Si nous avons une vision et une compréhension justes de qui est Dieu, cela a des implications fondamentales dans notre vie : en effet, Dieu aime infiniment, Il est infiniment bon.

De ce fait, dans notre vie de tous les jours, Dieu se met complètement à notre service : il nous donne tout ce dont nous avons besoin et même au-delà infiniment. Car Dieu peut-il limiter dans le présent son don de vie et retenir maintenant une seule parcelle de ce qui peut faire notre bonheur ?

Naturellement, ce don de Dieu tient compte du contexte dans lequel nous vivons et de nos choix mais sans être limité par ce contexte et ces choix.

Là où nous pouvons être dans la joie, c'est que Dieu participe à notre chemin de vie : Il l'assume pleinement dans le Christ, le Dieu-Homme. Le Christ vit donc en nous et avec nous. Il ne tient à nous que de ratifier consciemment le don infini de Dieu et à nous engager pour le faire fructifier.

3.1.1 Le chemin spirituel

Ratifier la Bonté essentielle de Dieu que nous avons évoquée et qui conduit à considérer autrement notre vie, c'est cela la réponse à l'origine et au cœur de notre chemin spirituel : il n'y a rien de plus simple.

Que devient donc le chemin spirituel dans ce contexte ?

- o il s'agit d'accueillir et de vivre ce qui nous est donné de vivre dans la confiance et dans l'amour.

Le chemin spirituel consiste alors simplement à placer la Providence et la Bonté essentielle de Dieu au centre de notre vie. Nous sommes alors appelés à vivre et à témoigner de la liberté et de la gratuité des enfants de Dieu.

Quand les vents semblent contraires, nous pouvons considérer la Croix du Christ et que nous sommes accompagnés par Dieu sur notre chemin de vie.

Dans tous les cas, nous devons nous rappeler que notre vie est fondamentalement OK, c'est-à-dire voulue et soutenue par Dieu lui-même : cela relativise singulièrement les spiritualités orientales qui souvent sont à la recherche de l'Eveil ou de la Réalisation.

3.1.2　Le péché et la Rédemption

Nous avons fait, nous faisons et nous ferons l'expérience du péché dans notre vie : le péché est un acte de désamour envers Dieu, un acte où nous faisons objectivement le mal.

Or, comme nous l'avons souvent déjà dit, tout ce qui arrive est d'une certaine façon la Volonté de Dieu : soit que Dieu le veuille, soit qu'Il le permettre pour un plus grand bien (ainsi la Croix et toutes ses retombées de grâce). Certes cette parole peut nous paraître un peu dure, même si nous savons que Dieu est Amour et que nous croyons en Sa Providence : car il y a tant de mal et de dysfonctionnements dans le monde.

C'est ici qu'intervient la Rédemption opérée par le Christ : le Fils de Dieu est venu dans le monde pour le sauver.

La Rédemption accomplie par le Fils restaure mystérieusement la création :

- o soit Dieu veut que quelque chose arrive (y compris par l'intermédiaire de la Providence), alors cela arrive : c'est Sa Volonté ;
- o soit Dieu considère que quelque chose est « en train d'arriver » qui ne devrait pas arriver, alors il intervient à chaque instant du fait de la Rédemption opérée par Son Fils et ce qui arrive devient à nouveau conforme à Sa Volonté.

Dans les deux cas, la Volonté de Dieu se réalise moyennant éventuellement la Rédemption.

On voit ici la position centrale occupée par le Christ dans la compréhension chrétienne du monde : le mal n'est pas nié, mais totalement assumé par Dieu et transfiguré pour notre plus grand bien. La liberté humaine est sauvegardée.

Cela permet notre totale acceptation du réel : car, à chaque instant, le présent est totalement OK pour Dieu, c'est-à-dire totalement accepté et assumé par Lui.

Nous pouvons alors décider d'entrer dans cette dynamique, de nous sentir en sécurité et de ne plus nous sentir écrasé par notre péché d'autant plus que Dieu nous offre continuellement son Pardon : à nous de l'accepter.

3.1.3　La Conversion - L'Église

Mettre en pratique le chemin spirituel, c'est entrer dans une démarche de conversion de notre cœur. Ceci suppose la Foi, c'est-à-dire croire en un Dieu qui est Amour et qui réalise Sa volonté par Sa Providence.

Nous pouvons aussi aimer notre condition humaine, car Dieu s'est fait homme en Jésus. Nous pouvons donc faire totalement confiance à Jésus car Il est la Parole de Dieu sans altération : la Bible en témoigne. Jésus devient alors notre guide et notre maître tant intérieur qu'extérieur.

La Tradition chrétienne est issue des Apôtres qui ont connu Jésus-Christ et vécu avec Lui et aussi de Paul qui les a rejoints.

L'Église (entendue ici comme "communion" de l'ensemble des chrétiens par le don de l'Esprit du Christ) porte cette Tradition ; c'est dans et avec l'Eglise que l'on peut interpréter avec sûreté la Bible : d'où, l'importance de faire partie de l'Église et de rester en communion avec l'Église.

3.1.4 Nos relations

La notion de relation est fondamentale, car la foi chrétienne nous révèle que Dieu est en son sein est Relations : Père, Fils et Esprit Saint.

Jésus nous dit que le plus grand commandement est d'aimer Dieu et son prochain comme soi-même : il insiste donc sur l'importance de la qualité de nos relations.

Nos relations sont de quatre types :

- avec Dieu ;
- avec nous-mêmes ;
- avec les autres ;
- avec la Création.

La relation à Dieu

Pour aimer Dieu, il faut nourrir notre relation avec Lui, c'est-à-dire :

- fuir le péché ;
- lui consacrer du temps dans la prière ;
- le considérer dans notre vie quotidienne.

La relation à soi

Une bonne relation à soi est d'entrer plus avant dans ce processus qui est le processus de notre divinisation.

La relation aux autres

De la même façon que Dieu se met par amour à notre service, nous devons nous aussi mettre au service de nos frères et sœurs humains.

Ce peut se faire par :

- la prière ;
- le pardon ;
- des actions concrètes et, en particulier, notre travail.

Il peut y avoir une option préférentielle pour les plus pauvres, les plus petits, les exclus... dans une sensibilité toute évangélique.

La relation à la Création

De la même façon que Dieu nous respecte, nous devons nous aussi respecter la Création qui est le lieu où nous est donné la possibilité de déployer notre vie.

L'écologie doit ici être considérée avec sérieux...

3.1.5   Vivre une vie ajustée à Dieu

La vie est un don de Dieu

La vie est don de Dieu. La Bible affirme que Dieu est la source de la vie et que la vie est le plus grand don fait à l'homme par Dieu.

Source de la vie humaine, Dieu en est aussi le pivot. L'homme n'a pas le droit de s'approprier égoïstement cette vie donnée par Dieu. Par conséquent, chaque seconde vécue par l'homme doit refléter la Présence divine.

Pour le Nouveau Testament et, plus particulièrement pour l'évangile de Jean, la vie éternelle commence dès maintenant. Elle consiste à vivre dans la totale dépendance de Dieu. La vie éternelle est une vie en ce monde, mais une vie d'une qualité radicalement différente de celle que les hommes séparés de Dieu vivent habituellement : c'est une vie ajustée à Dieu.

Servir Dieu

Cette vie d'une autre qualité est une vie dans la foi, la confiance en Dieu et la dépendance de Dieu. Comme je dépends de Dieu, je suis à son service. Ma raison d'être en ce monde est donc de servir Dieu.

Servir Dieu signifie essentiellement vivre d'après le commandement d'amour confirmé par Jésus : non seulement aimer Dieu de tout ce que nous sommes, mais aussi aimer son prochain et s'aimer soi-même.

Suivre le Christ

Comme chrétiens, pour vivre de la vie éternelle en ce monde, nous avons à marcher dans les pas de Christ qui, par ses paroles, sa vie et son œuvre, nous ouvre la voie de cette vie éternelle. Car, Il a dit lui-même : *« Je suis la Vie »*.

Les difficultés

Dans le monde d'aujourd'hui, notre vie individuelle et collective est remplie de valeurs qui nous éloignent de la vie éternelle et voilent d'ombres ses valeurs authentiques. Dans tous les domaines et à tous les niveaux, notre vie est éloignée de la qualité de vie, de pensée et d'action qui constitue le pivot de la vie éternelle révélée par Christ au monde.

Sommes-nous prêts à rejeter tous les chemins attrayants qui s'ouvrent devant nous afin d'avancer dans la voie de l'amour et du service, de la foi et de l'espérance, la voie de la croix qui témoigne de la vie éternelle ?

Vivre la vie éternelle suppose aussi que nous avancions déjà avec notre lampe et avec confiance sur les chemins de la terre, des chemins incertains, obscurs et difficiles. Avançons courageusement sur la route de la vie, avec nos lampes allumées, en accomplissant ce que nous avons à faire tout en sachant que Dieu est là, qu'Il nous accompagne et nous protège et nous soutient.

Etre signe du Royaume

Notre vie doit être vécue avec un sens de la responsabilité. La vie donnée à l'homme est à vivre dans un but divin : autrement dit, pour le Royaume de Dieu.

Ce qu'est la Vie éternelle

La vie éternelle est une vie de foi : la foi a une importance cruciale de la foi dans la vie de l'homme. Elle témoigne de son humilité devant le Mystère de Dieu.

La vie éternelle est une vie d'amour : la croix est la manifestation concrète de cet amour. Vivre la vie éternelle signifie exprimer activement l'amour dans notre vie.

La vie éternelle est une vie pétrie d'espérance. Pour le chrétien la vie n'est pas simplement ce qui existe dans le présent : c'est un mouvement ouvert vers l'avenir et qui se dirige vers lui.

La vie éternelle est une vie de service : si la foi et l'amour ne se transforment pas en actes par le service, ils ne sont que concepts théoriques. Les valeurs du Royaume doivent se concrétiser dans la vie de tous les jours.

La vie éternelle, vie de foi, d'amour et d'espérance, ne revêt son sens complet et véritable que par le service aux pauvres, aux nécessiteux et aux marginalisés.

Une rencontre avec Jésus

En Jésus Christ qui se désigne lui-même comme étant « vie éternelle », la vie n'est plus un « objet » à considérer : elle est quelqu'un à rencontrer. Alors, la vie devient Relation et c'est peut-être là une forme d'Infini...

Notre vie a de la valeur

Mort et temps sont liés et s'inscrivent dans une réalité qui est plus grande, celle de l'Éternité. L'Éternité est de l'ordre de la plénitude, c'est ce qui est ineffaçable, ce qui ressuscite de nos actes de vie : c'est la visite du ciel sur la terre, du divin dans l'humain, du « temps qualifié » dans le « temps ordinaire ».

Croire en la vie éternelle, c'est croire en une vie en Dieu possible, c'est croire que ce que nous sommes et ce que nous avons été ne se perdra jamais en Dieu, c'est penser aussi que tout ce qui nous affecte nous les humains, affecte le divin.

Les liens d'amour que nous avons tissés avec les autres sont éternels, gardés par Dieu pour l'Éternité. Vivre la vie éternelle maintenant, c'est être vivant avant notre mort, se laisser ressusciter par Dieu, aujourd'hui. Cette résurrection vue comme qualité extraordinaire de vie n'est pas obtenue par nos propres forces : c'est un don de Dieu où Christ nous fait entrevoir un Dieu de la créativité et du renouvellement et qui est vainqueur de la mort.

3.1.6   Une Vie éternelle déjà commencée

« 'Vie éternelle' désigne une existence transformée parce que Dieu y est présent, parce que le Christ l'habite et l'oriente, parce que l'Esprit l'anime. Elle commence dès à présent, dans notre vie actuelle et dans notre monde : « Celui qui croit a la vie éternelle » dit Jésus (Jn, 6.47). Il n'emploie pas un futur. Il ne dit pas que le croyant aura la vie éternelle, mais bel et bien qu'il l'a.

Quand on vit en fonction de Dieu, pour le Christ, au service du prochain, on est dans la vie éternelle. Notre existence n'est plus seulement charnelle (c'est-à-dire dominée par nos intérêts et le souci de nous-mêmes), elle devient spirituelle (c'est-à-dire transformée et renouvelée par l'action de l'Esprit).

Le croyant doit se concentrer d'abord, en priorité, sur ce que Dieu lui donne de vivre aujourd'hui et sur les tâches qu'il doit accomplir. Toutefois, la vie éternelle ne se limite pas à notre existence physique dans ce monde. Elle a une dimension future. Elle se continue au-delà de notre décès. Si la préoccupation de l'avenir ne doit pas nous faire oublier l'importance du présent, à l'inverse, l'attention à donner au présent n'écarte pas ni n'élimine la question de l'avenir. »

André Gounelle

« Or la vie éternelle c'est qu'ils Te connaissent, Toi le seul vrai Dieu, et Celui que tu as envoyé, Jésus-Christ » (Jn 17, 3)

3.1.7   Du cheminement spirituel

« Habituellement, notre engagement spirituel est lié à l'espoir de trouver une solution à nos problèmes. Notre attachement à cette idée préconçue entraîne immédiatement un sentiment de manque : ce qui nous arrive sur le chemin ne correspond pas à ce que nous attendions !

Il s'agit donc d'utiliser les situations quotidiennes comme terrain de base de notre travail. Et tant que nous ne serons pas convaincus que notre vie de chaque jour est le terrain précieux du cheminement spirituel, nous vivrons un sentiment d'échec.

La question n'est donc pas de savoir dans quelle mesure nous avons compris le chemin, mais dans quelle mesure nous le prenons au sérieux. »

de Gyétrul Jigmé Norbu Rinpoché

3.1.8 Du désespoir spirituel

Une personne s'engage sur le chemin spirituel lorsqu'elle a décidé de répondre à l'appel de Dieu et s'efforce de faire de cet appel le centre de ses activités et de ses choix.

On peut cheminer de deux manières sur le chemin spirituel : l'une active, l'autre passive.

- o la voie active est caractérisée par des efforts personnels (ces efforts doivent nous orienter vers le Bon, le Vrai et le Beau) ;

- o la voie passive est lorsqu'on n'agit point et on laisse Dieu agir en nous, se contentant de se comporter comme un sujet patient (cf. Jean de la Croix). La véritable passivité spirituelle, c'est la passivité de l'instrument, d'un instrument pleinement libre et adulte, qui a choisi d'être le coopérateur du Sauveur dans l'œuvre de la rédemption du monde. Cette passivité le rend souple, disponible entre les mains de Dieu, non pas d'abord pour pénétrer plus profondément les mystères de Dieu, mais pour dire à tel moment, et sous la conduite de l'Esprit, la parole qu'il faut dire, ou faire l'action qu'il faut faire et qui deviendra pour le prochain le chemin de la grâce divine.

Le désespoir spirituel se définit comme une expérience d'échec de tous ses propres efforts et de tous les efforts des autres. Ce désespoir sur le chemin spirituel est sain et il est bon de l'éprouver : il marque la fin d'une quête où l'on voudrait se construire par ses propres efforts.

Certes les efforts ne sont pas superflus, mais compter en premier sur Dieu et non d'abord sur soi est un signe d'humilité et l'humilité est à la base de la vie spirituelle. Cela permet d'entrer dans le lâcher-prise, l'abandon à Dieu et de voir qu'au fond nous ne contrôlons pas nos vies.

Nous pouvons alors entrelacer de façon juste dans nos vies activité et passivité : nos efforts ne sont plus alors qu'une réponse joyeuse au don de Dieu que nous désirons faire fructifier.

3.1.9 Le moment présent

Ainsi, l'attention au moment présent est peut-être aujourd'hui le grand secret de la vie spirituelle : cela donne une saveur singulière au moment présent. Il s'agit de vivre ce qui nous est donné de vivre dans la confiance et dans l'amour.

Il faut prendre conscience du moment présent de notre propre vie : c'est là où Dieu fait son œuvre en nous et où Il vient à notre rencontre. Là est le secret de la vraie vie, c'est le seul moment qui soit réel : à nous de nous en montrer dignes.

La sécurité

Vivre la vie éternelle dans le moment présent, c'est abandonner définitivement la peur : c'est se sentir fondamentalement en sécurité.

C'est encore accueillir le don de Dieu qui nous libère : un moi qui cherche la sécurité ne la trouve jamais, un moi qui désire le contrôle ne l'atteint jamais.

L'image de la manne

L'image de la manne est importante pour nous aider à structurer notre vécu du moment présent. Nous ne sommes pas là pour faire des provisions : chaque grâce est nouvelle et il ne sert à rien de vouloir retenir les grâces passées.

La grâce comme la manne ne se conserve pas (Ex 16, 19-20), elle se vit donc dans le présent.

L'acceptation du réel

Avec Dieu à nos côtés, nous voyons qu'il est ainsi possible d'avancer en toute confiance et de dire oui à la vie qui se déroule.

Accepter le réel, c'est laisser la Vérité se déployer : c'est ne plus vouloir tout contrôler. C'est accueillir humblement ce qui est et ce qui vient, même si l'on envisage de le canaliser et de l'orienter dans l'avenir.

L'acceptation du réel, c'est aussi s'accepter là où on en est du fait de son histoire personnelle, savoir que dans le présent nous sommes acceptés par Dieu tels que nous sommes ce qui nous permet à notre tour de nous accepter ici et maintenant.

3.1.10 Le contact avec l'Absolu

Le chemin spirituel est le lieu d'un contact avec l'Absolu qui peut devenir de plus en plus intime…

Le chemin spirituel peut s'approfondir indéfiniment : Dieu est toujours un horizon… Ainsi nous serons toujours en chemin : mais nous ne devons pas oublier que Dieu nous donne toujours le maximum de ce qu'il peut donner dans le moment présent.

Vivre le contact intérieur avec l'Absolu

Comme le dit Maître Eckhart, Dieu réside dans le fond de notre âme : le contact intérieur, c'est de l'éprouver et de l'y retrouver.

Le terme de mystique désigne ainsi tout contact intérieur et, non obligatoirement mental, avec l'Absolu. Ce contact intérieur avec le divin amène l'homme à prendre conscience que tout lui est possible avec l'appui de Dieu.

Celui qui a découvert ce contact intérieur avec Dieu connaît le bonheur de prier, un bonheur qu'il lui est difficile d'exprimer et de faire partager, comme toute expérience profonde.

Mais nous ne devons pas oublier que le fait de présenter la parole et l'image d'un contact intérieur avec Dieu, même lorsqu'il s'agit d'une expérience mystique authentique, dépend toujours des capacités de l'âme humaine et de ses limites. Seule la Parole réelle de la Révélation, telle que nous la recevons dans la foi transmise par l'Église, mérite notre confiance illimitée.

Vivre le contact extérieur avec l'Absolu

Dans notre vie de tous les jours, nous vivons naturellement le contact extérieur avec Dieu : Dieu transparaît autour de nous dans les êtres et dans les choses, même si nous le percevons qu'imparfaitement.

Vivre les sacrements

Les sacrements sont dans la Foi le lieu d'un contact avec Dieu qui ouvre nos sens et nous rénove : quand on vit les sacrements, on vit le contact avec Dieu, avec l'Absolu. Par grâce, Dieu nous donne d'« encaisser » pourtant sans dommage ce contact avec Lui qui, loin de nous annihiler, nous ouvre à la vraie vie.

3.2 LA VIE HUMANO-DIVINE

« Le premier passage est notre naissance humaine... Passage prodigieux, déjà... mais ce premier passage n'est que la condition d'un second passage.

Le deuxième passage est celui d'une existence humaine à l'existence proprement humano-divine. Ce passage est incommensurable par rapport au premier ou alors nous ne savons pas ce que nous disons quand nous prononçons le mot Dieu.

C'est énorme que de passer du néant à l'existence humaine, mais c'est encore beaucoup plus énorme de passer de l'existence humaine à l'existence humano-divine. Le premier passage se fait sans notre assentiment... Le deuxième passage ne se fait pas sans nous, il s'accomplit tout au long de la vie. »

(François Varillon, « Joie de croire, Joie de vivre »)

3.2.1 La vie

Peut-être pouvons-nous nous arrêter un instant et considérer ce qu'est la vie ? De voir qu'elle peut être la source d'un émerveillement constant.

La vie nous habite. La vie procède d'une Source abondante et invisible. La vie est autour de nous, foisonnante et complexe.

Toute vie est un don de Dieu et le grand défi est de vivre aussi notre vie de façon divine, c'est-à-dire de conjuguer l'humain et le divin : c'est ce que nous appelons notre vie et notre bonheur éternels.

Jésus, vrai Dieu, vrai Homme, nous offre de vivre de sa Vie Humano-Divine, pleinement humaine, pleinement divine. Il ne tient à nous que de ratifier consciemment ce don infini de Dieu et à nous engager pour le faire fructifier.

La Vie Humano-Divine n'est pas d'abord au bout de nos seuls efforts et Clark Pinnock souligne bien le don de Dieu en Jésus :

« Jésus représente l'humanité de telle façon que ce qui a pris place en lui peut se répéter en chacun de nous ».

De ce fait, même si les mots révèlent leur limite, nous pouvons tenter de parler maintenant de cette Vie Humano-Divine et, donc, de la participation espérée de l'homme à cette Vie Humano-Divine par don gratuit de Dieu. Jésus, le Christ, est là notre seul Médiateur : c'est par son intermédiaire que nous avons accès au cœur même de Dieu, à la Vie de Dieu.

3.2.2 Un appel

Jésus-Christ, le Fils de Dieu, a vécu et vit la Vie Humano-Divine. Dieu nous a appelés à être pour Lui des fils adoptifs dans le Fils, à être d'« autres » Christs.

Entrer dans la Vie Humano-Divine est donc le fait d'un appel qui retentit un jour dans nos vies et cet appel peut se renouveler si nous ne l'avons pas entendu ou si nous l'avons ignoré.

L'appel à la Vie Humano-Divine est donc destiné à tous et il est constant, car Dieu frappe constamment à la porte de notre cœur.

L'intention

Notre intention fondamentale doit être de s'engager sur le chemin de la Vie Humano-Divine, de vivre la filialité et de vouloir ne pas dévier. Nous devons avoir cette intention à chaque moment de notre vie et surtout quand celle-ci devient plus difficile.

C'est ici qu'il faut faire preuve de détermination, de décider de vivre la vraie vie quoi qu'il en coûte. Dans ce cheminement, on n'est pas seul mais accompagné par Dieu lui-même.

3.2.3 La Providence

Faire le choix de la Vie Humano-Divine est audacieux. Seuls et laissés à nous-mêmes nous ne sommes pas à la hauteur ; mais, par don et par appel de Dieu, cela est possible.

Parfois, tout ira bien et cela semblera facile. Mais parfois, nous serons pris dans les tourbillons du monde et, peut-être, près de perdre pied.

C'est là qu'intervient notre foi en Dieu et en Sa Providence. Dieu est attentif à ce qui se passe dans le monde. Ceci permet d'entrer dans la confiance et l'abandon puisque Dieu concourt au bien du monde et de tous ceux qui le cherchent.

Comme le dit sainte Thérèse de Lisieux : *« Tout est grâce »*. Ceci nous rend joyeux et nous évoluons en confiance, car nous savons que Dieu et Sa Providence sont toujours à nos côtés. Même dans les pires moments, Dieu sera là et portera avec nous notre Croix et, alors, notre joug nous paraîtra plus léger.

Oui, le réel de Dieu est bienveillant : dans tout ce qui nous arrive, nous sommes accompagnés, soutenus et aimés. Souvent la souffrance est de notre fait, car nous résistons au réel, nous n'acceptons pas le réel tel qu'il est. Certes, parfois, nous sommes frappés injustement par le mal : mais c'est encore une occasion de grandir, car au cœur de cette épreuve, nous avons la confiance qu'il y a toujours une dimension d'espérance et de résurrection.

3.2.4 Un nouveau regard

Ne disons que nous avons besoin de temps pour commencer à vivre de la Vie Humano-Divine. Dieu nous prend tels que nous sommes dans le présent. C'est dès maintenant que nous pouvons décider de faire ce choix et de nous y tenir.

Une fois que nous avons fait ce choix, notre regard va être amené à changer : regard sur Dieu, sur nous-mêmes, sur les autres et sur l'univers.

La Vie Humano-Divine signifie que nous nous considérons nous-mêmes, par don de Dieu, comme un « autre » Christ ainsi que nos frères et sœurs, que nous voyons Dieu partout à l'œuvre dans la Création et que la Création nouvelle est déjà commencée d'une certaine façon.

Notre nouveau regard est ainsi un regard plein d'Amour et de Vérité. C'est le regard d'un fils qui ne craint pas et qui fait totalement confiance à son Père en ce qui concerne les événements de sa Vie.

Ce choix de la Vie Humano-Divine est certes exigeant et nous pouvons nous demander comment cela se fera quand nous voyons notre état. Soyans confiants : la vie est transformation et Dieu saura bien nous accompagner sur ce chemin.

3.2.5　La co-création

Vivre de la Vie-Humano divine, c'est choisir d'accomplir un travail (intérieur) de transformation, de travailler avec Dieu pour nous transformer ainsi que le monde.

Dieu ne cesse à chaque instant de créer et de recréer le monde. Son désir le plus profond est que nous nous associons consciemment à cette tâche de création et de recréation.

Le terme de co-création (création avec Dieu) résume ce travail :

- o la co-création de nous-mêmes ;
- o la co-création de nos relations avec les autres et avec Dieu ;
- o une co-création pour transformer le monde.

La co-création est à la fois mon agir et, aussi dans mon agir, l'agir de Dieu : elle est à la base des actes de la Vie Humano-Divine.

3.2.6　La vie quotidienne, sacrement de la Vie Trinitaire

En fait, aussi loin que nous pouvons penser et vivre, la Vie Humano-Divine se déploie dans et au travers de la vie de tous les jours. Le besoin de laisser Dieu s'exprimer dans notre conscience et notre vie se manifeste alors comme authentique humilité, qui consiste à ne pas avoir peur de vivre « une vie ordinaire de personne ordinaire » : nous pouvons penser ici à la vie cachée de Jésus à Nazareth.

C'est dans le concret de la vie ordinaire que nous sommes appelés par Dieu à nous sanctifier en faisant de notre mieux pour L'aimer et servir notre prochain : ici, la vie quotidienne est sacrement de la vie trinitaire.

Jean de la Croix dit qu'il ne faut pas être englué dans le « matériel » ou dans le « spirituel ». Selon lui, il faut choisir la voie médiane.

Nous avons à être dans la vie quotidienne comme le levain, nous avons aussi à être le sel de la vie. Une vie d'amour se nourrit de petites choses. Il faut aimer dans le concret par des petites choses qui s'accumulent les unes les autres : c'est cela l'enfouissement dans une vie ordinaire.

Nous pouvons demander à Dieu de nous infuser les trois vertus théologales (la Foi, l'Espérance, la Charité) pour mener notre vie. Nous pouvons aussi concevoir cette vie comme un chemin pascal de mort à nous-même et de résurrection continuelles.

3.2.7 Introduction à la Vie Humano-Divine

La Vie Humano-Divine place la Providence de Dieu au centre de notre vie ainsi que la Bonté essentielle du réel. Nous sommes alors appelés à vivre et à témoigner de la liberté et de la gratuité des enfants de Dieu.

Nous pouvons ainsi considérer autrement notre vie, c'est cela la réponse à l'origine et au cœur de ce chemin : il n'y a rien de plus simple. Ici, ce qui prime, c'est la confiance absolue en Dieu.

Quand les vents semblent contraires, nous pouvons nous souvenir de la Croix du Christ et que nous sommes accompagnés par Dieu sur notre chemin de vie.

Dans tous les cas, nous devons nous rappeler que notre vie est fondamentalement OK, c'est-à-dire voulue et soutenue par Dieu lui-même.

LE TRAVAIL PERSONNEL

La décision de vivre de la Vie Humano-Divine nous engage à poursuivre un travail personnel. Ce travail est un long chemin, comme l'est toute conversion. Il s'agit d'un processus lent et complexe. L'enjeu reste notre aptitude à ouvrir notre porte à la présence de Dieu. Ce travail consiste donc à retrouver le lieu profond où se joue l'alliance entre Dieu et l'homme, dénommé classiquement comme le cœur.

Ce travail personnel se déploie suivant deux grands axes :

- un axe individuel :
  - cultiver la relation avec Dieu ;
  - « Connais-toi toi-même ».
- un axe sociétal :
  - cultiver les relations avec les autres ;
  - agir dans le monde et la société.

Cultiver la relation avec Dieu

Comme toute relation que l'on veut cultiver, il est là nécessaire de donner du temps à Dieu.

La prière, l'oraison ou la contemplation régulières en sont le moyen incontestable. Mais il est aussi important de se mettre, dans le présent, en présence de Dieu et de nous remettre dans cette Présence si nous en avons été oublieux. De même, quand nous interagissons avec la Création et avec les autres, nous interagissons aussi avec Dieu. Là, il importe d'être vigilants et de Lui demander la grâce de vivre et d'exprimer Son Amour.

Mais l'Amour ne va pas sans connaissance de qui l'on aime : l'approfondissement de la foi chrétienne, l'étude, la lecture de la Bible ou d'ouvrages spirituels, des retraites… sont aussi certainement incontournables à cet égard.

« Connais-toi toi même »

L'idée qu'il y a un chemin de transformation personnelle à parcourir est un moteur de la vie. Transformation, c'est-à-dire développement ou accomplissement personnel. Les maîtres de la psychologie des profondeurs n'y sont pas étrangers. Ils ont formulé en langage moderne, et à partir des blessures et maladies des hommes, une intuition multi-séculaire de l'occident, déjà mise en valeur par les grands philosophes de la Grèce antique : il y a un travail intérieur à accomplir pour devenir réellement humain : **« Connais-toi toi même »**.

Dans ce cadre, beaucoup se rendent compte qu'ils ont besoin de travailler leur psychisme et, en particulier, leur ombre.

Mais cela ne se fait pas tout seul. Y sont nécessaires un accompagnement, une communauté, la proposition d'un style de vie. Elles accompagnent le besoin fondamental : pour acquérir sa pleine stature, un homme a besoin d'être entouré. Ce n'est que plus tard qu'il pourra vivre de façon responsable. L'accompagnement lui permettra un usage juste de sa liberté, la communauté lui donnera la possibilité de relations humaines vraies. Ici la relation avec Dieu est primordiale. Si elle est établie, tout le reste, y compris la guérison du psychisme, prendra soin de lui-même.

Cultiver les relations avec les autres

Ce qui est important ici dans les relations avec les autres, c'est de cultiver l'Amour et la Vérité. Cette attitude est une grâce, elle nous vient de Dieu. Nous pouvons la demander et la redemander.

Ici, notre travail sur nous-même (**« Connais-toi toi même »**) permet de réduire de façon notable les dysfonctionnements dans nos relations et d'identifier puis de résoudre les problèmes potentiels ou déclarés.

Si nous sommes déjà un « autre » Christ, a fortiori nos frères et sœurs sont aussi d' « autres » Christs : si nous gardons cela de façon constante à l'exprit, nous pouvons entretenir avec chacun des relations véritablement humano-divines et co-créer un monde de justice et de paix.

Agir dans le monde et la société

Agir et co-création sont extrêmement liés. Une spiritualité de l'action permet d'agir dans le monde en même temps qu'on y perçoit l'action de Dieu.

C'est aussi une spiritualité de l'engagement au quotidien qui permet de « devenir un saint » quand on est pleinement engagé dans le monde, non pas à côté des tâches quotidiennes, ni même en sanctifiant ces tâches par la prière, ou la vertu, ou les bonnes oeuvres, mais dans l'épaisseur même de ces tâches temporelles.

La Vie Humano-Divine ne signifie pas que l'on se repose. On mesure cette Vie à rien d'autre qu'à la vigueur de l'action qui en découle. L'action devient une composante importante du quotidien et est faite pour la gloire de Dieu. C'est en se sens que l'on devient co-créateur avec Dieu. Mais nos actions ne sont plus seulement les nôtres propres, elles deviennent humano-divines : Dieu s'exprime aussi au travers de ces actions qui sont alors démultipliées et ont un impact gigantesque dans le plan divin. Nous pouvons alors devenir comme les saints de « grands bâtisseurs » et apparaître infatigables. Nous participons alors pleinement à l'œuvre de la Création. Nous témoignons de notre engagement dans la Création pour faire advenir le Royaume de Dieu.

La Vie Humano-Divine peut alors se parcourir en toute innocence, en toute humilité, en toute tranquillité, sans se préoccuper des fruits de l'action. On y développe l'art de l'écoute, donc l'art du silence. On s'y méfie des vains jeux conceptuels de l'esprit parce que cela est source de dispersion mentale.

3.2.8   La joie

Quelle est cette joie imprenable que l'on expérimente dans la Vie Humano-Divine ? **C'est la joie que Dieu que nous aimons est éternellement heureux**. Nous ne nous réjouissons pas ainsi d'abord de notre propre joie mais en premier de celle de Dieu.

Notre joie est aussi d'accueillir le don de Dieu qui veut faire de nous ce qu'Il est : comme le dit Saint Paul, la vie chrétienne est Joie et Paix dans l'Esprit Saint… Notre joie est encore de prendre conscience de la Providence de Dieu qui nous garde et qui nous ouvre un chemin de Vie. Dans ce cadre, la prière est alors simplement pour la joie d'être avec Dieu.

La joie n'abolit pas la souffrance en cette vie : elle permet de la traverser. Dans tous les cas, unir sa souffrance à celle du Christ, c'est la transfigurer. C'est clairement l'expérience d'Elisabeth de la Trinité qui voit dans la souffrance une occasion de rencontre plus intime avec Celui qu'elle adore, d'où la joie qui l'habite. Et quand nous passons par des épreuves qui nous semblent lourdes ou trop lourdes, n'hésitons pas à crier vers Dieu, à lui demander de l'aide.

La Vie Humano-Divine nous ouvre ainsi à une joie sans mesure et indéracinable qui transfigure notre quotidien : la joie d'être un homme appelé à devenir Dieu et à en vivre déjà dans une communion et une communication avec Dieu et tout le créé. Quelle joie que de voir Dieu où que nous nous tournions !

3.2.9 La filialité

Le cœur de la Vie Humano-Divine est certainement la filialité à la suite de Jésus.

La Relation filiale

L'accès à la relation filiale, c'est de reconnaître Dieu comme Source. La relation filiale nous fait donc dépendre radicalement d'un autre qui est Dieu. Etre véritablement fils, c'est voir Dieu. Vouloir être fils, c'est tendre à la communion avec Dieu et, en Dieu, avec les autres. La caractéristique essentielle d'un fils de Dieu, c'est d'unir sa volonté à celle de Dieu ou de conformer sa volonté à la Sienne.

Le mystique dans la relation filiale accepte toute de la réalité, même la réalité parfois difficile du monde sachant que Dieu a pouvoir, s'il le veut, de la changer : Dieu peut même se servir de nous à cet effet. La vie de Jésus en est l'exemple parfait : particulièrement, dans sa Passion et dans la Croix.

3.2.10 Les sacrements

Pour le baptisé qui veut vivre de la Vie Humano-Divine, les sacrements sont une aide inestimable. Nous sommes, en effet, en chemin : les sacrements sont le pain pour la route, un moyen de notre transformation et de notre sanctification... et de notre Union avec Dieu.

Là, nous recevons la grâce comme don de Dieu et tout ce que Jésus nous a valu par Son Incarnation, par Sa Croix et par Sa Résurrection.

3.2.11 La Descente Hypostatique de l'Esprit

La Vie Humano-Divine avec Dieu résulte d'une unité sponsale de l'être humain et de l'hypostase de l'Esprit.

Cette unité sponsale peut être interprétée selon la pensée du Père Serge Boulgakov comme la descente hypostatique de l'Esprit sur l'être humain (cf. la Vierge Marie à l'Annonciation, Jésus au Baptême, les Apôtres à la Pentecôte...) : l'être humain est ici adopté comme « Fils » adoptif (ici, Jésus est adopté dans son humanité).

La vie hypostatique du Saint-Esprit en nous consiste donc en ce que le Christ soit révélé en nous ! Alors, la vie vécue ici consiste à accomplir une œuvre créatrice personnelle qui comprend inévitablement un certain *« risque spirituel »* qu'il faut oser prendre avec assurance.

« Le renoncement et l'acceptation de la Croix, la patience, par lesquels nos âmes accomplissent leur salut, la pauvreté spirituelle, qui mène au Royaume des Cieux, et, en tant que qualité générale de tout ce chemin de croix, l'humilité, voici le tableau de la vie spirituelle du chrétien. » (Père Serge Boulgakov, Le Paraclet, p. 290)

« La voie du chrétien ne peut être seulement humble passivité, elle consiste indispensablement à agir d'une manière créatrice, à prendre ses responsabilités, à se déterminer soi-même et, chose inséparable et même en un certain sens identique, à oser (« l'assurance »). » (Père Serge Boulgakov, Le Paraclet, p. 293-294)

3.2.12 Des sens qui deviennent spirituels

Dans la Vie Humano-Divine, nos sens et notre conscience sont transformés, rafraîchis et rénovés. Ils deviennent spirituels (cf. Origène et Syméon le Nouveau Théologien) : ils vont au-delà de la réalité par le moyen de la Foi pour plonger dans le cœur même de Dieu.

Là, c'est le Christ en nous qui sent par nos sens.

LA RÉNOVATION DES SENS

Comme le dit Saint Paul « Vous avez dépouillé le vieil homme avec ses manières pour revêtir l'homme nouveau qui ne cesse de se renouveler à l'image de celui qui l'a créé, en vue d'atteindre à la parfaite connaissance ».

Les sens spirituels fonctionnent alors comme le faisaient les sens naturels, mais ils sont en contact « immédiat » avec la réalité. Ils sont vécus sans repli sur nous-mêmes. C'est l'advaïta, le vécu de non séparation qui fonctionne avec des sens et une conscience maintenant « advaïtiques ».

```
« L'Aimé, c'est pour moi les montagnes,
Les vallons boisés, solitaires,
Toutes les îles étrangères
Et les fleuves retentissants,
C'est le doux murmure des brises caressantes.

Il est pour moi la nuit tranquille
Semblable au lever de l'aurore,
La mélodie silencieuse,
Et la solitude sonore,
```

```
Le souper qui recrée, en enflammant l'amour. »
(Jean de la Croix
```

Saint Jean en témoigne :

« Ce qui était dès le commencement, ce que nous avons entendu, ce que nous avons vu de nos yeux, ce que nous avons contemplé et que nos mains ont touché, concernant la parole de vie, - car la vie a été manifestée, et nous l'avons vue et nous lui rendons témoignage, et nous vous annonçons la vie éternelle, qui était auprès du Père et qui nous a été manifestée, - ce que nous avons vu et entendu, nous vous l'annonçons, à vous aussi, afin que vous aussi vous soyez en communion avec nous. » (1 Jn 1-3).

La vue

Notre vue est transformée et nous voyons clairement Dieu dans tout ce qui nous entoure, dans tout ce que nous percevons :

Tout est devenu Image de Dieu et à l'image de Dieu dans la Création. Nous voyons pleinement le Christ autour de nous et en nous. Nous voyons donc pleinement le Fils, car Saint Paul dit que le Fils est l'Image du Père, qu'il est « l'Image du Dieu invisible » (Col. 1, 15).

Ce n'est pas une vision panthéiste (« Tout est Dieu ») mais une vision panenthéiste (« Tout est en Dieu »).

L'ouïe

Par l'ouïe, nous entendons la Parole de Dieu - cette Parole qui est Dieu (Jn 1, 1) - dans les différents sons (même les bruits les plus anodins).

Nous entendons aussi l' « Aum » primordial, la vibration qui crée et qui soutient le monde.

Le goût

En toutes choses, nous avons le goût de Dieu, nous « mangeons » Dieu et le mystère de l'Eucharistie s'éclaircit pour nous.

L'odorat

Nous sentons l'odeur du Christ en toutes choses et nous exhalons cette même odeur :

« Car nous sommes bien la bonne odeur du Christ. » (2 Co 2, 15).

Cette odeur est agréable à Dieu et s'élève vers Lui comme un encens.

Le toucher

En toutes choses, nous ressentons le toucher (extérieur et intérieur) de Dieu et nous touchons Dieu.

UNE EXPÉRIENCE PARADOXALE

Cette expérience des sens est cependant paradoxale. Saint Jean de la Croix la décrit :

- Pour arriver à goûter tout, veillez à n'avoir goût pour rien ;
- Pour arriver à savoir tout, veillez à ne rien savoir de rien ;
- Pour arriver à posséder tout, veillez à ne posséder quoi que ce soit de rien ;
- Pour arriver à être tout, veillez à n'être rien, en rien.

Alors :

- Pour arriver à ce que vous ne goûtez pas, vous devez passer par ce que vous ne goûtez pas ;
- Pour arriver à ce que vous ne savez pas, vous devez passer par où vous ne savez pas ;
- Pour arriver à ce que vous ne possédez pas, vous devez passer par où vous ne possédez pas ;
- Pour arriver à ce que vous n'êtes pas, vous devez passer par ce que vous n'êtes pas.

LA TÉNÈBRE

Pour fonder notre compréhension de la vie divine, il peut être intéressant de retrancher tous ses sens et aussi sa conscience. On entre alors en « sommeil profond » alors qu'on est dans l'état de veille.

Saint Jean de la Croix nous parle de cette expérience :

```
« pour arriver à ce que tu ne goûtes pas,
tu dois aller par où tu ne goûtes pas ».
```

Ceci permet d'accéder à la ténèbre du créé. Une fois que nous avons pris conscience de la ténèbre du créé, Dieu, dans sa bonté, peut nous permettre d'accéder par la Foi à la Grande Ténèbre qu'Il est dans Son fond.

Alors, nous nous reposons dans la Grande Ténèbre : nous accédons à la pure passivité, nous sommes « immergés » en Dieu dans l'Essence divine.

« Dans l'immense ténèbre, je vois la Trinité sainte, et dans la Trinité, aperçue dans la nuit, je me vois moi-même, debout, au centre » (Angèle de Foligno).

Par la vue, nous « voyons » alors directement ou dans la foi la Grande Ténèbre qu'est Dieu. Dans notre conscience se forme l'image de cette Ténèbre, l'Image de Dieu.

Ensuite, après cette expérience de ténèbre, il est fructueux d'observer la « sortie » la ténèbre qui permet de « comprendre » quelque chose de la naissance du Fils en Dieu, l'acte créateur lui-même ainsi que le fait que le manifesté sorte du non-manifesté.

Lors de cette sortie de la Ténèbre, nos sens et notre conscience sont rafraîchis rénovés. Ils deviennent spirituels. Le vécu de la Ténèbre a pu être le tremplin de nouveau vécu.

La nuit des sens corporels comme condition d'éveil aux sens spirituels est un thème récurrent chez Grégoire de Nysse. Cette nécessaire purification des différentes facultés, comme porte d'entrée de la vie mystique, a été abondamment reprise et développée par Saint Jean de la Croix dans « La montée du Carmel » et dans « La nuit obscure ».

3.2.13 La conscience advaïtique (non-duelle)

Dans la Vie Humano-Divine, la conscience est le lieu d'une transformation radicale : elle est devenue « advaïtique ».

Cette nouvelle conscience conduit l'être humain à une joie et à une paix parfaites. Avec cette conscience, il ne se sent plus séparé du monde, ni de Dieu : la séparation, autrefois source d'une grande souffrance, est abolie.

Cette nouvelle conscience est aussi contemplation de la Beauté. Cette contemplation de la Beauté laisse être les choses telles qu'elles sont, telles qu'elles sortent des mains du Créateur avec leur réalité pleine et sensible qui par sa surabondance, témoigne de l'être surabondant de Dieu, de sa gratuité et par conséquent, de son amour. Cette contemplation de la beauté fait accéder à l'harmonie universelle.

La conscience « advaïtique » perçoit par les sens spirituels sans aucun retour sur elle-même. Elle va même au-delà par le moyen de la Foi pour plonger dans le cœur même de Dieu.

La vision de la Lumière incréée

L'être humain dans la conscience « advaïtique » voit la Lumière incréée avec les yeux de l'Esprit ce qui lui confère une vision pénétrante : pour lui, la Lumière incréée filtre dans le monde qui l'entoure et même en lui.

L'être humain voit alors Dieu en toutes choses et toutes choses en Dieu.

L'immédiateté

Dans l'immédiateté de la conscience « advaïtique », la ténèbre du créé est perçue immédiatement par les sens rénovés et par la conscience. Alors, dans la Foi, l'être humain peut accéder à la Grande Ténèbre de Dieu.

C'est une immersion dans l'Essence divine, tout en étant éveillé et un repos de l'être. La chair ressent un doux feu, un pétillement et le plaisir d'une incarnation vécue en Dieu. C'est une véritable perception de Dieu dans l'intériorité de l'être.

L'action de grâce du créé

Dans cette conscience, l'être humain voit que tout autour de lui, les êtres et les choses, dans leur être, rendent gloire à Dieu.

S'il est attentif à ce fait, il peut voir comme un parfum monter vers Dieu, comme une lumière qui vient de Dieu et qui filtre et qui retourne à Dieu.

Notre archétype divin

Dieu nous connaît de toute éternité. En Lui, nous avons une image, un archétype divin. Cette image est dans son Fils, elle est son Fils.

L'être humain divinisé veut « adhérer » à cet archétype divin à chaque instant de sa vie dans une obéissance absolue au Père. Dans la conscience « advaïtique », il « est » cet archétype, il incarne pleinement cet archétype, il « danse » cet archétype qui est lui.

3.3 APPROCHES DE LA TRINITÉ

Qu'il est grand le mystère de la Trinité ! Pour en parler, il faut certainement faire œuvre d'une grande humilité.

Celui qui veut se consacrer à cette tâche ne peut que donner tout son être et tout son corps en offrande et en sacrifice à Dieu, ne gardant pour lui qu'une graine de conscience pas plus grosse qu'une graine de moutarde.

C'est de cette graine de conscience qu'il va parler, témoignage de sa petitesse, de sa finitude et de son néant face à Dieu.

Un mystère, c'est quelque chose de difficile, bien sûr, que nous ne comprenons qu'en partie, mais que nous comprenons quand même un peu.

La vie trinitaire est joie. Elle ne se résume ni à un article de foi ni à un concept, parce qu'elle est vie, intensité de vie, embrasement amoureux. Elle n'est pas extérieure à l'homme parce que l'homme n'est pas étranger à Dieu : celui qui aime demeure en Dieu et Dieu en lui. Chaque fois que nous aimons, nous participons de manière mystérieuse et cachée à la vie trinitaire elle-même, à l'amour du Seigneur qui se répand.

Les mots défaillent pour exprimer ce qu'est la Trinité.

En fait, nous ne pouvons rien savoir a priori de la Trinité, de la Vie même de Dieu : celle-ci ne nous est communicable que par une révélation venant de Dieu lui-même.

L'originalité du Christianisme est qu'il ne se limite pas à un Dieu un, mais qu'en Jésus, il dévoile l'intimité du Dieu unique : Dieu est un Dieu en trois personnes :

- o le Père ;
- o le Fils ;
- o l'Esprit Saint.

A ma connaissance, il n'existe pas d'autre religion où soit dévoilé le cœur de Dieu.

3.3.1 Le Dieu Trinitaire en lui-même

Le mystère de la Sainte Trinité est « le mystère des mystères » de notre foi, le mystère fondamental du christianisme.

Dieu est unique, Dieu est un. Dieu est aussi Trinité, Dieu est Père, Fils et Saint-Esprit. Les trois Personnes sont coéternelles et égales bien que distinctes. Ces trois Personnes sont aussi consubstantielles, c'est-à-dire qu'elles possèdent chacune la totalité de l'Essence divine, de la nature divine (l'Essence divine n'est, en effet, pas divisée entre les Personnes).

Pour la formulation du dogme de la Trinité, l'Église a dû développer une terminologie propre à l'aide de notions d'origine philosophique : « substance », « personne » ou « hypostase », « relation »… Ce faisant, elle n'a pas soumis la foi à une sagesse humaine mais a donné un sens nouveau, inouï à ces termes appelés à signifier désormais aussi un mystère ineffable, « infiniment au-delà de tout ce que nous pouvons concevoir à la mesure humaine ».

Pour pénétrer le mystère de la Trinité, il faut comprendre et expliciter comment se réalisent en Dieu la notion de Père, de Fils, d'Esprit, de Relation, de Verbe, d'Amour, de Personne et même d'Être. Nous savons seulement que les réalités créées que nous appelons de ces noms sont des analogies de ce qui est réalisé à l'Infini en Dieu.

La distinction des Personnes n'est pas une notion abstraite, elle repose, au contraire, sur une différence réelle qui est fondée sur les relations qui existent entre elles.

Il faut donc toujours considérer le Père, le Fils et le Saint-Esprit ensemble et en relation : la Vie trinitaire est une circumincession (circulation, échange) entre les Personnes divines.

Saint Jean dit « **Dieu est Amour** ». Ce n'est pas étonnant, car la Vie du Dieu Trinitaire est en elle-même relation entre les personnes divines. Et qu'est-ce-qui peut le mieux qualifier ces relations que l'**Amour** ?

3.3.2   Génération du Fils et Procession de l'Esprit

Dans la Sainte Trinité, la source de la divinité est le Père de qui le Fils tient son essence par génération et l'Esprit par procession.

La différence entre le Fils et l'Esprit, quant au mode d'être, implique une distinction hypostatique : l'Église insiste sur ce point. En même temps les Saints Pères confessent l'impossibilité pour l'esprit humain de comprendre en quoi consiste cette différence.

Saint Grégoire de Naziance écrit : « *Tu demandes ce qu'est la procession du Saint Esprit ? Dis-moi d'abord ce qu'est l'innascibilité du Père. Alors, à mon tour, j'expliquerai la génération du Fils et la procession du Saint Esprit. Ainsi serons-nous frappés tous les deux ensemble de folie pour avoir voulu scruter le mystère de Dieu* ».

Saint Jean Damascène note d'une manière concise : « *Aucun effort d'intelligence ne peut nous livrer le comment de la génération et de la procession* »

En Occident, par contre, la théologie scolastique a essayé de donner une explication de la génération et de la procession à partir des analogies psychologiques. Il est vrai que saint Augustin avait déjà usé de cette méthode, seulement l'évêque d'Hippone n'y avait jamais vu autre chose que des comparaisons pour permettre à l'esprit humain une certaine approche du mystère trinitaire et non pas une explication rationnelle des relations intra-divines ; il écrit d'ailleurs : *« Quant à la différence qu'il y a entre la génération et la procession, je ne sais, ni ne puis ni ne suffis ».*

La génération du Fils de Dieu dans le sein de son Père est ineffable de même que la procession du Saint-Esprit.

Du Père au Fils tout peut se résumer en un mot : à son Fils, le Père donne tout.

De même que du Père au Fils tout se résume d'un mot : le Père donne tout au Fils, du Fils au Père tout peut aussi se dire d'un mot : le Fils rend au Père tout ce que celui-ci lui a donné.

Ici, le Père communique toute la substance divine au Fils et au Saint-Esprit par la génération du Fils et par la procession du Saint-Esprit.

3.3.3 La vision de saint Thomas d'Aquin

- o Un seul Dieu, une seule essence, ou substance, ou nature ;

- o Deux processions : la génération (du Fils) et la spiration (du Saint Esprit), et deux actes notionnels : l'acte de connaissance qui constitue le Fils et l'acte de volonté qui constitue l'Esprit ;

- o Trois personnes : le Père, le Fils et le Saint Esprit ;

- o Quatre relations : la paternité, la filiation, la spiration active (du Père et du Fils à l'Esprit) et la spiration passive (de l'Esprit au Père et au Fils) ;

- o Cinq propriétés : l'innascibilité (du Père) ; la paternité (du Père) ; la filiation (du Fils) ; la spiration active (par le Père et le Fils) ; la procession passive (du Saint Esprit).

On peut considérer aussi qu'en Dieu il y a deux actes notionnels : l'acte de connaissance qui constitue le Fils et l'acte de volonté (relié à l'Amour) qui constitue l'Esprit.

En Dieu, tout est un s'il n'y a pas opposition des relations. Les trois personnes agissent de façon inséparable à l'extérieur d'elles-mêmes.

Quant à l'appropriation, elle consiste à attribuer à seule Personne une propriété (par exemple la création attribuée au Père) qui est en réalité commune aux trois Personnes divines.

3.4 LE PARTAGE DE LA VIE TRINITAIRE

Le Partage de la Vie Trinitaire pour l'homme est un événement (un Éternel Événement d'Amour) : ce n'est ni un état, ni une expérience. Car un état ou une expérience finissent toujours par cesser. Le Partage de la Vie Trinitaire est un socle inamovible où il n'y a plus de place pour le « petit moi » de l'individu qui vit ses expériences fussent-elles extatiques (on retrouve ici quelques caractéristiques de l'éveil dans d'autres traditions).

C'est pour cela que Jésus parle d'une mort à soi-même.

Saint Augustin était sensible à ce dont le Christ sauve : le péché, mais surtout à ce en vue de quoi il sauve : le Partage de la Vie Trinitaire, la divinisation. La Participation à la Vie divine est le cœur même de la Rédemption.

La finalité du chemin spirituel est donc le Partage de la Vie Trinitaire. Une telle béatitude dépasse l'intelligence et les seules forces humaines. C'est pourquoi on la dit surnaturelle, ainsi que la grâce qui dispose l'homme à entrer dans la vie divine.

3.4.1 Se disposer à Dieu par amour

Le partage de la vie de Dieu, la vie trinitaire n'est pas au bout des efforts du mystique. Elle est un don gratuit de Dieu.

En fait, Dieu nous « teste ». Il veut d'abord que nous montrions notre bonne volonté à vivre de la vie qu'il nous offre dans le quotidien. C'est en ce sens que nous pouvons nous disposer à son don gratuit du partage de la vie trinitaire.

Ce que nous essayons de faire alors, c'est de séduire Dieu pour qu'il fasse brèche dans nos vies et nous emmène jusqu'à l'union avec lui par amour.

Se disposer, c'est certainement cultiver :

- o l'humilité ;
- o la pauvreté ;
- o la chasteté ;
- o l'obéissance à la Volonté de Dieu.

C'est aussi :

- o vivre de foi ;
- o s'offrir à Dieu ;
- o faire confiance à Dieu ;
- o aimer ;
- o fuir le péché ;
- o voir en toute chose l'action de la Providence de Dieu, à l'œuvre.

Ici, l'Epouse ne se pare pas pour elle-même, mais pour la joie de l'Epoux.

Le mystique chrétien peut dire : « *je suis séduit par Dieu (Jr 20,7) et Dieu est séduit par moi (Ps 45,12)* » : quel mystère ! Dieu est séduit par notre beauté.

3.4.2 La Foi

Durant notre vie terrestre, nous pouvons expérimenter le don et les promesses de Dieu ou alors y croire dans la foi lorsqu'il nous semble qu'il n'y a pas d'évidence.

Jean de la Croix dit que le moyen le plus prochain de l'union à Dieu est la foi.

La foi est un don de Dieu et elle est donnée à tous.

Même si nous ne voyons parfois qu'obscurément, c'est dans la foi que nous croyons que :

- notre vie éternelle est déjà commencée ;
- nous sommes un « autre » Christ ;
- nous goûtons déjà à la vie trinitaire.

La foi permet ce changement de perspective fondamental qui élève notre condition humaine de tous les jours et nous fait pénétrer « aisément » les mystères de Dieu.

Notre corps est un socle au travers duquel nous sommes ancrés dans le réel. Comme le corps, la foi est ce socle qui ne fait pas dépendre notre humeur, notre ressenti ou notre vécu de nos expériences ou de nos états. La foi nous permet d'aller véritablement au cœur même de Dieu : elle libère notre vie de ses contingences pour nous faire accéder au socle de la vraie Vie, la vie divine.

Dans la foi, nous pouvons croire que nous avons les arrhes (car c'est le don que Dieu veut nous faire) de la vie divine, de la vie trinitaire.

Ainsi, donc, le mystique voit Dieu dans toute la Création. Il voit que la création est un don de Dieu et que sa vie dans la Création est une expression de la vie trinitaire. Ceci concerne aussi ses relations avec les autres puisqu'elles sont un sacrement de la vie trinitaire et donc de la beauté de Dieu. Le mystique marche alors avec le Christ pour transformer avec lui l'histoire jusqu'à son achèvement.

Le mystique durant sa vie terrestre vit véritablement de la foi et d'une foi de plus en plus dépouillée. Avec la foi, les réalités divines ne passent pas même si parfois elles apparaissent voilées.

3.4.3 Le partage de la Vie Trinitaire (I)

Dieu nous a mis au monde pour le connaître, le servir et l'aimer.

L'intention même de Dieu pour l'homme est le partage de la vie trinitaire dans et par le Fils ou si l'on préfère l'adoption de l'homme par Dieu comme fils pour l'introduire dans sa Vie.

La participation à la Vie divine est le cœur même de la Rédemption : elle est ce salut que Dieu offre à l'être humain.

Pour saint Thomas d'Aquin, la connaissance de la Trinité est la source et l'accomplissement de toute la vie chrétienne.

Contempler la Trinité, (ce qui se fait le plus souvent dans la Foi pour nous), c'est recevoir un avant-goût de la vision bienheureuse de Dieu, objet de l'espérance.

La Trinité

De toute éternité, Dieu s'engendre lui-même : Il est donc Père, et ce qu'Il engendre, c'est son Fils à qui Il communique toute sa divinité. Dieu le Père contemple toute la divinité en son Fils, et le Fils, en retour, lui rend grâce de toute éternité pour cette divinité qui lui est donnée.

Alors, du Père au Fils et du Fils au Père circule (aussi de toute éternité) ce que cette communion et cette communication dans la contemplation suppose et provoque : l'Esprit Saint, leur amour mutuel, leur baiser d'amour qui, lui aussi, exprime toute la divinité ; mystère d'un Dieu Un qui vit, s'exprime, en trois relations, trois Personnes…

Dans la Trinité, le Père se voit comme en un miroir, et l'image projetée par ce dernier constitue son Fils, exacte et vivante représentation de ce qu'il est.

Le partage de la vie trinitaire

« La vie trinitaire de Dieu reste le point de référence indépassable pour rendre compte de l'expérience d'union [avec Dieu] » (Michel Cornuz).

Le secret du mystique est donc la vie trinitaire, *« et pour y entrer nous devons accepter de mener une vie où nous perdons pied... c'est tout le sel de la vie mystique » (Père Molinié).*

Le partage de la vie trinitaire (autant qu'il est possible en cette vie) consacre :

- o l'adoption filiale par le Père, dans le Fils, par l'Esprit ;
- o la vision bienheureuse de Dieu dans la gloire.

« Voyez quel grand amour le Père nous a témoigné, que nous soyons appelés enfants de Dieu. Et nous le sommes ! » (1 Jn, 3,1).

Dans la participation à la vie trinitaire, les expériences de vie apportent l'émerveillement devant la nouveauté constante de la vie en et avec Dieu : on vit simplement l'obéissance du Fils qui s'en remet totalement à la Volonté du Père dans le chemin de vie qui s'ouvre au fur et à mesure.

En tant que Fils, nous sommes alors confronté à l'Inconnu (de l'Esprit) mais pas au chaos, car le Réel est structuré par la Loi de Dieu (du Père).

Auparavant, cette position aurait pu apparaître inconfortable : nous nous raccrochions souvent dans notre vie à des sécurités...

Il nous est impossible de susciter par nous-même la vie trinitaire alors que nous savons que c'est un don que Dieu veut donner à tous : nous sommes là devant une difficulté. Une clef nous est donnée par Jean de la Croix, c'est l'entrée dans la passivité.

Comment alors partager la vie trinitaire en cette vie ?

Jésus dit en Jn 14,6-7 : « Moi, je suis le Chemin, la Vérité et la Vie ; personne ne va vers le Père sans passer par moi. Puisque vous me connaissez, vous connaîtrez aussi mon Père ».

Ainsi, c'est en connaissant le Christ et en passant par Lui que nous pouvons réaliser ce désir fondamental.

3.4.4 Le partage de la Vie Trinitaire (II)

Les témoignages

Les mots manquent pour parler de la Vie Trinitaire « du point de vue » de Dieu (en particulier, à propos de la génération du Fils du Fils et de la procession de l'Esprit). En revanche, nous pouvons tenter d'en parler « du point de vue » de l'homme et Jésus nous y aide.

Pour accéder à ce niveau de réalité de la participation à la Vie Trinitaire, nous avons le témoignage de certaines personnes :

- o naturellement, Jésus-Christ ;

- o mais aussi tous les hommes et les femmes qui ont vécu de cette Vie Trinitaire à des degrés plus ou moins divers (consciemment, dans la tradition chrétienne et, plus ou moins « consciemment », dans les autres traditions).

Nous ne devons pas non plus oublier notre propre vécu puisque nous sommes unique pour Dieu et aimé inconditionnellement par Lui et qu'Il veut nous faire participer à Sa Vie divine.

La naissance du Fils dans l'âme

Les mystiques parlent de la naissance du Fils en l'âme, mettant « sur un pied d'égalité l'Incarnation du Fils en Jésus de Nazareth et son « incarnation » dans l'âme du croyant ».

Naître de Dieu en Dieu, c'est laisser Dieu naître en nous tel qu'il s'engendre lui-même en lui-même (Tauler).

L'homme, engendré du Père dans le Fils par l'Esprit, est enfanté sans cesse là où le Père ne cesse de « s'engendrer lui-même » et d'engendrer son Fils dans la communion avec l'Esprit dans son Fond sans fond qui est le Principe de la Déité (Tauler).

L'emploi du verbe « donner », dans l'évangile de Jean, fournit quelques indications sur les relations du Père et du Fils. Ils se donnent gloire l'un à l'autre. Il existe un échange entre eux. Mais ce que nous dit, principalement, cet évangile, c'est que ce don infuse toute la création. Le mystique voit, en effet, Dieu dans toute la Création. Il expérimente que la création est un don et que sa vie dans la Création est une expression de la vie trinitaire. Ceci concerne aussi ses relations avec les autres puisqu'elles sont un sacrement de la vie trinitaire et donc de la beauté de Dieu. Le mystique marche alors avec le Christ pour transformer avec lui l'histoire jusqu'à son achèvement.

Les flamboiements de l'âme

Les flamboiements de l'âme nous disent les saints du Carmel sont accompagnés d'une claire vision de la Trinité : mais pour l'exprimer, c'est une autre affaire. Cette vision de la Trinité, c'est d'une certaine façon la vision de la grande Ténèbre : c'est certes voir la Trinité, mais de nuit. Quant à la vision de la Trinité « de jour » : elle est au-delà des mots et des concepts comme pour la vision de l'Essence divine.

Ici, le cheminement devient difficilement inexprimable par les mots et les concepts. Mais le corps et l'être du mystique qui est arrivé au but « savent ».

La divinisation

Le Christ s'est fait ce que nous sommes pour que nous devenions ce qu'il est. *« Dieu devient homme pour que les hommes deviennent des dieux ».* Il ne veut pas seulement nous donner la vie, mais aussi nous diviniser.

Le mystique voit alors clairement que Dieu se déploie en Lui. Il contemple l'image de Dieu qui est imprimée en lui. Il est renouvelé à l'image du Christ. L'Esprit Saint habite en son cœur Il peut dire avec Saint Paul : « *ce n'est plus moi, c'est Christ qui vit en moi* ».

3.4.5 La Grande Ténèbre

La participation de l'homme à la Vie Trinitaire s'accompagne d'une « vision » de l'obscurité supérieure qui est la lumière inaccessible où Dieu habite. Là, au-delà de tous les noms et de toutes les formes, Dieu lui-même est vu dépouillé de tous ses attributs.

Cette Grande Ténèbre dans laquelle pénètre le mystique est le symbole du Néant qui est Dieu lui-même, symbole repris par de nombreux mystiques chrétiens (en particulier par Jean de la Croix) ou encore Maître Eckhart.

Tout ce qui a fait la lumière de nos yeux n'est plus avec nous. Il faut renoncer aux procédés naturels de notre esprit, à l'évidence ; il faut comme anéantir l'acte de l'esprit qui se complaît dans ce qu'il voit : la jouissance de l'expérience. C'est douloureux, mais cette douleur engendre une grande joie. Cette docilité totale, allant jusqu'au bout du renoncement et des forces de l'esprit, rend à Dieu le seul hommage égal à sa majesté.

Angèle de Foligno relate ainsi son vécu de la grande Ténèbre :

« Un jour mon âme fut ravie et je vis Dieu dans une clarté supérieure à toute clarté connue, et dans une plénitude supérieure à toute plénitude. Au lieu où j'étais, je cherchai l'amour, et ne le trouvai plus. Je perdis même Celui que j'avais traîné jusqu'à ce moment, et je fus faite le non-amour.

Alors je vis Dieu dans une ténèbre, et nécessairement dans une ténèbre, parce qu'il est situé trop haut au-dessus de l'esprit, et tout ce qui peut devenir l'objet d'une pensée est sans proportion avec lui.

Il me fut alors donné une confiance parfaite, une espérance certaine, une sécurité sans ombre et sans obscurcissement, continuelle et garantie.

Dans le bien infini, qui m'apparut dans la ténèbre, je me recueillis tout entière, et au fond je trouvai la paix, la certitude de Dieu avec moi, je trouvai l'Emmanuel.

Souvent je vois Dieu ainsi suivant le mode ineffable et dans la plénitude absolue, qui ne peut être ni exprimée par la bouche, ni conçue par le cœur. Dans le bien certain et secret, que j'aperçois avec une immense ténèbre, est enfouie mon espérance ; en Lui je sais et je possède tout ce que je veux voir et posséder, en Lui est le tout bien. Je ne puis craindre ni son départ, ni le mien, ni aucune séparation. C'est une délectation ineffable dans le bien qui contient tout, et rien là ne peut devenir l'objet ni d'une parole ni d'une conception. Je ne vois rien, je vois tout : la certitude est puisée dans la ténèbre. Plus la ténèbre est profonde, plus le bien excède tout ; c'est le mystère réservé. Ensuite je vois avec ténèbre que Celui qui est là, au-dessus de tout, surpasse jusqu'au bien absolu. Et tout le reste est ténèbre, et tout ce qu'on peut penser est tout petit à côté.

Faites attention. La divine puissance, sagesse et volonté, que j'ai vue ailleurs merveilleusement, paraît moindre que ceci.

Celui-ci c'est un tout ; les autres, on dirait des parties ; les autres, quoique inénarrables, donnent une joie qui rejaillit dans le corps.

Mais quand Dieu paraît dans la ténèbre, ni rire, ni ardeur, ni dévotion, ni amour, rien sur la face, rien dans le cœur, pas un tremblement, pas un mouvement. Le corps ne voit rien les yeux de l'âme sont ouverts. Le corps repose et dort, la langue coupée et immobile : toutes les amitiés que Dieu m'a faites, nombreuses et inénarrables, et ses douceurs et ses dons, et ses paroles et ses actions, tout cela est petit à côté de Celui que je vois dans l'immense ténèbre ; et si tout me trompait, il me resterait la paix suprême, à cause de l'immense ténèbre où repose le tout bien.

(...)

De l'autre côté Dieu m'entraîne à lui, par le bien suprême que je vois dans la nuit noire. Dans l'immense ténèbre, je vois la Trinité sainte, et dans la Trinité, aperçue dans la nuit, je me vois moi-même, debout, au centre.

Voilà l'attrait suprême, près de qui tout n'est rien, voilà l'incomparable.

Mes paroles me font l'effet d'un néant ; qu'est-ce que je dis ? Mes paroles me font horreur, à suprême obscurité ! Mes paroles sont des malédictions, mes paroles sont des blasphèmes. Silence ! Silence ! Silence ! Silence ! Quand j'habite dans l'ombre noire, je ne me souviens plus de l'humanité de Jésus-Christ, du Dieu-homme, ni de quoi que ce soit qui ait une forme. Je vois tout et je ne vois rien.

Sortant de l'obscurité, je recommence à voir l'Homme-Dieu ; il attire mon âme avec douceur, et il dit quelquefois : Tu es moi, et je suis toi. »

C.A. Keller dit aussi :

« *Cette Grande Ténèbre où pénètre le mystique ne saurait être que Dieu, car au-delà des phénomènes il n'y a rien, et ce rien ne saurait être que Dieu, Dieu transcendant et mystérieux dans sa Sainteté et dans sa Gloire ineffables.*

Le mystique se trouve alors en face de Dieu, le Dieu de Jésus-Christ, en présence de la Trinité que notre théologie, dans son langage forcément inadéquat, essaie de cerner et de décrire, mais qui dépasse l'entendement de notre conscience habituelle.

Dieu, dans la Grande Ténèbre, est au-delà des phénomènes. Mais il est aussi la cause des phénomènes. Il soutient, il porte, il illumine les phénomènes. C'est dire que le mystique fait une double expérience (dont il parle d'ailleurs assez souvent) : d'une part, sa conscience est radicalement transformée puisqu'elle n'est plus soumise à la perception sensorielle ; d'autre part, il perçoit néanmoins les choses, il perçoit le monde tel qu'il est vraiment, puisqu'il le perçoit en Dieu. ».

Jean de la Croix parle aussi de cette ténèbre.

Ce poème est centré sur les deux métaphores de la source et de la nuit. Jean de la Croix illustre, par ces deux fortes images, sa foi en Dieu, en la Trinité, et en l'eucharistie :

```
CHANT DE L'ÂME QUI SE RÉJOUIT
DE CONNAÎTRE DIEU EN FOI
```

Je sais la source qui jaillit et fuit,
bien que de nuit.

1. Cette source éternelle est bien cachée,
pourtant sa demeure je la connais,
bien que de nuit.

2. En cette nuit obscure de la vie,
je connais bien par foi la source vive,
bien que de nuit

3. Je ne sais sa cause, car n'en a point,
pourtant toute origine d'elle vient,
bien que de nuit

4. Je sais qu'il n'y a pas chose plus belle,
et que cieux et terre s'abreuvent d'elle,
bien que de nuit.

5. Je sais qu'on ne peut de fond y trouver,
et que nul ne peut à gué la passer,
bien que de nuit.

6. Sa lumière jamais n'est altérée,
et sais que vient d'elle toute clarté,
bien que de nuit.

7. Je sais que ses flots vont à profusion,
et arrosent cieux, enfers et nations,
bien que de nuit.

8. Le flot de cette source jaillissant,
je sais qu'il est aussi vaste et puissant,
bien que de nuit.

9. Et le torrent qui de ces deux procède,
je sais bien qu'aucun d'eux
[ni la source, ni le flot : note de l'auteur du livre]
ne le précède,
bien que de nuit.

10. Je sais bien qu'ils sont trois en une eau vive,
et que l'un de l'autre, ils se dérivent,
bien que de nuit.

11. Cette source éternelle est bien cachée,
en ce pain vivant, pour vie nous donner,
bien que de nuit.

12. Ici, elle appelle les créatures,
qui de cette eau boivent, bien qu'à l'obscur,
bien que de nuit.

13. Cette source vive que je désire,
je la vois au sein de ce pain de vie,
bien que de nuit.

3.4.6 <u>Trinité de nuit, Trinité de jour</u>

La doctrine sur Dieu ne doit pas s'exprimer seulement en formules ou en images (les artistes chrétiens d'Orient et d'Occident ont prolongé et exprimé cette réalité fondamentale). Elle doit être goûtée et expérimentée par tout l'être du croyant.

La réflexion théologique et les conciles ont certes déterminé l'orthodoxie trinitaire. Toutefois, la spéculation théologique ne reste vivante qu'en inspirant l'expérience des croyants et en s'inspirant d'elle : les mystiques témoignent ici avec force de la façon dont la grâce les a conduits à percevoir les relations trinitaires. Ainsi, la vision de la Trinité ne reste pas extérieure à l'expérience mais s'inscrit dans la respiration et la vie mêmes de l'âme croyante.

L'accès à la Trinité peut être obscur (« de nuit ») ou dans une lumière plus ou moins claire (« de jour ») : se pose toujours la difficulté de l'exprimer avec des mots (on peut tenter de l'exprimer à travers la poésie, l'art, la musique…).

Un philosophe, Wittgenstein, énonce remarquablement, à la fin du Tractatus, que les hommes qui ont affirmé avoir une vision claire du sens de la vie n'ont pourtant jamais pu dire en quoi ce sens consistait.

La Trinité « de nuit »

L'accès à la Trinité « de nuit » pour le croyant consiste en :

- une adhésion intellectuelle aux dogmes trinitaires tels qu'ils sont proposés par l'Eglise ;
- une compréhension intellectuelle plus ou moins poussée de ces dogmes ou de textes ou de représentations qui sont relatifs au mystère trinitaire ;
- un accès certes plus expérientiel à la Trinité mais qui reste dans l'obscurité de la Foi.

La Trinité « de jour »

L'accès à la Trinité « de jour » pour le croyant consiste en :

- une vision claire de la Réalité Ultime ;
- une aperception de la Vie trinitaire liée à l'éveil du Bien-Aimé dans l'âme ;
- une vision claire de la Trinité qui correspond le plus souvent aux stades avancés de la vie mystique (fiançailles et mariage spirituels) ainsi que l'indiquent les saints du Carmel.

Cet accès à la Trinité « de jour » peut aussi consister en un vécu et un goût des dogmes trinitaires.

Se pose toujours la difficulté de l'exprimer et de la relater avec des mots.

Rappelons ici que *« Le Tao dont on peut parler n'est pas le Tao Éternel »* : les mots ne sont pas la Réalité Ultime, ils ne sont que des pointeurs vers la Réalité Ultime.

Non, on ne peut pas tout dire de Dieu, mais oui, on peut dire quelque chose de Dieu. Dans le chapitre I de la 7ème Demeure, Thérèse d'Avila parle de cette expérience profonde et obscure, mais intense, de la Trinité. Elle parle de ces mystères desquels seuls peuvent dire quelque chose ceux qui ont tout donné, qui sont totalement envahis par Dieu. Nous autres, ce sont des choses que nous ne savons que dans la nuit de la foi ; mais quand on a un témoignage que ces mystères ont été touchés par certains, un saint Jean de la Croix, une sainte Thérèse d'Avila, une sainte Marie de l'Incarnation ursuline, un saint François d'Assise, et tant d'autres, c'est une joie de lire ce qu'ils ont écrit.

Une vision claire de la Réalité Ultime

1.
« La Réalité Ultime, c'est ce qui est. »
« Dieu est la Réalité Ultime. »
« Le Bien-Aimé est la Réalité Ultime. »

2.
« Je « suis » la Réalité Ultime. » (cf. Al Halladj)
« Je « suis » Dieu. »
« Je « suis » le Bien-Aimé. »
« Je « vois » la Réalité Ultime. »

3.
« Jésus est le Chemin, la Vérité, la Vie. »
« Le monde est le corps du Christ »

4.
« Dieu et moi ne sommes pas séparés. »
« Je suis un avec Dieu. »
« Je suis un « autre » Christ. »
« Je « suis » le Christ. »
« Je suis dans le Bien-Aimé. »

« Le Bien-Aimé est en moi. »
« Je suis la boucle d'oreille et le Bien-Aimé en est l'or. » (Sililia)
« Je vois au travers des yeux de Dieu. »
« Je vois Dieu en toutes choses. »
« Le monde est mon corps »
« Je vis la vie éternelle. »

5.
« Dieu voit au travers de mes yeux. »
« Mon je n'est pas, il n'y a que le Bien-Aimé. »

« Le Bien-Aimé est moi. »
« Le monde laisse voir l'Image du Bien-Aimé. »

6.
« Nirvana est Samsara, Samsara est Nirvana. »
« La forme est le vide et le vide est la forme. »

7.
« Je suis immergé dans l'Essence divine. »

Gloire.
Silence.

Une aperception de la Vie trinitaire

Pour le mystique, l'aperception de la Vie Trinitaire est réalisée en tant que « Fils » :

1.
Le Père engendre le Fils
L'Esprit procède du Père
L'Esprit procède aussi du Fils (pour un catholique)

2.
« Le Père spire le Saint-Esprit »
« Le Fils spire le Saint-Esprit »

3.
« Je partage la Vie trinitaire en tant que « Fils ». »
« Je partage la Vie trinitaire. »

4.
« Je « suis » le Fils »
« Je « suis engendré » par le Père »
« Le Père et moi, sommes un. »
« Je spire le Saint-Esprit. »

5.

« Je suis immergé dans l'Essence divine. »

Gloire.
Silence.

Une vision claire de la Trinité

Ici, les mots défaillent.

« De l'autre côté Dieu m'entraîne à lui, par le bien suprême que je vois dans la nuit noire. Dans l'immense ténèbre, je vois la Trinité sainte, et dans la Trinité, aperçue dans la nuit, je me vois moi-même, debout, au centre. » (Angèle de Foligno)

1.
Dieu est Père, Fils et Saint-Esprit.

2.
Le Père est Dieu.
Le Fils est Dieu.
Le Saint-Esprit est Dieu.
Le Père, le Fils et le Saint-Esprit sont un seul Dieu.
Le Père n'est pas le Fils.
Le Père n'est pas le Saint-Esprit.
Le Fils n'est pas le Père.
Le Fils n'est pas le Saint-Esprit.
Le Saint-Esprit n'est pas le Père.
Le Saint-Esprit n'est pas le Fils.

3.
Le Père est dans le Fils.
Le Père est dans le Saint-Esprit.
Le Fils est dans le Père.
Le Fils est dans le Saint-Esprit.
Le Saint-Esprit est dans le Père.
Le Saint-Esprit est dans le Fils.

4.
Le Père engendre le Fils
L'Esprit procède du Père

L'Esprit procède aussi du Fils (pour un catholique)

5.
« Le Père spire le Saint-Esprit »
« Le Fils spire le Saint-Esprit »

6.
Circumincession :

- existence des trois Personnes divines les unes dans les autres ;
- habitation mutuelle des trois Personnes divines.

Périchorèse :

- mode d'union des trois Personnes divines ;
- interpénétration des trois Personnes divines les unes dans les autres dans une unité parfaite.

« Je partage la Vie trinitaire en tant que « Fils » : circumincession, périchorèse. »
« Dieu est Amour » (1 Jn 4, 16)
« Je spire le Saint-Esprit »

7.
Le Père, le Fils et le Saint-Esprit possèdent la totalité de l'Essence divine.
« Je suis immergé dans l'Essence divine »

Gloire.
Silence.

3.5 LA VIE DIVINE

Comme le dit si bien Saint Jean de la Croix, lorsqu'on arrive au sommet de la montagne, il n'y a plus de chemin et alors *« la raison naturelle et l'Évangile suffisent parfaitement pour se gouverner »*.

Alors, simplement, arrivé au haut de la montagne, vivant de la Vie divine, nous pouvons aussi décider d'en redescendre pour aider nos frères humains et témoigner auprès d'eux.

La poésie semble particulièrement adaptée (et même un vecteur privilégié) pour décrire cette réalité : nous renvoyons, en particulier, aux poèmes de saint Jean de la Croix et à ceux de Rûmi qui est un mystique soufi.

Rûmi parle à ce sujet des flots d'amour qui l'envahissent : *« Par Dieu, j'éprouve de l'amour à un point tel que, me semble-t-il, les cieux se disloqueraient, les étoiles s'affaisseraient, les montagnes s'ébranleraient si je leur en confiais la charge : telle est mon expérience de l'amour... »*.

3.5.1 La simplicité

Arrivé ici, on peut espérer que vous avez en vous le « parfum » de la vie divine. Alors, tout s'éclaire, tout devient simple. Sinon, cela reste très compliqué.

Les générations passées ont connu de nombreux prophètes, quelques-uns très anciens, d'autres plus proches de nous, Jésus-Christ, Mahomet, Bouddha...

Mais leurs enseignements sont toujours fondamentalement identiques. Tous parlent de la simplicité du chemin spirituel et apprennent aux gens à prier.

La simplicité est une des caractéristiques de l'oraison. Le Seigneur aime que chaque personne Lui parle simplement comme à un très grand ami à qui nous pouvons tout lui dire.

La simplicité du chemin s'enracine dans la simplicité radicale de l'être de Dieu et la simplicité de son projet sur nous qui est de nous faire partager Sa vie.

La simplicité de Dieu

Dieu est simplement « Je suis ».

La simplicité de vie

Le Christ recommande de devenir comme des petits enfants pour entrer dans le Royaume de Dieu. Ce n'est pas le manque de maturité mentale d'un enfant qu'il demande, mais bien la simplicité spirituelle d'un petit qui croit facilement et qui a pleine confiance. Sainte Thérèse de Lisieux a ainsi défini un chemin de simplicité spirituelle basé sur la confiance absolue en Dieu.

La simplicité, c'est aussi une droiture du jugement qui supprime les retours inutiles sur lui-même et sur ses actes. Ce non retour sur soi est essentiel et, c'est pour cela, que tous les saints nous demandent de ne pas raisonner inutilement. Le mystique a la véritable simplicité, celle du cœur, la simplicité des regards clairs. Il tient en grande estime la pauvreté qui est permet d'atteindre la simplicité de vie.

La simplicité du chemin

Tout ce qui s'éloigne de la simplicité s'éloigne également de Dieu et de Sa Vérité. Comme le dit le Père Molinié :

« On peut comprendre alors pourquoi le combat spirituel est à la fois tellement simple et tellement compliqué. Le secret de la vie chrétienne et de la sainteté, c'est quelque chose d'extrêmement simple parce que c'est la vie divine : nous n'avons pas à la fabriquer ni même à courir après, il suffit de la laisser grandir en nous, de la laisser faire, de se laisser faire par la puissance formidable qui la pousse à grandir.

C'est la plus petite de toutes les graines : mais si nous ne lui faisons pas obstacle, elle se chargera bien de nous envahir. Nous n'aurons pas à tirer des plans pour obtenir cet envahissement, il s'imposera à nous, nous n'aurons qu'à suivre, et ce sera suffisamment essoufflant car les exigences internes de cet envahissement iront infiniment plus loin que tout ce que les autres peuvent nous demander... beaucoup plus loin même que tous nos rêves de perfection ».

3.5.2 Incarner la Vie divine

Incarner la Vie divine, c'est la liberté des enfants de Dieu.

Tout ce qui sous-tend ces actions est évidemment l'Amour : en fait, ces actions sont une synergie entre nous et Dieu.

Naturellement, tout cela se déroule dans la vie quotidienne qui est alors un sacrement de la vie trinitaire.

3.5.3 La Bullitio

La Vie Divine est Vie bouillonnante (« Bullitio » selon maître Eckhart) comme Périchorèse (et Danse) des Trois Personnes Divines et Processions : cette « Bullitio » s'inscrit dans le Maintenant de Dieu.

La Création participe de cette Vie bouillonnante de Dieu en étant une « ebullitio » de la « Bullitio ».

Le mystique connaît le socle de la « Bullitio » qui est Immobilité et Repos.

« Les divines personnes, dans la fécondité de leur nature, sont un Dieu éternellement agissant, et dans la simplicité de leur essence, elles sont la divinité éternellement en repos, et ainsi, selon les personnes, Dieu est opération éternelle, et selon l'essence, éternel repos. » (Ruusbrœck, Du septième (et dernier) degré d'Amour)

3.5.4 La Lumière Inaccessible

« Dieu habite une lumière inaccessible » (1 Tm 6, 16)

4 LIVRES SUR LA MYSTIQUE (OU LA SPIRITUALITÉ)

Pour faciliter votre sélection, les livres ont été indexés par genres :

- C : *mystique chrétienne ;*
- o : *autres mystiques ;*
- c : *mystique christique (où Jésus-Christ est une figure d'exception sans être le Jésus-Christ confessé dans la foi chrétienne) ;*
- e : *ésotérisme ;*
- ps : *psychologie ;*
- r : *approche du réel ;*
- s : *science ;*
- t : *témoignage ;*
- th : *thérapie.*

* **BIBLES**

Bible de Jérusalem, Editions du Cerf.

Bible d'OSTY et TRINQUET, Editions du Seuil.

TOB - Traduction œcuménique de la Bible, Editions du Cerf.

* **sans auteur, ouvrages collectifs**

Christ et Vedanta [C,o] - Question de, n° 85, Albin Michel, 1991.

Dictionnaire de la Mystique [C], Brepols, 1993.

Doctrine de la non-dualité (advaita-vâda) et Christianisme, par un moine d'occident [C,o] - Mystiques et Religions, Dervy-Livres, 1982.

Les fleurs du vide. Anthologie du bouddhisme Soto Zen, par Eric Rommeluère [o] - Les Ecritures Sacrées, Grasset, 1995.

L'Imitation de Jésus-Christ [C] - Sagesses, n° 17, Editions du Seuil, 1987.

Le Maître Spirituel selon les traditions d'Occident et d'Orient [C,o] - Hermès, n° 3, Editions des Deux Océans, 1983.

Le nuage d'inconnaissance [C] - Sagesses, n° 12, Editions du Seuil, 1977.

Petite Philocalie de la prière du cœur [C] - Sagesses, n° 20, Editions du Seuil, 1979.

Le Vide. Expérience spirituelle en Occident et en Orient [C,o] - Hermès, n°2, Editions des Deux Océans, 1981.

Les Voies de la Mystique ou l'accès au sans-accès [C,o] - Hermès, n° 1, Editions des Deux Océans, 1993.

Zen, ouvrage collectif [o] - "Pratique et enseignement, Histoire et Tradition, Civilisation et Perspectives", Albin Michel, 1993.

A

Angèle de Foligno [C] - "Le livre", Editions Jérôme Millon, 1995.

Angèle de Foligno [C] - "Le livre des visions et instructions", Sagesses, n° 39, Editions du Seuil, 1991.

Auclair Marcelle [t,ps,C] - "Le Livre du Bonheur", Editions du Seuil, 1959.

Ce livre donne des conseils pour bien mener sa vie de tous les jours.

B

Barzel Bernard [C,o] - "Mystique de l'ineffable dans l'hindouisme et le christianisme : Çankara et Eckhart", Editions du Cerf, 1982.

Convergences et divergences dans les approches de Çankara et d'Eckhart.

Bastide Roger [ps] - "Les problèmes de la vie mystique", Quadrige / PUF, 1996.

Bossis Gabrielle [t,C] - "LUI et moi", Editions Beauchesne, t. I à VII, 1948-1995.

Ce livre rapporte le dialogue entre son auteur et le Christ dans sa vie de tous les jours.

Buber Martin [o] - "Vivre en bonne entente avec Dieu selon le Baal-Shem-Tov", Editions du Rocher, 1990.

Buber Martin [o] - "Les récits hassidiques", Editions du Rocher, 1963.

C

Capra Fritjof [s,o] - "Le Tao de la Physique", Sand, 1985.

Ce livre veut faire le lien entre les mystiques orientales et la vision du réel issue de la physique quantique.

Capra Fritjof, Steindl-Rast David [s,C,o] - "L'univers aux frontières la science et de la spiritualité", Sand, 1991.

Ce livre confronte un physicien et un moine chrétien dans un échange sur l'univers, la science et la théologie.

Cassé Michel [s] - "Du vide et de la création", Editions Odile Jacob, 1995.

Catherine de Gênes [C] - "Traité du Purgatoire", Editions de l'Emmanuel, 1993.

Catherine de Sienne [C] - "Le Dialogue", Sagesses chrétiennes, Editions du Cerf, 1992.

Caussade Jean-Pierre (de) [C] - "L'Abandon à la Providence Divine", Desclée de Brouwer, Bellarmin, 1966.

Petit livre qui introduit merveilleusement aux attitudes fécondes pour une vie spirituelle.

Charles de Jésus, Père de Foucault [C] - "Œuvres spirituelles", Editions du Seuil, 1958.

Clément Olivier [C] - "Sources : Les mystiques chrétiens des origines. Textes et Commentaires", Stock, 1992.

D

Davy Marie-Madeleine [C,o] - "Encyclopédie des mystiques : chamanisme, Grecs, Juif, gnose, christianisme primitif", t. I, Petite Bibliothèque Payot, n° 273, 1996.

Davy Marie-Madeleine [C,o] - "Encyclopédie des mystiques : christianisme occidental, ésotérisme, protestantisme, islam", t. II, Petite Bibliothèque Payot, n° 274, 1996.

Davy Marie-Madeleine [C,o] - "Encyclopédie des mystiques : Egypte, Mésopotamie, Iran, hindouisme, bouddhisme indien", t. III, Petite Bibliothèque Payot, n° 275, 1996.

Davy Marie-Madeleine [C,o] - "Encyclopédie des mystiques : bouddhismes tibétain, chinois, japonais, yi king, tch'an, zen", t. IV, Petite Bibliothèque Payot, n° 276, 1996.

Deshimaru Taizen [o] - "L'anneau de la voie", Spiritualités vivantes, n° 110, Albin Michel, 1993.

Deshimaru Taizen [o] - "Le bol et le bâton", Spiritualités vivantes, n° 59, Albin Michel, 1986.

Deshimaru Taizen [o] - "Le chant de l'immédiat satori", Spiritualités vivantes, n° 99, Albin Michel, 1992.

Deshimaru Taizen [o] - "La pratique du zen", Spiritualités vivantes, n° 25, Albin Michel, 1981.

Deshimaru Taizen [o] - "Le trésor du zen", Spiritualités vivantes, n° 47, Albin Michel, 1985.

Deshimaru Taizen [o] - "Zen et vie quotidienne", Spiritualités vivantes, n° 110, Albin Michel, 1993.

Deshimaru Taizen [o] - "Vrai zen suivi d'une introduction au Shobogenzo", AZI, 1990.

Dogen, présenté par Bernard Faure [o] - "La vision immédiate. Nature, éveil et tradition selon le Shobogenzo", Editions Le Mail, 1987.

Durix Claude [o] - "Cent clés pour comprendre le zen", Le Courrier du Livre, 1991.

Durix Claude [o] - "Zen ou l'esprit de l'eau courante et du rayon de lune", t. 1, Guy Trédaniel, Editions de la Maisnie, 1983.

Durix Claude [o] - "Zen ou comment nourrir le bébé-tigre", t. 2, Guy Trédaniel, Editions de la Maisnie, 1983.

Durix Claude [o] - "Zen : être intime avec son âme", t. 3, Guy Trédaniel, Editions de la Maisnie, 1986.

Durix Claude [o] - "Zen ou comment passer sur l'autre rive", t. 4, Guy Trédaniel, Editions de la Maisnie, 1987.

Durix Claude [o] - "Zen : éternel pèlerinage", t. 5, Guy Trédaniel, Editions de la Maisnie, 1990.

Ces livres présentent l'immense avantage que le zen y soit présenté par un maître occidental.

Duval Jean-François [o] - "Heidegger et le zen", Editions Présence, 1984.

E

Maître Eckhart [C] - "Sermons *", Editions du Seuil, 1974.

Maître Eckhart [C] - "Sermons **", Editions du Seuil, 1978.

Maître Eckhart [C] - "Sermons ***", Editions du Seuil, 1979.

Elisabeth de la Trinité [C] - "Œuvres complètes", Editions du Cerf, 1991.

Espagnat Bernard (d') [r] - "A la recherche du réel. Le regard d'un physicien", Gauthier-Villars, 1979.

F

Farcet Gilles [t] - "Henry Thoreau : l'éveillé du Nouveau Monde", Editions Sang de la Terre, 1986.

Fleury Michel [s,r] - "L'atome et l'éternité", A.L.T.E.S.S., Paris, 1995.

François de Sainte-Marie (R.P.) [C] - "Présence à Dieu et à soi-même", Editions du Seuil, 1943.

Fropo Jean-Régis [C] - "La soif de Dieu", Editions du Chalet, 1990.

G

Gaboury Placide [C,o] - "Un torrent de silence : textes spirituels des grandes traditions", Editions de Mortagne, 1985.

Garcia Maximilio Herraiz [C] - "L'oraison, une histoire d'amitié", Editions du Cerf, 1995.

Graef Hilda [C,o] - "Histoire de la mystique", Livre de Vie, Editions Du Seuil, 1972.

Griffiths Bede [C,o] - "Expérience chrétienne, Mystique hindoue", Editions du Cerf, 1985.

Guillerand Augustin (dom) [C] - "Silence cartusien", Corderie de la Grande Chartreuse, 1961.

H

Hadewich d'Anvers [C] - "Ecrits mystiques des Béguines", Sagesses, n° 65, Editions du Seuil, 1954.

Hallâj Husyan Mansûr [o] - "Dîwan", Sagesses, n° 44, Editions du Seuil, 1981.

Herrigel Eugen [o] - "La voie du Zen suivi de Pratique du Bouddhisme Zen", Maisonneuve et Larose, 1976.

Herrigel Eugen [o] - "Le Zen dans l'Art Chevaleresque du Tir à l'Arc", Editions Dervy, 1970-1987.

Huxley Aldous [t,r,ps] - "Les portes de la perception", n° 1122, 10/18, 1954.

J

Jean de la Croix [C] - "Œuvres complètes", Editions du Cerf, 1990.

Johnston William [C,o] - "Zen et connaissance de Dieu", Christus n° 35, Desclée de Brouwer, 1973.

Johnston William [C,o] - "L'œil intérieur : mysticisme et religions", Christus n° 55, Desclée de Brouwer, Bellarmin, 1982.

Johnston William [t,C,o] - "La mystique retrouvée", Desclée de Brouwer, 1986.

Jossua Jean-Pierre [C] - "Seul avec Dieu : l'aventure mystique", Découvertes, Gallimard 1996.

Petit ouvrage sur la mystique chrétienne et son histoire.

Julienne de Norwich [C] - "Le livre des révélations", Sagesses chrétiennes, Editions du Cerf, 1992.

Jung Carl Gustav [ps] - "Psychologie et religion", Buchet/Chastel, 1996.

Jung Carl Gustav [ps,c] - "La vie symbolique. Psychologie et vie religieuse", Albin Michel, 1989.

Jyoji Taïkan [C,o] - "Au cœur du zen", Editions Le Courrier du Livre, 1996.

Jyoji Taïkan [C,o] - "Exhortations zen", Editions Le Courrier du Livre, 1996.

K

Kadowaki J.K. [C,o] - "Le zen et la bible", Epi, 1983.

Keller Carl-A. [C,o] - "Approche de la Mystique", vol.1, Editions Ouverture, 1989.

Keller Carl-A. [C,o] - "Approche de la Mystique", vol.2, Editions Ouverture, 1990.

L'auteur est chrétien. Ces deux tomes proposent une approche générale de la mystique dans les différentes religions. Ils viennent d'être réédités en un seul volume chez Albin Michel.

L

Lassalle H.M. Enomiya [C,o] - "Le Zen, Chemin de l'illumination", Desclée de Brouwer, 1965.

Lassalle H.M. Enomiya [C,o] - "Méditation Zen et prière chrétienne", Editions du Cerf, 1973.

Lassalle H.M. Enomiya [C] - "La méditation comme voie vers l'expérience de Dieu", Editions du Cerf, 1982.

Laurent de la Résurrection (frère) [C] - "L'expérience de la présence de Dieu", Editions du Seuil, 1948.

Le Saux Henri [C,o] - "Intériorité et révélation : essais théologiques", Editions Présence, 1982.

Le Saux Henri [C,o] - "Sagesse hindoue, mystique chrétienne", Editions du Centurion, 1991.

Linssen Robert [s,o] - "La Spiritualité Quantique : Sommets de la nouvelle physique et de l'expérience mystique", Editions de Mortagne, 1995.

Ce livre aborde la vision du réel issue de la physique quantique et son ouverture vers la mystique.

Linssen Robert [r,o] - "L'Univers, corps d'un seul vivant", A.L.T.E.S.S., Paris, 1994.

Loiseleur Véronique [C,o] - "Anthologie de la non-dualité : le miracle du oui", La Table Ronde, 1981.

L'auteur aborde la non-dualité et son traitement dans les différentes mystiques (y compris la tradition chrétienne).

Louis-Marie Grignion de Montfort [C] - "Traité de la vraie dévotion à la sainte Vierge", Editions du Seuil, 1966.

M

Malherbe Jean-François [C] - "Souffrir Dieu : la prédication de Maître Eckhart", Théologies, Editions du Cerf, 1992.

Marie-Eugène de l'Enfant-Jésus (Père) [C] - "Je veux voir Dieu", Editions du Carmel, 2005.

Masson Joseph [o] - "Mystiques d'Asie", Desclée de Brouwer, 1992.

Maverick Ken [t] - "La fracture de l'être", Les Deux Océans, 1994.

Maisonneuve Roland [C,o] - "La Mystique de l'Invisible", Question de n° 91, Albin Michel, 1992.

Ce tome aborde l'expérience mystique dans ses tentatives de formulation.

N

Noël Daniel C. [t,r,ps] - "Carlos Castaneda. Ombres et lumières", Spiritualités vivantes, n° 28, Albin Michel, 1981.

Noël Marie [t,C] - "Notes intimes", Stock, 1959.

Ce petit livre relate l'angoisse religieuse de la poétesse Marie Noël.

O

Otto Rudolf [C,o] - "Mystique d'Orient et mystique d'occident", Petite Bibliothèque Payot, n° 278, 1996.

Otto Rudolf - "Le Sacré", Petite Bibliothèque Payot, n° 218, 1995.

Ouaknin Marc-Alain [o] - "Tsimtsoum. Introduction à la méditation hébraïque", Spiritualiés vivantes, Albin Michel, 1992.

P

Panayotis Nellas [C] - "Le vivant divinisé. Anthropologie des Pères de l'Eglise", Editions Du Cerf, 1989.

Pearce Joseph Chilton [r,ps] - "La fêlure dans l'œuf cosmique", New Age, n° 3022, J'AI LU.

Peck Scott [th,ps] - "Le chemin le moins fréquenté : apprendre à vivre avec la vie", New Age, n° 2839, J'AI LU.

Pères du désert [C] - "Les chemins de Dieu au désert : Collection Systématique des Apophtègmes", Edition de Solesmes, 1992.

Pères du désert [C] - "Les sentences des Pères du Désert : Collection Alphabétique", Edition de Solesmes, 1981.

Pères du désert [C] - "Les sentences des Pères du Désert : Série des Anonymes", Edition de Solesmes, Abbaye de Bellefontaine, 1985.

Ces trois livres recueillent les paroles des grands moines qui ont vécu en Egypte au IVème siècle. Ils sont extrêmement savoureux et les chrétiens de notre temps y découvriront certainement lumière et réconfort pour leur propre cheminement.

Peyriguère Albert [C] - "Laissez vous saisir par le Christ", Editions du Seuil, 1981.

Philippe Jacques [C] - "Du Temps pour Dieu : Guide pour la Vie d'Oraison", Editions du Lion de Juda, 1992.

Philippe Marie-Dominique, Vauthier Jacques [r] - "Le manteau du mathématicien", Editions Mame, 1993.

Pseudo-Denys l'aréopagite [C] - "Œuvres complètes", Bibliothèque philosophique, Aubier, 1943.

R

Raguin Yves [C] - "Chemins de la contemplation : Eléments de la vie spirituelle", Christus n° 29, Desclée de Brouwer, 1969.

Raguin Yves [C] - "L'Esprit sur le monde", Christus n° 40, Desclée de Brouwer, Bellarmin, 1975.

Raguin Yves [C] - "La profondeur de Dieu", Christus n° 33, Desclée de Brouwer, Bellarmin, 1973.

Raguin Yves [C] - "La Source", Christus n° 68, Desclée de Brouwer, Bellarmin, 1988.

Ramakrishna [t,o] - "L'enseignement de Ramakrishna, présenté par Jean Herbert", Sprituralités Vivantes, n° 13, Albin Michel, 1972.

Roberts Bernadette [t] - "Vie unitive. Aventure dans les Profondeurs Silencieuses de l'Inconnu", Les Deux Océans, 1990.

Roberts Bernadette [t] - "Au centre de soi-même. L'expérience unitive", Les Deux Océans, 1990.

Ruusbrœc Jan (van) [C] - Ecrits I, "La Pierre Brillante, Les Sept Clôtures, Les Sept degrés de l'amour, Livre des éclaicissements", Spiritualité Occidentale, n° 1, Abbaye de Bellefontaine, 1990.

Ruusbrœc Jan (van) [C] - Ecrits II, "Les Noces Spirituelles", Spiritualité Occidentale, n° 3, Abbaye de Bellefontaine, 1993.

Ruusbrœc Jan (van) [C] - Ecrits III, "Le Royaume Des Amants, Le Miroir de la Béatitude Eternelle", Spiritualité Occidentale, n° 4, Abbaye de Bellefontaine, 1997.

Ces trois livres sont excellents et très sûrs ce qui en fait des livres de référence.

S

Silésius Angelus [C] - "Le pèlerin chérubinique", Sagesses chrétiennes, Editions du Cerf / Editions Albin Michel, 1994.

Sion Victor [C] - "Pour un réalisme spirituel : l'Instant Présent", n° 1, Editions du Lion de Juda, 1989.

Sion Victor [C] - "Pour un réalisme spirituel : le Mouvement d'Abandon", n° 2, Editions du Lion de Juda, 1990.

Sion Victor [C] - "Pour un réalisme spirituel : la Chance du Pécheur", n° 3, Editions du Lion de Juda, 1990.

Sion Victor [C] - "Pour un réalisme spirituel : Prendre Marie chez Soi", n° 4, Editions du Lion de Juda, 1990.

Ces quatre petits livres écrits par un carme brillent par leur clarté et par leur fraîcheur.

Smith Cyprian [C] - "Un chemin de paradoxe : la vie spirituelle selon Maître Eckhart", Editions du Cerf, 1997.

Solt Bruno [C,o] - "Mystiques et maîtres spirituels contemporains", L'Age d'Etre, Pocket, 1996.

Steindl-Rast David, Capra Fritjof [s,C,o] - "L'univers aux frontières la science et de la spiritualité", Sand, 1991.

Ce livre confronte un physicien et un moine chrétien dans un échange sur l'univers, la science et la théologie.

Stinissen Wilfried [C] - "La nuit comme le jour illumine", Editions du Moustier.

Suso Henri [C] - "Œuvres complètes", Editions du Seuil, 1977.

Suzuki Shunryu [o] - "Esprit zen, esprit neuf", Sagesses, n° 8, Editions du Seuil, 1977.

T

Talbot Michael [s,o] - "Mysticisme et Physique Nouvelle", Editions Le Mail, 1984.

Ce livre veut faire le lien entre la mystique et la vision du réel issue de la physique quantique.

Thérèse d'Avila [C] - "Œuvres complètes", Bibliothèque européenne, Desclée de Brouwer, 1964.

Thérèse de Lisieux [C] - "Œuvres complètes", Editions du Cerf / Desclée de Brouwer, 1992.

Trungpa Chogyam [o] - "Shambhala. La voie sacrée du guerrier", Sagesses, n° 37, Editions du Seuil, 1990.

U

Underhill Evelyn [C,e,c] - "Mysticisme : Etude sur la nature et le développement de la conscience spirituelle de l'homme", Diffusion Rosicrucienne, collection Spiritualité, 1994.

Ce gros livre propose un panorama de la mystique et est une mine de renseignements.

V

Varillon François [C] - "Joie de croire, joie de vivre", Centurion, 1981.

Vauthier Jacques, Philippe Marie-Dominique [r] - "Le manteau du mathématicien", Editions Mame, 1993.

Vitray-Meyerovitch Eva (de) [o] - "Anthologie du Soufisme", Sindbad, La bibliothèque de l'Islam, 1978.

Vitray-Meyerovitch Eva (de) [o] - "Mystique et Poésie en Islam : Djalâl-ud-Dîn Rûmî et l'Ordre des Derviches tourneurs", Desclée de Brouwer, 1972.

W

Waldberg Michel [o] - "Un zeste de zen", Editions de la différence, 1984.

Watts Alan Wilson [o] - "L'esprit du zen", Horizons Sprirituels, Editions Dangles, 1976.

Watts Alan [t,c] - "Face à Dieu. Y-a-t-il un mysticisme chrétien ?", Médiations, n° 217, Denoël/Gonthier, 1981.

Watts Alan [ps,o] - "La signification du bonheur : psychologie moderne et sagesse orientale", Médiations, n° 194, Denoël/Gonthier, 1980.

Weil Pierre [C,o] - "Anthologie de l'Extase", Question de n° 77, Albin Michel, 1989.

Ce tome aborde l'expérience mystique dans les grandes traditions mystiques.

5 BIBLIOGRAPHIE COMPLÉMENTAIRE

Alexandre Christian, Être mystique à l'école de Thérèse d'Avila et Jean de la Croix, Foi vivante n° 330, Cerf, 1994.

Bobrinsky Boris, Le mystère de la Trinité, Cerf, 1986.

Cabasilas Nicolas, La vie en Christ, Epiphanie, Cerf, 1993.

Catalan Jean-François, Expérience spirituelle et psychologie, Christus, n° 77, Desclée de Brouwer, Bellarmin, 1991.

Chenique François, Sagesse chrétienne et mystique orientale, Dervy, 1996.

Delbrêl Madeleine, La joie de vivre, Seuil, 1968.

Delbrêl Madeleine, Nous autres, gens des rues, Livre de Vie, n° 107, Seuil, 1966.

Djalâl-od-Dîn Rûmi, Rubâi'yat, Spiritualités vivantes, n° 111, Albin Michel.

Dumortier Jean-Michel, Chemins vers l'oraison profonde, Cerf, 1990.

Eaton Evelyn et Whitehead James D., Les étapes de l'âge adule, évolution psychologique et religieuse, Centurion, 1990.

Fesch Jacques, Lumière sur l'échafaud suivi de Cellule 18 (lettres de prison), Les Editions ouvrières, 1991.

Fesch Jacques, Dans 5 heures, je verrai Dieu (journal de prison), Fayard, 1989.

Fromaget Michel, Corps, Âme, Esprit, Introduction à l'anthropologie, Questions de n° 87, Albin Michel, 1991.

Gardet Louis, Olivier Lacombe, L'expérience du Soi, étude de mystique comparée, Desclée de Brouwer, 1981.

Girard Marc, Les Symboles dans la Bible, Bellarmin, Cerf, 1991.

Godin André, Psychologie des expériences religieuses, Centurion, 1986.

Hamman A.-G., L'homme, image de Dieu, Desclée, 1987.

Krishnamurti J., L'immortel ami, Editions Adyar, 1993.

Krishnamurti, Face à la vie, Editions Adyar, 1990.

Lancelot Michel, Je veux regarder Dieu en face, Albin Michel, 1968.

Leloup Jean-Yves, L'absurde et la grâce, Albin Michel, 1991.

Merton Thomas, La nuit privée d'étoiles, Espacs Libres, Albin Michel, 1994.

Molinié M.D., Le courage d'avoir peur, Foi vivante n° 346, Cerf, 1994.

Mouroux Jean, L'expérience chrétienne, Introduction à une théologie, Aubier, 1952.

Nègre Mireille, Une vie entre ciel et terre, Balland, 1990.

Panikkar Raymond, Eloge du Simple : le moine comme archétype universel, Albin Michel, 1995.

Ramana Maharshi, L'enseignement de Ramana Maharshi, Spiritualités vivantes, n° 58, Albin Michel, 1991.

Ravignant Patrick, Les versants du silence - aux sources de la mystique occidentale et orientale, Dervy, 1996.

Sholem Gerson, La mystique juive - les thèmes fondamentaux, Cerf, 1985.

Srî Aurobindo, La pratique du Yoga Intégral, Spiritualités vivantes, n° 66, Albin Michel.

Stéphane Henri (abbé), Introduction à l'ésotérisme chrétien, DERVY-LIVRES, * 1979-1984, ** 1983.

Swami Ramdas, Carnet de Pèlerinage, Spiritualités vivantes, n° 18, Albin Michel.

Tavard Georges, La vision de la Trinité, Cerf, 1989.

Oui, je veux morebooks!

I want morebooks!

Buy your books fast and straightforward online - at one of the world's fastest growing online book stores! Environmentally sound due to Print-on-Demand technologies.

Buy your books online at
www.get-morebooks.com

Achetez vos livres en ligne, vite et bien, sur l'une des librairies en ligne les plus performantes au monde!
En protégeant nos ressources et notre environnement grâce à l'impression à la demande.

La librairie en ligne pour acheter plus vite
www.morebooks.fr

OmniScriptum Marketing DEU GmbH
Heinrich-Böcking-Str. 6-8
D - 66121 Saarbrücken
Telefax: +49 681 93 81 567-9

info@omniscriptum.com
www.omniscriptum.com

www.ingramcontent.com/pod-product-compliance
Lightning Source LLC
Chambersburg PA
CBHW021838220426
43663CB00005B/308